混沌沿岸

Smoking Ears and Screaming Teeth

冒烟的耳朵和尖叫的牙齿

自体实验者奇闻录

〔英〕特雷弗·诺顿◎著　朱机◎译

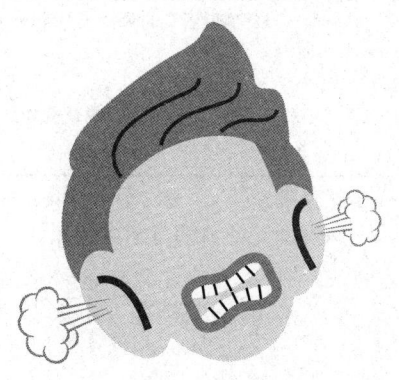

科学出版社

北京

图字：01-2010-5736 号

This is a translation of
Smoking Ears and Screaming Teeth
By Trevor Norton

Copyright © Trevor Norton 2010
Simplified Chinese Translation copyright © 2011, by Science Press

All rights reserved.
No part of this publication may be reproduced or transmitted in any form or by any means, electronic or mechanical, including photocopy, recording, or any information storage and retrieval system, without permission in writing from the publisher.

AUTHORIZED EDITION FOR SALE IN P. R. CHINA ONLY
本版本只限于在中华人民共和国境内销售

图书在版编目（CIP）数据

冒烟的耳朵和尖叫的牙齿：自体实验者奇闻录/（英）诺顿（Norton, T.）著；朱机译. —北京：科学出版社，2011
ISBN 978-7-03-032467-2

Ⅰ. 冒… Ⅱ. ①诺…②朱… Ⅲ. 科学知识-普及读物 Ⅳ. Z228

中国版本图书馆 CIP 数据核字（2011）第 201123 号

责任编辑：贾明月　唐 傲/责任印制：张克忠
封面设计：可圈可点工作室

科学出版社 出版
北京东黄城根北街 16 号
邮政编码：100717
http://www.sciencep.com

三河市骏杰印刷有限公司 印刷
科学出版社发行　各地新华书店经销
*

2011 年 10 月第 一 版　　开本：B5（720×1000）
2021 年 5 月第十二次印刷　　印张：21
字数：235 000
定价：68.00 元
（如有印装质量问题，我社负责调换）

献给 Charlotte 和 Katie，她们俩在我写作本书时最让我分心但也最令我开心。同样献给 Win，我总是躺在床上把新写的章节读给她听伴她入眠。

致　谢

衷心感谢 Manx Studies 中心的领导们，在我退休之后接纳了我这个"订购怪书的人"。我从利物浦大学的图书馆与利物浦热带医学院的图书馆那儿获益良多，在此表示感谢。我要特别感谢马恩岛卫生和社会事务部的教育和培训中心（Keyll Darree），感谢中心医学图书馆的 Christine Sugden 以及她的员工。

承蒙 Lynn Delgaty、Bernard Eaton、Andrew Sigly、Reg Vallintine 和 Jon Franklin 等人的帮助，我不至于错失某些文献，多谢 Jon Franklin 先生将他书稿的打印件寄给我。

那些协助我获得相关信息、认识相关人士的朋友们我也要在此表示感谢，尤其是 John Bevan 博士、Andrew Brand 博士、Terry Holt 和 Selma Holt 博士夫妇、Mark Potok 先生、CMS 的 Jenny 和 Gill、很有翻译技巧的 Erik Ahlbom，以及已经身故但仍旧为大家所深深怀念的 Rosemary Pickard 与她手下的布里奇书店的员工。

多谢 Rachel Norton Buchleitner 和 Nick Austin 对书稿细心的校对，James Hamilton-Paterson 在我动笔之前对本书的想法给了我非常大的帮助，也要谢谢 Anna Webber 的鼓励，而 Mark Booth 和 Charlotte Haycock 每次都对我写作中冒出的怪念头表示理解。

最后依然要感谢我的夫人 Win，她为多个章节配上了插图，让本书增色不少。

序

> 过危险的生活。
> ——弗里德里希·尼采

无论从哪方面来讲,科学家都是好奇心十足。我做了一辈子实验,不过拿自己开刀仅有一回。我在书里看到古罗马的蛙人(也就是潜水员)去潜水时总含着满满一嘴油,原因却无人知晓。也许他们把手覆在眼睛上,然后一点点吐油出来,把油泡充当透镜,于是在水下就可以视物。我决定试试是否可行,便带了一大瓶食用油沉到水下。试了好几次,结果什么也看不到,倒是喝掉了半瓶万岁牌玉米油,还拉了一礼拜肚子。

倘若叫学校里的小朋友给科学家画个像,十之八九会画出一个疯疯癫癫的科学家来。而有那么多搞研究的人会热衷拿自己做实验,无疑完全符合这种描述。以科学之名吞下霍乱、盐酸以及这样那样简直没法说的东西,后面我都会一一道来。

要问他们为何干出那些事来,那实在是一部混合着无私、自大、勇气、好奇以及十足傻气的奇谈。

> 如果说一知半解是危险的,那么去哪儿找足够博学多识从而能摆脱危险的人物呢?
> ——托马斯·赫胥黎

目 录

致谢
序

一　　执锯而来，不惧隐疾　　1
二　　嗅一嗅，瞅一瞅　　17
三　　试验与痛苦　　35
四　　好吃的东西　　53
五　　虫子大餐　　67
六　　渴望疾病　　79
七　　疾病侦探　　96
八　　危险的光亮　　110
九　　缺之不可　　130
十　　血液的故事　　144
十一　转变心意　　157
十二　隐秘战线　　167
十三　受苦受难　　184
十四　漂泊与孤独　　198
十五　食肉动物来也　　214
十六　到深渊去　　230

十七　又高，又快，又危险　250

十八　风险重重　268

推荐阅读　276

附录　那些拿自己的身体做实验的人　277

鸣谢　285

参考资料　287

译后记　325

一 执锯而来，不惧隐疾

He Came, He Sawed, He Chancred

判断时要小心谨慎，事关死尸时尤其。

——威廉·亨特

18世纪的医生有两种：一种是内科医生，掌握医药知识的文化人；另一种是外科医生，拿着锯子的熟练工。而两者都囿于老思想旧经验。医学研究停滞不前，病人的处境无非比他们的曾曾祖父辈稍稍好上一点。后来终于出现了一个叫约翰·亨特（John Hunter）的苏格兰农民小伙，把外科手术从一门技艺提升到了一门科学。

约翰只接受过基础教育，但他一生都对自然怀着丰沛的好奇心。1748年，他离开家乡去伦敦投奔哥哥威廉（William Hunter）。威廉受过外科训练，但因为时不时晕血正专攻热俏的内科，并准备做个助产士。于是约翰便接手学习血淋淋的那部分工作，还被派去准备教学所需的尸体。约翰的解剖技术十分了得，很快就升级监管威廉的学生。在跟两位有名的外科医生见习了一段时间后，约翰在圣乔治医院（St George's Hospital）当上了住院外科医生。这所医院专门收治"值得救济的穷人"①，而外科医生有权拿这些"毫无怨言"的穷病人练手。毫不知情地提供身体给外科医生的人无一例外既穷且弱，受益者却多是富人。约翰上午拜访付费的患者，下午则义务为穷人看病。比起圣乔治医院的其他医生，约翰那儿的穷病人总是最多。

约翰希望医院能在教育年轻外科医生上面多花工夫，但没能说服高年资外科医生来开课。最后他在自己家办起了夜校，有好多年全伦敦的年轻外科医生都受益于此。去听课的人都会受到很好的款待，尽管有一次只去了一个学生。为了招揽学生，约翰还拉了具骨架来，通常这样开场："先生们。"

约翰从不盲从现有的经验，总是先观察后改进。七年战争②时期的外科军医经历让他成为了枪伤权威。战场上的手术需要弄开伤员的伤口，清除碎片，取出子弹。伤员很难避免死于感染。而约翰只给伤员做简单的止血操作，让子弹留在原处，这样一来存活率便大大提高。他意识到，有些情况下，人体能够自己痊愈。

他解剖了上千具尸体，对人体内部的了解比对自家房子的布置还要清楚。而了解得越是清楚，到了手术台上越不会措手不及。清醒的头脑配合上灵巧的双手，他渐渐体会到人体各部分不单作为零件起作用，还有"它们在机械般的整体中所起的作用，以及它们的工作方式，产生了最终的效果"。

---

① 伊丽莎白时期英国有了第一个扶贫项目，穷人被分为三类，其一为"值得救济的穷人"，即因为年老体弱而无法工作，可以领取物品或现金援助者。

② 七年战争，指 1756 年至 1763 年，欧洲两大军事集团，即英国-普鲁士同盟与法国-奥地利-俄国同盟之间，为争夺殖民地进行的一场大规模战争。又称英法七年战争。

痴迷于解剖的不止约翰一个：英国艺术家乔治·斯塔布斯（George Stubbs）花了18个月来解剖马匹，每一匹马都且剖且画数个礼拜。意志不够坚定的人恐怕会被那恶臭熏得吐个朝天，但乔治最终绘制出了令人叹为观止的不朽作品：马的解剖图。

约翰的哥哥威廉在大风车街上开了家私人医学院。说到这条街，将近两个世纪之后，伦敦头一家脱衣舞俱乐部在此开业，广大人民群众对人体解剖的兴趣想必自此得到了极大的满足。威廉希望能把其他地方不重视的实用解剖技术教授给学生。彼时的医学考试，哪怕是面向外科医生的，通常也只有口头测试而没有任何实际操作。大多数课程是让学生观摩解剖，或者检查一下早先准备好的解剖标本。有吝啬的苏格兰教授曾经就着一具尸体讲完了一门整整100学时的课。所以说，那会儿使用变质发臭尸体的还不只是学生。

因为缺乏解剖练习，磨刀霍霍的外科医生完全可能头一次动刀就是在活生生的病人身上。威廉和约翰都认为手术失误最好还是发生在死人而不是活人的身上。约翰这么跟学生说："解剖乃手术之根基，熟知解剖则头脑清晰，双手敏捷，心灵亦对必要的残忍习以为常。"

在亨特兄弟的学校，每个学生都会有一具尸体练手。那意味着，要有许许多多尸体，而且还得是新鲜的，不过也用不着新鲜到乐购或桑斯佰丽超市①要求的程度。解剖主要是冬天的活计，夏天的高温会让尸体的皮肤迅速脱水，变得木头般僵硬，内脏则变得粥一般黏稠。

---

① 这两家都是英国本土的大超市。

学校每个礼拜都需要几具尸体，找尸体的任务被派到了约翰头上。当时有两百多项死罪，连扒窃也是，所以并不缺尸体。1752年的《谋杀法案》允许解剖学家认领被执行死刑的谋杀犯的尸体，因此外科医生纷纷跑去执行死刑的泰伯恩行刑树①下围观等待。从绞刑架上下来的尸体想必还是温热的，于是外科医生和死者的亲属好一番不体面的拉扯争夺。有一次实在激烈，被争夺的重罪犯因此醒了过来，后来被判缓刑，还有了新名字，人称"半吊子麦琪"。

《谋杀法案》的新规定并不是为了推动医学进步，而是为了惩治犯罪。因为被解剖的命运比死亡更加可怕，增加了"恐惧与恶名的特别标注"；而且，待到宗教上的"审判日"，也就是所有死者将复活的时候，那些肉身缺少了重要部位的人，也许会因为不完整而被拒于天堂大门之外。

对许多罪犯而言，真正的可怕之处在于，他们也许会开膛破肚地在手术台上醒来。在一下子拉断脖子的"长坠落"绞刑法出现前，犯人是慢慢被绳套勒死的——有时要拖上三十分钟或更久。医生挤在蜂拥的围观人群中，往往逮不着机会宣布犯人的死亡。有那么几次，解剖学家手术刀下的"死尸"出人意料地在解剖桌上坐了起来。

可以理解，当时自愿捐赠的遗体是十分稀少的。由于没有合法途径获取足够的遗体，解剖学家常常别无他法，只有去贿赂殡葬人，让他们在棺材里放上石头，把死了的好东西交出来。盗墓

---

① Tyburn Tree，伦敦施行绞刑的地点选在泰伯恩河边，河两边的榆树被用作绞刑工具。后在泰伯恩刑场培植了一棵有三极树杈的树，每个树杈有3米长。1571年起这种三树杈被用作绞刑架，称为"泰伯恩行刑树"，它能同时吊死24个囚犯。

者也乐于助人，反正埋个空棺材并不比埋个装满的麻烦。纵然有这些法子，死尸这东西仍然供不应求。于是约翰开始"攀上了盗尸人"——这伙人干的正是掘开新墓挖出死尸的勾当。

约翰的工作生涯中，盗墓从偶尔为之的"寻求刺激"活动发展到了堪比"审判日"的成规模复活事业。预购的尸体被装进桶或篮内，发送至全国各地。有人曾在发往利兹的驿站马车上发现过一具盒装死尸。类似的事件在都柏林也有发生，为此当地报纸要求"体面起见，请把宝物包装得稍微仔细一点"。尸体价格逐年上涨，几十年间涨了 16 倍；孩童的尸体则是按英尺买卖。一些盗墓勇士抱怨说，挖出一具棺材却发现早有人下了手的比例也未免太高了。

盗墓并不算犯罪行径。偷只猪或鹅会被判死刑，但在当时的法律看来，尸体不是财物，所以盗尸不能算偷。盗尸者会小心翼翼地把寿衣裹尸布什么的留在棺材里，因为那些是财物。

民众慌了，从英国卡莱尔到美国纽约，人们纷纷抗议解剖学家的暴乱。某医学期刊断言："倘若不阻止人体买卖，教堂墓地将无法避免夜半盗贼的铲子，民众亦无法抵挡夜半刺客的匕首。"

因为尸体要确保新鲜，有些罪犯还设计了合理的流程以求获利，不等人死透就先把身体抢过来。报纸上连篇累牍报道着布尔克（Burke）和黑尔（Hare）的暴行。他们俩杀害了 16 个人，然后卖给爱丁堡的外科医生罗伯特·诺克斯（Robert Knox）。有诗云：

　　布尔克宰肉黑尔偷

　　诺克斯付钱把货收

有一次，他们送来一个叫"傻杰米"的人，这人在当地颇为有名，诺克斯为了避免被人认出死尸真面目，先砍下了尸体的头，然后再拿给学生用。

布尔克和黑尔养活了一大帮送尸的拥趸——"布尔克帮"。他们为伦敦国王学院（King's College London）提供余温尚存的人体，其头目被判多项死罪，罪名是挖掘新尸一千具。这一丑闻影响之大导致了1832年《解剖法案》（Anatomy Act）的出台，从此解剖学家有权解剖贫民所、停尸房内无人认领的遗体。这下，连最死硬的无赖都惧怕的命运降临到了无辜穷人的头上。

获取遗体，对约翰而言是手术之必要，长远来讲是为了拯救生命。同时，这也像一场狩猎。皇家外科医师学院的主席曾向皇家调查委员会夸口："只要我乐意解剖，没有我得不到的人，不管他生前是什么样。"

死尸稀缺的问题并没有彻底消失。今天的解剖教学利用模型解剖、医学成像技术并鼓励学生检查自己和他人的身体。我依稀记得，学生们总是一有机会就互相查看身体。即便如此，未来的外科医生们还是必须解剖人的尸体。盖伊医院、国王学院教学医院和圣托马斯医院一年需要80具遗体，而捐赠的只有60具。再要拒绝肥胖者的遗体只会更叫人为难，那样一来，立马就没有合格尸体可用了。

大多数医院极力鼓励人们捐献遗体，但背道而驰的也有。2004年，加利福尼亚州一家医学院被曝倒卖人体零部件。而这些器官取自六年来捐献给医学研究用的约800具遗体。路易斯安那州的一所大学在清除多余的尸体时把它们给了一家代理，但对最终去向毫不知情。

每年，器官交易价值超过10亿美元。心、肺、肝移植只是其中很小一部分。随着发达国家的人寿增加，替换某些身体部件的需求上升，比如视力衰减的眼睛要换角膜，活动过度的关节要换骨头，不用说还有给烧伤病人移植皮肤、给受伤运动员修复筋腱韧带以及给爱美人士填充唇部胶原。

英国在2007年有近2000例肾移植，而排队等待新肾的病人有8600名之多。每年有超过1000名病人在等待合适器官的期盼中离世。器官供不应求，价格自然上扬。新鲜的遗体如果各部分单独卖，可销售的部分能卖得20万美元；一个头900美元，手指15美元一段。要不是没赶上好年头，盗尸者干一票原本该赚多大一笔啊……

2004年，纽约一家殡仪馆的新任主管惊讶地发现馆内有一间隐蔽的手术室，而该馆的主要收入来自组织移植公司。前任主管把死者当发财树，在"手术室"切割遗体收获人体器官。他们本该为顾客的至亲涂上防腐香油，实际干的却是将尸体内部掠夺一空。他们拿塑料管替代偷走的骨头，用布和馆员扔掉的手术手套填塞取走器官后留下的空洞。然后把遗体缝起来，交给他们的亲人去埋葬。受害者之一是备受尊敬的主持人阿利斯泰尔·库克（Alistair Cooke），去世时九十五岁，癌细胞扩散到了骨头。据估计，殡仪馆的人在这项副业上赚了470万美元。

为了让器官更有销路，他们还伪造相关文件：把一百零四岁的老妪写成享年七十，把死于恶疾、本来不符合器官移植要求的死者写成死于心力衰竭。不知情的组织供应公司将这些器官分送到世界各地。英国有40人接受了来自这一途径的器官移植。这些可疑器官的接受者已经全部做过HIV、丙型肝炎和梅毒的检测，但还有一些疾病的潜伏期非常长。

无独有偶，丹佛一位医生告发了同样的骗局，犯案的殡仪馆馆长一面拿点儿旧骨灰给死者亲属，一面把死者切块备用。这两家殡仪馆糟蹋的遗体加起来远远超过一千具。

活生生的病人同样有可能被人当战利品获利。能在培养环境中稳定生长的人体细胞在癌症研究中十分有用。加利福尼亚高等法院在1990年规定说，从病人身上取出的组织不属于该病人。医生有权使用甚至独享这些细胞系。它们价值数百万美元，可唯独捐赠者没有收益。

同许多解剖学家一样，亨特兄弟把收集来的骨骼和器官标本放进自己的博物馆，藏品数最终达到13 500件。诗人罗伯特·骚塞①描绘过一幅令人毛骨悚然的画面：

　　我以婴儿油脂将蜡烛制造
　　（教堂的司铎听我吩咐）
　　我将胎儿装进瓶子
　　连同坟墓中掘出的心肝枯骨

医学博物馆诚然是用于教学，但解剖学家亦醉心于各种畸形怪胎，是冷酷残忍的收藏家。当一位头颅硕大无比的病人在盖伊医院去世时，他的"葬礼"在毫不疑心的家属眼前上演，而他的骨架则躺在准备送去医院博物馆的木板上。当身长将近2.4米的

---

① Robert Southey，1774～1843，英国作家，与沃兹沃斯和柯勒律治并称三大"湖畔派诗人"。作为早期的浪漫主义者，在他的带领下，民谣体式得以复兴。他尝试使用无韵的不规则诗句，是19世纪和20世纪自由诗体运动的先行者。从1813年到过世，他一直担任"桂冠诗人"一职。

"爱尔兰巨人"查尔斯·拜恩（Charles Byrne）还在弥留之际，他要入殓师答应用铅制棺材将他沉入大海以免落入解剖学家之手。但约翰·亨特给了入殓师500英镑（大约相当于今天的3万英镑）。如今拜恩那副不情不愿的骨架乃是皇家外科医师学院亨特博物馆的镇馆之宝。

在事业上了一个台阶后，约翰搬到了莱斯特广场的新房子——更确切地说，是连在一起的两栋房子。如此一来，他的博物馆有了足够的空间，阁楼上还有个解剖室。没什么人家会像他家那样在橱柜里放上那么多骨架。仅有那么一次，一块放过期的奶酪与一包解剖过的东西弄混了。那是个化身博士①式的房子，一边是他颇有修养的夫人在客厅举办晚会招待海顿，一边是尸体被人悄悄地从后门拖出，提拎上背面的楼梯。这么一说我倒想起来，史蒂文森笔下的杰克尔博士正是从"一位大名鼎鼎的外科医生的后代"那儿获得了他伦敦的房子。

约翰·亨特是他那个时代技艺最高超也最富创新精神的外科医生。威廉·哈兹里特②曾描述过他是怎么"着手切碎一具鲸鱼的尸体，好像米开朗琪罗斫大理石一样干劲十足"。与大部分他的同时代人不同，约翰从不重理论轻经验，而是坚信验尸③的力量。

外科医生一般会把身体上受到感染或损坏的部分截掉，但约

---

① 《化身博士》(*Dr. Jekyll and Mr. Hyde*) 是英国作家罗伯特·史蒂文森的一部经典小说。书中主角是善良的杰克尔，他将自己当作实验对象，结果导致人格分裂，变成夜晚会转为邪恶海德的双重人格。这部著作曾被拍成电影、编成音乐剧，流传十分广泛，使得化身博士成为"双重人格"的代称。

② William Hazlitt，1778~1830，英国散文家，与兰姆齐名，19世纪浪漫主义运动中的一位重要代表。

③ 验尸的英文是 autopsy，按字面意思，是"亲眼所见"的意思。

翰倚仗高超的技术与深刻的洞察力想出了新的、更好的治疗方法。动脉瘤（aneurysm）是种恶疾，变薄的血管壁一旦被血液胀破，便会有致命危险。约翰曾为一名腿背面长了巨大动脉瘤的病人开刀。他把受影响的那段动脉结扎起来，相信血液会通过邻近的血管自行找到出路。凭借这个方法，他保住了病人的腿。这并非瞎猜，他事先在狗和鹿的身上做了类似的手术观察效果。一年后，当那名病人因为其他原因发烧去世，约翰取来他的遗体再度检查了腿部的血管，确认自己的猜测是正确的。他的"旁路"技法从此开始成为欧洲各大医院治疗腿部动脉瘤的标准手术。

亨特兄弟大大推动了医学知识的发展。兄弟俩有时联手合作，比如，他们揭示了淋巴系统的范围与功能。威廉出主意，而约翰操刀完成了所有的解剖和实验。约翰还认识到淋巴系统与某一类癌症有关。

另一项由威廉提出的计划，是要弄清胎儿在母亲子宫内的所有发育阶段。不幸的是很少有孕妇可以解剖，因为怀着孩子的重罪犯不会被吊死。被逮捕的少女即便当时没有怀孕，等到要判刑前却总有办法让自己有孕在身。这项工作后来过了二十多年才完成。威廉将其发表的时候用了最大的开本，像巨幅地图一样，荷兰画家扬·范莱姆斯戴克（Jan van Rymsdyk）为妊娠的各个时期配上了精妙绝伦的插图。如此上品的解剖学书前所未有。尽管约翰动手完成了所有的工作，威廉却只是简短地致谢说，他的弟弟在"大部分解剖工作中"给予了协助——至于画家则完全没有提到。书里头一次提到胎盘血液循环独立于母体，这也是由约翰与一位同事发现的。威廉占了功劳，兄弟俩也因此生了嫌隙。

约翰以自己的名字发表了有关人类牙齿的辉煌专著，再度请范莱姆斯戴克配上插图。在这本著作中，他引入了术语"门齿"与"臼齿"。他还认识到牙菌斑与蛀牙有关，并建议每天刷牙以清除牙菌斑。

约翰·亨特的实验方法是他天才的象征。他曾对学生琴纳（Edward Jenner），即后来发明天花疫苗的那位说："你没有答偏，但为何空想，为何不做实验试？"今日看来自当如此，然而彼时还处于实验研究的黎明。

约翰研究了人工授精的可能，并指导一对无法正常怀上的夫妇如何受孕——然后，那位妇女有了。他还是组织移植的先锋，成功地将器官从一个动物转移到了另一个动物身上。他错误地以为自己曾把人牙成功接到了小公鸡的组织中。那时候的假牙是拿象牙做的，当然啦，不及配在大象嘴上来得好看。于是，无疑更显"自然"的人牙给盗墓人提供了一项能赚上一大笔的副业：把牙齿从再也用不到它们的原主人那里拔下来。约翰则听说了一个更棒的主意。他付钱给自愿者，拔掉他们好端端的门牙，接着立马把牙种进有钱遗孀空缺了的嘴中。有个穷姑娘在最后一刻改变主意，做出了明智的生涯抉择，没有捐出她的微笑，她就是后来的汉密尔顿夫人①。移植的人牙无一能永久驻扎，尽管有的能坚持6年，还有一例据说撑了12年。约翰无意间激起了一股装假牙的流行风。但假牙也能反咬一口，一位妇女因为新装的利齿而染

---

① 爱玛·汉密尔顿夫人（Lady Hamilton），1761~1815，曾有"英伦第一美女"之称，是那不勒斯的交际花，后来成为英国海军将领纳尔逊将军的情妇。

上梅毒，人牙热潮从此降温。

对冲突争论之类约翰从不避讳。他的博物馆明白显示着"人身上的每种性能都类似于其他动物身上的某种性能"；猿类和人类的头骨都属于同一种等级序列，其中的最高级就是人类。这些在当时可不是主流意见，达尔文的《物种起源》要再过七十年才会问世。同样亵渎的论点还有什么亚当和夏娃必是黑人无疑。而现在普遍认为最早的人类的确源自非洲。

他坚定驳斥了手淫导致不孕的谬传。其逻辑很有说服力：不孕者很少，而手淫者比比皆是，所以两者不可能有因果关系。他在著作中宣称手淫无害，发窘的编辑添上脚注说"是有害的"。不错，某些情况下，手淫是会有严重的后果，比如在印度尼西亚，手淫者会被砍头。最近的研究表明，"自慰"，这是如今的叫法，是有益的。男子初次射精的年龄越小，日后得前列腺癌的可能性越低。

约翰意识到许多性困难问题也许是受心理影响，因为"心灵变化无常，那些部位也跟着起起落落"。有次一个病人诉苦说自己在床上不行，约翰便教他挨着伴侣睡上一礼拜但不许碰对方。七天之后，问题果然解决。

尽管约翰的脾气像他的头发一样桀骜不驯，他的口碑却吸引着大人物和好人家（以及没那么好的人）纷至沓来。主顾中有经济学家亚当·斯密、本杰明·富兰克林、诗人拜伦等，他还成为了英王乔治三世的"御医"。

1767 年，时年三十九的约翰当选为英国皇家学会会员。同年，他的性病研究上了个危险的新台阶。18 世纪的医生都对"花柳病"（爱神之病）很熟悉，因为他们有四分之一的主顾是拜该病所赐。当时大家都已经知道性交会传播花柳病。在伦敦这个熙熙攘攘的商业中心，人们交易着茶、糖、香料以及最刺激的商品——性。妓女人数之多足够每二十七个男人分得一个。哈里斯写了本关于"科文特花园女"①的青楼指南，又名《男人寻欢行事历》(Man of Pleasure's Kalendar)，指南里露骨地大赞那些漂亮娘们儿，对染病的那些则是破口大骂，像什么可怜的杨小姐"又把她那龌龊肉身扔了出来"。花柳病在约翰的病人里传开自也不足为奇。鲍斯威尔②为了淋病登门拜访了十九趟或许还不止，一点儿教训都没记住。还有一对颇有名望的夫妇，两人都来向约翰求医，彼此瞒着互不知情。比顿夫人（Mrs Beeton）在蜜月里染上了梅毒，正应了老话说的"爱走了，梅毒在"。

淋病和梅毒是两种最主要的性病。淋病较常见，会造成尿道疼痛，排尿时会引起不适。它虽然有可能导致并发症——假如你跟鲍斯威尔一般热爱它的话，但是并不危及生命。梅毒则不同，是更为致命、潜伏更深的恶魔。一开始阴茎上可能长出肿块，淋巴结会肿大。几周之内也许看上去都没问题，但一两个月之后，皮肤上会出现疣状物，同时头发成块脱落，并且反复发烧。梅毒会在潜伏数年后复发，并随着时间推移越来越严重，皮肤和骨头都会溃疡。有病人阴茎溃疡严重到嘘嘘时直冲肩膀的地步。向内则是器官——包括大脑——彻底融化。

约翰觉得淋病肯定是种自限性疾病，也就是说不去治也会自动痊愈。于是他在患者身上开展临床试验：给其中一半病人通常

---

① Covent Garden Ladies，科文特花园是伦敦的一个区，此地在18世纪是著名的红灯区。

② James Boswell，1740～1795，英国传记作家。

的治疗，给另一半的则是用面包卷做成的药片。一段时间后，他们全部痊愈了。他还提出了一个假说，认为一个人不可能同时得这两种病，因此淋病和梅毒必然是同一种疾病的不同时期——淋病是局部感染，后来扩展到全身就成了梅毒。

确认之法当然是做实验。约翰的想法是，让一个人染上淋病，然后等到梅毒症状出现之时，他的假说便得到了支持；如果没有出现，则表明他错了。显然，能够保证没有感染过这两种病，又能每天一伸手就可以检查其生殖器的唯一志愿者就是他自己。

于是约翰小心翼翼地从一位淋病病人身上接了点鲍斯威尔说的"恶心东西"，放进自己阴茎上切开的口子中。想象一下，当几个礼拜后梅毒特征性的小瘤"硬下疳"出现在他阴茎上时，他有多满足啊。后来硬下疳就被命名为"亨特氏硬结"。

可约翰失虑的是，他用来当接种物的病人有可能既有淋病又有梅毒。他无意间给自己染上了梅毒，要是不能在早期控制住病情发展，梅毒会无情地侵蚀他的鼻子，引起失明、瘫痪、精神错乱以及死亡。一个理性的人，你总能指望他会做出些完全不理性的事。

为了给自己治淋病，约翰一遍遍用"腐蚀性的升华产物"（升汞）与有毒的汞来漱口，这些东西使他口腔溃疡，牙齿松动，分泌出好几品脱的黑色唾液。有些医院设了"唾液分泌病房"，用来给病人私下淌口水。他后来叙述说"我用水银压制住了这病"，说明治疗是成功的。他在给学生上课时传授了自己的经验，解释说他让自己得了梅毒疮。他还写了本带图解的性病专著，由于太过图文并茂让鲍斯威尔清心寡欲了一个礼拜，虽然这厮后来又被症状缠上两次。

因为心脏问题，约翰尝试了所有毒药，最后求助于"马德拉岛、白兰地以及其他温暖事物"——至于这些东西的效果，我倒是能根据自己的经验来确认。

医生在研究性传播疾病时向来毫不犹豫地在其他人身上做实验。臭名昭著的图斯克杰研究（Tuskegee project）发生在美国阿拉巴马，医生对染有梅毒的穷苦黑人佃农跟踪调查了40年，为的是观察梅毒症状在黑人身上的进程与在白人身上是否一样。但那些黑人只被告知自己有"坏血"，压根没听人提过什么梅毒。他们不得不承受创伤性测试，却没有一人得到任何一项针对这种病的治疗。医生们仅仅是观察，不带一丝罪恶感，就好像那些黑人本来就有梅毒而不是因为他们才染上的一样。有许多"病人"的症状随着病情恶化而越来越可怕。

这项研究由美国公共卫生服务部门出资，医疗界和地方政府也都知晓。研究持续到1972年，因为被一名记者抖出，闹得全国皆知才告终止。但直到1997年，才终于由克林顿总统向这些小白鼠中的幸存者道歉。

在亨特的年代，许多外科医生觉得他们没有义务让不付费的病人继续活命。库柏爵士（Sir Astley Cooper）写道："本院的病人由国会做主，供外科医生使用，与死尸无异……可以从他们身上获得实际经验。"约翰·亨特用病人做实验，但从不将他们轻视为小白鼠。他说过："我的所作所为不会超过在同样情况下我对自己进行的操作的限度。"他对学生讲："若无敬畏与勉强之心，外科医生便不该走近这个手术的牺牲者。"

约翰·亨特勇于献身实验的胆识前无古人。然而，他竖立的榜样激发了许许多多的后来者。

盗尸者被警卫逮住，约翰·亨特则溜之大吉。

二　嗅一嗅，瞅一瞅

Sniff It and See

就算要截去我的腿，我也绝不使用氯仿。我永远不想放弃我自己。

——巴尔扎克

约翰·亨特明确指出，手术是没办法的办法。这也正是病人一贯的想法。过去的手术可谓有计划的暴力行为。躺在手术桌上是痛苦的煎熬，好像一脚踏进了鬼门关。病人嗷嗷惨叫的恶习分散着医生的注意力，痛得打滚的惨状则让刀功精准变成几乎不可能的任务。那么，让病人不省人事怎么样？

13世纪有个内科医生给病人开一种猛剂，以鸦片、莨菪、毒芹、曼陀罗花（一种有毒的茄属植物）等混合制成，他声称这药能让病人陷入"死一般的沉沉昏睡，被刀切割也毫无知觉"。病人可不是在装死，是真有可能死了。实践经验更丰富的医生则用放血的方法让病人昏迷，或者把他们掐到失去知觉，再或者干脆放个木碗在病人头上然后抡上一棍把他们敲晕。

到了18世纪晚期，医学专家已经掌握了应对手术剧痛的方法。规则简单易行：

1 把手术室设在其他病人听不到的地方；

2 充分理解可怜的外科医生的悲惨遭遇；

3 把病人捆牢放倒；

4 让病人咬住医生的拐杖；

5 下刀要迅速。

外科医生非得是经验丰富的壮汉不可。约翰·亨特就在伐木场练就了一身执刀握锯的技艺。他哥哥威廉管外科医生叫作"用刀武装起来的野蛮人"。但至少有一点，他们动作麻利。切泽尔登（William Cheselden），约翰的门生之一，摘除膀胱结石不消一分钟；李斯顿（Robert Liston），伟大的英国外科医生，截一条腿只用28秒。手术室不愧是他的舞台，每场表演前他都要冲着观众大喊："给我计时，先生们，计时！"在奋力打破自己纪录的过程中，李斯顿不仅截掉了病人的腿，还顺带切下了病人的一个睾丸，以及助手的两根手指。

英国女作家范尼·伯尼（Fanny Burney）这样描述乳房切除术的可怕经历："当恐怖的钢刀刺入乳房——沿着静脉、动脉、肉、神经切下……我大声尖叫起来，整个手术过程一直不停歇地尖叫……那种剧烈的极度痛苦……任何语言都无法描绘……我感觉到刀在胸骨上——刮擦着它。"

日本的外科手术原本也贯穿着不相上下的剧痛，直到后来一位名叫华冈青洲（Seishu Hanaoka）的外科医生有了番作为。他从欧洲的书本上习得外科技术，为控制疼痛又转求中医。他做了二十年动物实验，然后觉得掌握了植物提取物的正确配比，既可以钝化疼痛又没有危险的副作用。他信心十足地在自己妻子身上试验。她变瞎了。

不屈不挠的他继续研究，最后终于调制成功，其中的成分我们今天知道有镇静、止痛和肌肉松弛的效果。1804年，他为一名乳腺癌妇女无痛切除了肿瘤，此后又完成了150例无痛手术。可惜的是，当时的日本闭关锁国，华冈青洲的麻醉术一直是个秘密。

与此同时，欧洲的一些医生正热切地吸入各种新发现的气体，想看看它们是否会有什么疗效。有一个人对此深信不疑，那就是英国医生托马斯·贝多斯（Thomas Beddoes）。这人有点儿不同寻常，他把母牛送进病人房间让病人吸取动物呼出的"恢复性气体"，但他只成功地毁掉了病人卧室的地毯。他在温泉小镇布里斯托建了一所气体疗养所（Medical Pneumatic Institution），打出广告说气疗包"治"百病，从性病到瘫痪，有多种气体可供吸取，包括氧气、二氧化碳甚至后来成为自杀者最爱的一氧化碳，因为一氧化碳会给脸颊增色。

疗养所的研究主管是汉弗莱·戴维（Humphry Davy）。时至今日，人们记得的他的最大成绩就是发明了矿工安全灯，但他在有生之年那可是赫赫有名。他有天才的表达能力，把科学作为致富的工具卖给实业家。借此，他永远地改变了我们的世界。

戴维到气疗所时才二十一岁，可他很快确定那些气体的好处只是夸大其词。他亲自尝试了许多蒸气。呼入一氧化碳后他"坠入虚无，剩下的最后一点力气刚够从隙开的嘴唇中拔出接口管……说真的，要是我吸了四口或五口而不是三口，它们会让我登时毙命"。他赶紧呼吸纯氧才捡回一命。但他的热情没有被惊恐打倒。一星期后，他又去闻一种挥发性的溶剂，造成会厌灼伤，人也窒息了。在这些严酷的考验中，哪怕觉得已经快不行了，他还在冷静地测量着自己的脉搏数。

戴维的同事们每次在第二天一早看到他都会松一口气。有人评价他拿自己的性命冒险，"就好像他还有两三条备用命以供不时之需"。

看到有人说一氧化二氮是"接触传染之源"，动物接触后会立即死掉，戴维打算试试是不是这样。"我知道这个实验有危险。"他承认。一氧化二氮会醉人，此外，当时即便是最无害的气体也因为混杂有其他气体而有致命的可能。他一点点加大剂量，最后达到一周内每天吸三四次的程度。

幸好没有不良作用。实际上，这种气体给人以一种"十分愉悦的悸动……我脱开了与外界的一切连接：我置身于一个全新的世界，脑子里是各种新奇的念头。理论，想象，发现，围绕着我"。戴维沉醉在理论的世界里，每天的吸入量很快达到令人难以置信的 25 升。他觉得这种气体还有助于他诗兴大发（事实上没有）。他将气体馈赠给朋友，包括以编写同义词词典闻名的罗杰（Peter Mark Roget）、诗人骚塞和柯勒律治[①]。骚塞写道："它让我哈哈大笑，从头到脚兴奋不已。戴维确乎创造了一种新的欢愉……我肯定这种创造奇迹的快乐气体就是天堂的空气。"而快乐，正是富裕的布里斯托人寻觅的东西，光顾疗养所的人与日俱增。

机缘巧合向来是研究人员的好朋友，这一次同样发挥了作用。因为长智齿的缘故，戴维牙龈发炎正痛得不行，可是吸入一

[①] Samuel Taylor Coleridge, 1772～1834，英国诗人，英国浪漫主义文学的奠基人之一。

氧化二氮后，疼痛竟消失了。总能一眼发现应用价值的戴维写道，由于一氧化二氮"看来能够铲除肉体的疼痛，它也许可以有效地用于外科手术"。这正是每个病人梦寐以求的奇迹：无痛手术。叫人费解的是，戴维再也没有继续下去，尽管有许多医学生将一氧化二氮奉为欣快感的使者，把它看作实用的止痛剂却是四十年后的事。

一氧化二氮，戴维所称的笑气，成了派对必备。博物学家舍拜恩（Christian Schönbein）参加了一次花园派对，看到笑气助兴下，宾客滑稽荒唐地将花坛踩躏得一片狼藉，他沉思道："也许，将来晚宴的最后，我们的社会风俗不再是饮香槟而是吸笑气，而假使那样的话，气体工厂肯定少不了。"今天的派对也还是老样子。2007年7月，BBC新闻报道说俱乐部会员的最新风潮乃是从气球中吸取一氧化二氮。

笑气还成了游乐场的最爱。就像时下有催眠师哄骗志愿者上台，让他们在催眠的作用下出丑一样，过去的表演者从一阵阵气体中制造出逗人乐的滑稽动作。志愿者要捏住自己的鼻子，从一个袋子里吸气。袋子拿走后，看到他呆坐在那儿"仍然捏着鼻子，你可以想象得到，这么好笑的姿势会让观众笑得前仰后合，而那个醉了的家伙会猛地从椅子上跃起，然后满舞台地东蹿西跳，笑声更是一浪高过一浪"。

1844年，自称"教授"的考尔顿（Colton）把这种乐趣带给了美国康涅狄格州娱乐匮乏的哈特福德人。当地一名牙医霍勒斯·韦尔斯（Horace Wells）也在观众当中。韦尔斯曾对假牙做了些改进，可是没能如愿发财，因为要安假牙就得先把残存的烂牙根拔掉。那时候拔牙是桩剧痛难忍又鲜血淋漓的事，往往见上一眼牙医，牙痛就显得微不足道了。

在考尔顿的表演中，有个东蹿西跳的志愿者撞到了小腿。他回到座位后，韦尔斯问起他的腿怎么样。伤虽然严重，那人却什么感觉也没有。韦尔斯立刻悟出是这种气体钝化了疼痛。他说服考尔顿第二天把装置带到他那儿。考尔顿给韦尔斯来了点一氧化二氮，另一个牙医则拔掉了他的一颗牙。韦尔斯欣喜若狂地喊道："这是迄今最伟大的发现。我觉得还没有被钉子戳一下来得痛。"他觉得自己能够驱逐疼痛，最终为牙医带来福音。

接下来的几天内，韦尔斯毫不费力地给 15 位病人拔了牙。他意识到自己必须在医学界面前证明无痛拔牙。于是，没过一个月，他就被安排在波士顿很有威望的麻省总医院（Massachusetts General Hospital）演示。不过为时太早啦。他还不知道没有知觉不必然等于对疼痛不敏感，也没意识到不同的人也许对同样剂量的气体有不同的反应。围观演示的医学系学生焦躁不安，做介绍的外科医生沃伦教授（J. C. Warren）则明显表露出怀疑。"这位先生，"他宣布，"自称（pretend）他有能消除外科手术疼痛的东西，想要告诉诸位。""自称"一词让韦尔斯紧张起来。可以理解，参与演示的病人也紧张起来，一失手把器械打翻在地，观众哄堂大笑。韦尔斯匆匆麻醉了病人，拔去了牙。尽管没有往常的尖叫挣扎，病人一声响亮的呻吟却回荡在大厅。观众报以嘲笑与"骗术"的大声斥责。

由于韦尔斯施加的气体太少，病人没有被完全麻倒。这是一场灾难，公众的羞辱让韦尔斯从此一蹶不振。他的余生在后悔与责难中度过，并且一直靠闻一氧化二氮寻求慰藉。原本能让他赚钱的气体却毁了他的人生。

讽刺的是，一氧化二氮后来成了牙科麻醉的特选。到1883年时，埃德加·爱伦·坡（Edgar Allan Poe）的表兄乔治开的坡氏化工厂（Poe Chemical Works）向全美的5000位牙医提供一氧化二氮，其中一位克里夫兰的热心人士订了4000加仑（相当于1.5万升）。

除了愤慨，让韦尔斯更感到侮辱的是，让公众注意到麻醉的人是他以前的同事，威廉·莫顿（William Morton）。莫顿是一名牙医，也是一个机会主义者。他从前的化学老师杰克逊医生（Charles Jackson）建议说硫化乙醚（硫酸与乙醇混合后得到）也许比一氧化二氮更有可能成功。

随着禁酒运动高涨，酒类销售受到打击，抿一点乙醚成为流行。社会上有一种常见的"乙醚乐"（乙醚狂欢会）活动。一位伦敦名医治疗过的慢性乙醚中毒者包括"受过教育的有修养人士……大多是妇女；男子则均为医生"。莫顿把乙醚称作"教授与学生的玩物"，乙醚在社会上的广泛使用也让莫顿相信它是安全的。或许他忽视了小到呕吐大到死亡的无数并发症。又有人说乙醚蒸气会引起爆炸——这在靠明火照亮的世界里可不理想。于是莫顿吸入乙醚然后对着火焰呼出来。幸好没有爆炸，只是点燃了细蜡烛。

在活人身上检验效果之前，莫顿决定先在可以任他摆布的东西上试试——他太太的宠物狗，还有她养的金鱼。结果是，它们以及他的婚姻都经受住了考验。接着，他出去寻找乐意被麻倒并被拔掉一颗牙的志愿者，他想看看会不会有什么坏处。一点不奇怪，一个都找不到，哪怕有五块钱的报酬。于是，莫顿把自己关在办公室，用一块浸泡了乙醚的布塞住自己的嘴。乙醚这东西很容易过量，吸一次就可能有危险。转眼间莫顿倒地不支，眼见性命难保。幸运的是，布从他脸上掉了下来。大约过了8分钟，他苏醒过来。太太听到他的冒险尝试后几近崩溃。莫顿的下一个实验是让他的助手在乙醚的辅助下给他拔牙。刚巧这时有个做薄饼生意的人因为害牙痛前来看病，愿意替他当实验对象。莫顿把他烂掉的前磨牙扳了下来，病人没有感到疼痛。

自信满满的莫顿安排了一场演示，地点还是在韦尔斯曾遭受羞辱的那家医院。过了预定的手术开始时间，莫顿才姗姗来迟。沃伦医生，就是那位为韦尔斯主持悲惨演示的医生很不耐烦，但莫顿很快麻醉好了病人，然后用演员一样夸张的动作宣布："您的病人准备好了，先生。"沃伦医生切开病人的脖子，摘除了一个差不多有台球那么大的肿瘤。让所有人惊愕的是，病人一声不吭。等到手术结束，沃伦医生大声地喝彩道："先生们，这不是骗术。"病人也说自己没感觉到痛，仅仅觉得好像有"锄头在刮着"自己的脖子。

三周之后，一个叫爱丽丝的年轻姑娘成为头一个在麻醉情况下接受腿部截肢手术的人。外科医生干完活后把姑娘唤醒，问："你准备好了吗？"她说："是的，先生。"医生回应道："很好，手术完成了！"边说边挥舞着截下来的腿。爱丽丝惊得昏厥过去。

消息很快传开。莫顿演示之后两个月不到，李斯顿，英国的那个闪电截腿者，用乙醚做了一次手术。他惊呼："这美国佬的伎俩完全让催眠术一败涂地。"美国作家奥利费·温德尔·霍姆斯（Oliver Wendell Holmes）在给莫顿的信上首创了"麻醉"（anaesthesia）这个词，其在希腊语中的意思是"没有感觉"。他在一篇文章中写道："吸入一点乙醚，我们便带着回程票跨进了死亡的未知世界。"

莫顿这么做是为了钱，或者如他自己所言，是为了"个人权利与利益"。然而麻烦接踵而至。乙醚和"上帝的阳光一样免费"，他不能拿一种1540年就为人所知的化学物质去申请专利，于是他试图换个新名字"忘川"（忘川水乃是流经冥府的一条河）来兜售他的产品。但医生们很快发觉那不过是以前的乙醚罢了。莫顿不干牙医了，一心想要世人承认是他发明了麻醉术，可其他申请者从四面八方站了出来。佐治亚州的医生克劳福德·朗（Crawford Long）在四年前成功地利用乙醚切除了肿瘤，并且还有此事的正式证明书，而他既没有将其发表也没有让医学界的专家注意到他的发现。

曾建议莫顿使用乙醚的杰克逊也宣称自己才是麻醉术的发现者。不过，杰克逊同时还在申请火药棉的发明权，并且正与摩尔斯（Samuel Morse）打官司，声称电报的主意是他告诉摩尔斯的。亢奋的掘金者也不及他为各类声明下的赌注大。

优先权的争夺严重损害了莫顿的健康，他在读到一篇支持杰克逊的申辩文章后几乎精神崩溃。莫顿在四十八岁时死于中风，彼时一贫如洗，至死也没有获得承认。杰克逊也没有胜利。他变成了酒鬼，在莫顿的墓碑前向死对头咆哮。最后死在了精神病院。

莫顿过去的同事韦尔斯，境况也很糟糕。周围尽是些为乙醚你争我夺的人，韦尔斯因为自己早先关于一氧化二氮的工作被人遗忘而愤愤不平。现在他成了推销员，成日价吸着原是为卖钱的氯仿。他因为向两个女人投掷酸液而被捕，尽管显然是出于摆脱街上烟花女子的目的。狱中的韦尔斯在氯仿的作用下砍伤了自己腿上的主动脉，失血而死，年仅三十三岁。与他疏离的妻子控告莫顿偷了韦尔斯的发现逼得他发疯自杀。而就在听闻韦尔斯死讯的那天，她收到一封信，信上说巴黎医学学会（Medical Society of Paris）承认他是麻醉术的发现者。今天，韦尔斯仅有的认可刻在他的墓碑上，以及他家乡哈特福德的汉堡王（Burger King）壁挂上。

如今，单单在美国，每年就有 500 万到 1000 万病人在手术中接受混有一氧化二氮的麻醉剂。但是，至少就大手术来说，它的时代也许就快终结了。最新的研究显示，用氧气取代混合物中的一氧化二氮可降低致命并发症的发病率。

乙醚尽管也在外科手术中广泛使用，但它又难闻又刺激肺部，病人在被完全麻倒前会剧烈颤动。爱丁堡大学的年轻产科学教授詹姆士·辛普森（James Simpson），闪电侠李斯顿的门生，曾尝试用乙醚减轻产妇分娩的痛苦。但他觉得一定还有什么更好的、只是目前尚未发现的麻醉剂。于是他开始东闻西嗅一切可以找得到的蒸气。他邀请医生朋友和亲戚参加他的溶剂晚会（solvent soirées）。晚会并非在觥筹交错中迎来高潮，而是大家一起来闻上一次晚会之后他弄来的各种溶剂。由于大家经常对所闻的东西有什么性质以及是否有毒统统一无所知，这种活动十分危险。备选的液体中有现在我们熟悉的洗甲水成分丙酮、火箭燃料的组分硝酸乙酯，以及有毒的强效致癌物苯。这些可怕的东西基本上因为气味难闻、让人头疼或者刺激肺而遭到淘汰。要不然，它们大概就会因为害死了聚会的众人而被载入史册了吧。在 1847 年的一次闻味聚会中，他们试了试气味甜津津的氯仿。辛普森的第一印象是："这比乙醚更好，作用更强。"然后，他发现自己躺在了地上。的确,"我们都在一瞬间倒地"。他们又试了一次,结果又倒了一次。他太太的侄女吸入的气体最少,但也激动地大叫:"哦,我是天使!"

氯仿是粗心大意的美国人格斯里(Samuel Guthrie)在自己身上做实验时发现的。他是个痴迷爆炸物的发明家,决心要改进火药。按他自己承认的,他的实验造成了成百次意外爆炸,有一次极其剧烈,搞得工作间的屋顶都被掀掉,墙也塌了。格斯里常常不得不逃命,身上无论何时都是东糊一块西焦一块。

1831年,格斯里开始挖掘如今用作杀虫剂的氯化醚的商业潜力,当时人们认为这是种兴奋剂。等到化合物炮制出来,没有得到氯化醚,却得到了氯仿的醇溶液——尽管他还不认识。用水一兑它就变成了"极甜极香"的烈酒,于是他在当地卖起了格斯里甜威士忌。此酒大受欢迎,连令人尊敬的老妇人也喝得醉倒路边。格斯里没料到的是,这玩意儿导致遗忘的能力成了它最大的商业卖点。

十六年之后,也就是辛普森头一次闻到氯仿后的第四天,他给一位先前一次怀孕时待产三天还是没保住孩子的孕妇用了氯仿。这位孕妇醒来时无法相信自己已经生产完毕。她为新生的女儿起名叫"麻醉"。几周之内,爱丁堡皇家医院的所有手术都用上了氯仿。

尽管大多数外科医生热爱麻醉,也有少数医生嚷嚷着坚持说疼痛是有好处的。有人给医学杂志写信说麻醉是"诱饵,引诱轻信者像放弃自己的金钱一样放弃自己的感觉"。还有人写道:"外科手术中的刀和痛在病人头脑中是密不可分的两个字,必须承认这一必然关联。"最强烈的反对则针对给待产的孕妇施加麻醉。

"疼痛，让母亲安全，"另一位男医生宣称，"少了疼痛就是毁了她。"费城杰佛逊医学院的产科教授美格斯（Charles D. Meigs）则让妇女相信分娩的阵痛是"生命力最可取、有益和含蓄的显现"，并且"疼痛与分娩的力量之间有十分必要和有用的关联，此中的麻烦实在没有想起来那么多"。但另一方面，我想他自己可没生过孩子。他似乎对妇女持有不好的看法，曾扬言她们的头脑"对理智来说基本太小，对爱情来说大小刚好"。

怀疑者怎么说无关紧要，孕妇们开始强烈要求使用氯仿。她们受到了名人显要的鼓舞。例如作家狄更斯在太太凯瑟琳接受无痛分娩后写道，氯仿"使用之安全正如其效果之神奇"。而维多利亚女王在氯仿的帮助下产下最后两胎，并称其"无可估量地令人愉快"，此类评价确保了氯仿的流行。

没有比辛普森教授在爱丁堡的住所更受人欢迎的地方了，那儿"每位嘉宾受到的招待并非音乐舞蹈……而是无知觉王国的一趟旅程"。据当地一个内科医生的遗孀后来回忆，在她年轻时，"教授常常拿我们家女孩试他的氯仿实验，母亲毫不害怕，但凡有必要，她十分乐意为科学奉献一两个女儿"。

辛普森成了氯仿的使徒，甚至将上帝归结成第一个麻醉师。因为上帝在抽取一根肋骨创造女人时，"使亚当沉睡，他就睡了：取下他的一条肋骨，又把肉合起来"。

辛普森一有机会就大力赞美氯仿的效果，对它的缺陷则视而不见。一个年轻姑娘因为脚趾甲内生需要做手术，用了氯仿后不到两分钟她便死了。可辛普森对归咎于麻醉剂的提法置之不理。他"确信"那是安全的——毕竟，他拿自己试过了嘛。

但死亡率有增无减。最终，一篇综述在调查了80多万例施加麻醉剂的手术后揭示，氯仿造成的死亡率比乙醚高 4.5 倍。许多死者几乎是瞬间毙命，就像被一枪打中了心脏，甚至有些强健的年轻人也难幸免。过了好多年，医学界才确定了氯仿的麻醉剂量和造成心脏衰竭的致死剂量之间的细小差别。

虽说乙醚和一氧化二氮又渐渐回温，辛普森仍一如既往不遗余力推举氯仿作为首选，哪怕它有可能杀死他十分之一的病人。他还进一步拿自己做实验，继续危害自己的健康。他后来写道："为了获得其他有益于治疗的制剂，我昨晚呼吸了一些实验的蒸气，现在病了，快撑不住了。"仆人发现他不省人事地倒在地上，很为他的生命担心。他搞不懂，辛普森"再也不会发现比'三氯'更棒的东西了"，为什么还要冒那么多险。他不知道，强迫症是许多自体实验者的特点。

据估计，有超过 10 万人死于医疗用的氯仿。辛普森在生命中的最后两年为了控制自己的心绞痛而使用氯仿。1870 年，辛普森去世，工作过度和献身实验耗尽了他的生命。能活到五十九岁已实属幸运。

麻醉革新了外科手术。它让病人不用再承受可怕的煎熬，不用再坠入李斯特（Joseph Lister）所说的"致命的休克"。当时有些人认为，病人还是会和以前一样承受那么多疼痛，只是在醒来后忘记了。麻省总医院的沃伦医生，第一个执行麻醉手术的外科医生，对病人会有何感觉有着不寻常的见解："本该想象刀在娇美的脸上哧啦划开的人，有可能产生一种纯粹的愉悦感么？当器械在最为敏感的膀胱上转来转去，你有可能同时做着充满欢乐的美梦么？"

有了麻醉术，就可以尝试花费时间更久、创伤面更大的手术了。但是，还要再等四十年才有首例局部麻醉的出现。可卡因，最早是为了治疗吗啡成瘾而受到推广。它也是早期可口可乐中的一种成分，而那时可口可乐是作为治疗抑郁和癔病的药物来销售的。无疑它也吸引了许多新顾客。说来不可思议，人们居然曾经对强大的毒品也有生腻的时候。第一次世界大战期间，伦敦著名的哈罗兹精品百货公司提供"为我们在国外的朋友准备的礼品盒"，里面包含小瓶的吗啡和带着注射筒的海洛因。

年轻的弗洛伊德（Sigmund Freud）带着他自己所谓的"探索者气质"开始测试可卡因作为兴奋剂和催情药的效力。试验之后他大赞可卡因的功效，很不明智地向读者打包票"就算重复用药也不会产生继续使用这种兴奋剂的强迫性需求"。这一点成了他事业中的一项大谬。后来他让自己还有他的好几个病人都上了瘾。

不过，他的确注意到可卡因会让舌头麻木，并向一位眼科医师提到了这一点。要是弗洛伊德肯花时间继续研究这一现象，这世界将会节省多少精神分析的时间，减少多少俄狄浦斯情结的发作啊。说奇怪是奇怪，有那么多医师都留意到了可卡因的麻痹效果，可没人充分意识到它可能的重要性。弗洛伊德的眼科医师卡尔·科勒（Carl Koller）想试试可卡因是不是也有可能麻痹眼睛，方便手术。于是他和同事都往眼睛里滴了一点可卡因溶液，用钉子戳了戳角膜，除了有压力外其余感觉一概没有。科勒把可卡因确立为了眼科手术的理想麻醉剂，人称他为"可卡科勒"。

也许正是受此鼓舞，纽约的两个外科医生理查德·霍尔（Richard Hall）和威廉·霍尔斯特德（William Halsted）相互给对方的四肢与牙龈注射可卡因，想要让身体局部对疼痛不敏感。

不幸两人都染上了可卡因瘾。霍尔斯特德为"治疗"对可卡因的依赖转而吸上吗啡，在吗啡瘾中度过了余生。

1886年，医生们头一次用腰椎穿刺的方法来抽取活人的脑脊液。德国外科医生奥古斯特·比尔（August Bier）想到，也许可以把可卡因注射到脊髓，这样一来，支配注射点以下部位肌肉的神经就会被阻滞。于是他的助手奥古斯特·希尔德布兰德（August Hildebrandt）用空心针扎穿比尔脊髓的保护膜，刺入下面充满液体的空腔。由于他笨手笨脚地给针头接上了一个尺寸不配套的注射器，比尔的脑脊液滴到了地上。吓坏了的助手在堵住漏洞后成了下一个小白鼠。这次注射很成功。接下来的半个小时内，比尔兴致勃勃地用羽毛挠希尔德布兰德的脚底板，用带钩的镊子掐他的皮肤，用柳叶刀扎他的大腿一直扎到腿骨，拔他的阴毛，把点燃的雪茄摁熄在他皮肤上，用沉重的锤头砸他小腿，最后还使劲拽他的睾丸。比尔还真是考虑周到，一个部位都没落下。幸运的是，希尔德布兰德的整个下半身对疼痛没有了知觉——直到可卡因的效力消退。这个实验改变了在下半身上实施的手术。比尔名垂医学史，希尔德布兰德则作为被他拽过睾丸的家伙而留名。

如今，不大会令人成瘾的合成物取代了可卡因用于医学和牙科目的。可离开牙医诊所，我们就对成瘾版更为中意了。英国大约有八成的流通纸币被可卡因或海洛因沾染过，伦敦则高达百分之九十九。每年，为了保护不嗅吸毒品的民众，要毁掉价值1500多万镑的钞票。

鉴于没有十足安全的麻醉剂，外科医生仍然需要迅速地完成手术，而不能让病人长时间处于麻醉状态。当务之急是找到一些方法，可以减少麻醉剂量但又能满足放松肌肉的需要。或许，一种非麻醉剂堪当此任。解决之道来自南美的土著部落，他们打猎用的箭和镖的尖端都有箭毒。它几乎能在瞬间将猎物杀死——又称"见血封喉"，说明其不大能在手术中派上用场。但当地人也知道，尽管这玩意儿刺破皮肤后会致命，吞下一丁点却通常没有大碍。欧洲有动物实验显示，箭毒会麻痹呼吸肌但不会让心脏停止跳动；利用人工呼吸，动物能够恢复。

1944年，宝威药物公司①分离出箭毒的活性成分——筒箭毒碱。临床研究主管弗雷德里克·普雷斯科特（Frederick Prescott）不反对以身试新药。他曾服用吗啡和甲基安非他明（又叫"速度"）的混合物来测试它们是否如理论所说，有助于控制血压。事实上，试验之后普雷斯科特的血压飙升到了正常值的两倍，他不得不去住院，才让重躁症平稳下来。

不屈不挠的他自告奋勇了解箭毒是否有可能有益于手术。他也同样甘当人类小白鼠。兴许，他只是没料到将会有多大的危险。

从最初的试验中完全看不出后面将会发生的劫难。普雷斯科特先是为了检验箭毒是否可以缓解疼痛，而从身上剥下一大块一大块胶布，他说这个试验"相当痛"，箭毒显然没有麻醉作用。

接着，该来真的了。为了确保营造出一种又舒适又真实的气氛，普雷斯科特躺在手术室的桌子上接受了筒箭毒碱的注射，就跟中了医用毒箭一般。在两周多的时间内，由医生和一位麻醉师负责对他间歇注射，剂量逐步增加。最后一次试验刚开始两分

---

① 著名制药公司葛兰素史克的前身之一。

钟，普雷斯科特的脸、脖子以及四肢就统统瘫痪，无法动弹了。一分钟后，他的呼吸肌还处于麻痹状态——可是竟没有一个人注意到。"我觉得我要淹死在自己的唾液中了，因为我既咽不下去又咳不出来……我感到窒息。"他能听到同事们聊天，可是指头乃至眼皮都无法动弹一下。他又无助又害怕，陷入了昏迷。

尽管团队中的其他人一直在监测普雷斯科特的血压和他超快的心跳，却没有人察觉他的惊恐。由于他们不断在挤橡皮囊给他推气，他也没有脸色发青。最后他们觉得已经收集了足够多的数据，便给他打了一针解毒剂消减箭毒的作用。可是剂量太小。又再做了漫长而心焦的七分钟人工呼吸之后，普雷斯科特才能够自己呼吸。半个多小时之后他才能说话，过了四个小时他才能正常看东西。其余副作用持续了好些天。

虽然试验之前做了仔细的计划，但是他们没有建立一个系统，让人类小白鼠能够在陷入痛苦后发出信号。在新近的试验中，研究人员会在志愿者的胳膊上绑一条止血带来隔离系统中的箭毒，好让志愿者通过预先设定好的手指信号与团队交流。

经历了此番考验后，普雷斯科特又志愿参加了另一项长达45分钟的试验。他犹豫了六个星期，给自己打气，做心理准备，但最终还是决定参加试验。其结果是，经他试验的那种类似箭毒的化合物，今天被普遍用来配合麻醉剂使手术中的病人失去行动能力。

麻醉先锋中有四位对他们测试的药物上了瘾，更多的人则是过早郁郁而终，未能等来他们自认为理应得到的承认。相反，弗雷德里克·普雷斯科特是个没指望从同事圈之外获得赞誉的谦让之士。他的大部分家人只是在多年之后读到他讣告的细节时，才了解到他的冒险经历。

自木棍敲脑袋起,麻醉走过了长长的路,而今仍是棘手问题。在美国,据说每天不止一百个病人会在手术刀下恢复知觉。不久前,卡罗尔·怀赫勒(Carol Weihrer)在一次眼球摘除手术中"醒来"。为此她建议手术室要配一个清醒监测器。"我一点都不疼,"她说,"但我感觉得到可怕的牵拉。医生要费很大的力气使劲拧眼球才能把它弄出来。"

三　试验与痛苦

Trials and Tribulations

人们往往要为得到的东西付出昂贵的代价。

——黛安夫人①

即使有了麻醉术，手术仍然叫人生畏。所以，人们更乐意相信有更平和的治病方法。我们是那么相信"药方"，看完病要是没拿到处方也许还会有上当受骗的感觉。正因为如此信任药物，许多人就算吃了一片实际上没有疗效的药也会觉得病情好转。药这东西总有一层神奇的光环。

古人对有毒的偏方、催情的蒙汗药之类颇有兴趣。草药学催生了植物学，也催生了医药学。实际上，有两百年的时间，所有植物学家都既是医师又是药师，本草书则是他们那个时代的药典。英国草药医师吉拉德（John Gerard）1597 年发表的《植物志》（*Herball*）成为有刊印以来最负盛名的植物学书。

不幸的是，草药医生都拘泥于"形象学说"，他们相信每种植物都把疗效特性标记在身上。与人体哪个部位相似就意味着能

---

① Comtesse Diane，1829～1899，法国作家。

治哪个器官的病,于是有了疗肺草(兜藓)、膀胱草(狸藻)、牙草(石芥花);而只要长了令人浮想联翩的突起物,就成为理所当然的壮阳药。根据丰富的想象,曼德拉草(风茄,mandrake)的根部好似赤裸的小人,传闻它被连根拔起时还会发出尖叫。它能让人瘫痪和发狂,因而被用在催情药里。

植物是药物的宝库,草药学家的混合物中有少数确实起效:金鸡纳树皮中的奎宁确实能治疗疟疾,洋地黄叶子的确是种强心剂,番泻叶也真的可以通便,还有柳树皮中的水杨酸在几个世纪之后会以阿司匹林的名字大卖。

1733 年的《穷理查年鉴》[①] 有忠告曰:"知道大多数药物毫无用处的医生才是最好的医生。"草药医师的大多数药方尽管吹得天花乱坠,但实际上用处寥寥甚至会有危险。毛茛可以保证让病人"含笑离世",可要是没有毛茛的帮助,病人是否根本不会离世就难讲了。

随着外科医生不再由理发师兼任,行医成了半受尊重的行当,"受过训练的"外科医生和内科医生从大学中纷纷涌出。在 18 世纪,一堂课也不用上,只消花 20 英镑就可以买到甚至是苏格兰最有威望的几家研究机构的医学学位。就算到了 1869 年那会儿情况也没有多大改观,我们或许可以从当时哈佛医学院主任的一段叙述中,对他们招收学生的标准有所了解。文中说他们不设笔试,因为"大多数学生写不好"。熬过了几年考试和解剖,最后达到合格的学生"从未包扎过一个伤口,从未打过一针,也

---

① Poor Richard's Almanac,18 世纪北美洲家喻户晓的一本格言箴句集,作者是本杰明·富兰克林,但书中的格言并非全部由他原创。

从未见过一次分娩或以职业身份前去探病"。面对几乎所有重大疾病，即使是最有经验的从业者都束手无策，直到 20 世纪现出曙光。

许多婴儿被水痘、白喉、痢疾与麻疹蹂躏又无药可救而夭折。大量的成人倒在脑膜炎、结核病与肺炎的攻击下，性的身边有梅毒陪伴，分娩则跟随着产褥热——外科医生从停尸间直接跑到产房时带来的恐怖疾病。

面对如此劲敌，医生们转而借助伏尔泰的建议："医学艺术包括逗病人开心，让自然来治愈疾病。"——或者直到病人死去。无计可施的内科医生只会醉心于"英勇无敌的杯吸法和放血法"，并在探病的态度举止上做足功课。要开药时，医生从老方子中选出一张：用有毒的锑治疗发烧，副作用是心血管衰竭和猝死；用大剂量的汞对付性病，附带着让牙齿脱落、大便带血、腹泻不止，跟着还有循环衰竭与肾衰竭；用鸦片镇痛，并且从此上瘾终生。一个世纪之后马克·吐温还宣称"死在没有医生的地方就叫自然死"。

当时的医术水平或许从给乔治三世①治疗精神病的皇家内科医师身上可见一斑。御医在乔治三世的腿上放上水蛭，用上一连串的催吐剂，给国王剃光的头皮发疱"把毒物从他脑中抽出来"。无怪乎 18 世纪有人讽刺说："常有人问某某是死于何种疾病……然而确切说来，问题应该是……某某死在哪个医生手上。"一位出身牛津的医生开出的畅销药粉很有可能加速了无数病人的死

---

① King George Ⅲ, 1738～1820, 1760 年登基为大不列颠国王及爱尔兰国王，晚年备受精神问题困扰。

亡，其中包括劳伦斯·斯特恩①和高尔密斯②。

医生的诊费倒是贵得离谱，连有钱人看到账单也要犹豫一阵。乔治三世斥责他的一个内科医师从事的是"我最最深恶痛绝"的行当。医生抗议说耶稣就给人治病。"是的，"国王回答，"但病人不用（每年）为此付 700 镑。"后来为了支付大笔医金，国王的遗孀只能把她在浮若阁摩尔（Frogmore）房子里的大部分家具卖掉。

另一方面，找个未受过训练的江湖郎中看病倒很便宜。18 世纪的英国，谁都能获得药物专利，由于对成分没有严格的控制，里头的东西随便掺。当时有人发明了"杀人执照"这个词来描述这些药剂师。讽刺画家威廉·贺加斯（William Hogarth）管江湖郎中叫"殡葬人的伙伴"。

英国小说家笛福（Daniel Defoe）这么描述："街角贴满了医生的告示与无知跟风者的广告，庸医和骗子诱人前来问诊买药。"那些治病法子自然都是"永不出错"。医药买卖成了大生意，一些江湖庸医大发其财。床笫之间的率性而为导致淋病求医者越来越多。在 1750 年，四个医生里头有三个靠性交感染送上生意。

江湖术士与开业医师的区别在于，前者毫不知耻地将产品吹得神乎其神。倘若真信他们的传单，他们的神奇药剂可是什么病都能治：

　　灵丹妙药

　　包治百病

---

① Laurence Sterne，1713~1768，爱尔兰文学家。
② Oliver Goldsmith，1730~1774，爱尔兰剧作家。

绞痛岔气

痛风发痒

结石麻疹

肚子疼痛

搔痒疥疮

以及潘多拉魔盒中的一切病痛

一便士一片药，让腹痛的可怜虫如何抵挡诱惑？穷困潦倒又疾病缠身的人们对"自称有超能力"的骗徒毫无招架之力。"温特牌长生不老药"号称"将无数人从濒死状态拉了回来"。于是乎，"病人生意"赚了大钱，病人的不幸正好用来盘剥。

还有所谓的"尿液先知"（piss prophets），只要瞥一眼病人的尿液便能诊断出病症。有人拿了一瓶母牛尿给迈尔巴赫"大夫"看，他立即认出那是"尊夫人有喜"。

英格兰剧作家本·强生（Ben Jonson）大骂那些江湖术士是"满嘴喷粪、屁话连篇的恶棍无赖"，相对于那些从此再不会碰面的病人的身体情况，他们更关心的是这一次能捞上多大一笔。大多数江湖庸医不光卖药还表演杂耍。他们会先招揽观众，然后拔下一两颗牙，同时大声放音乐掩盖哭喊声，最后兜售药剂，什么"对酩酊大醉有奇效"的"苏格兰药片"，治疗法国病（即梅毒）的"玫瑰香膏"，专治咳嗽的"马球"等等。

江湖庸医们用令人心动的顺口溜蛊惑赌上性命的人，受过教育的医师则用难懂的专业行话愚弄人们。亨利·菲尔丁[①]借《汤

---

① Henry Fielding，1707~1754，18世纪英国四大小说家之一，与理查逊、斯摩莱特、斯特恩齐名。他开创了用现实主义方法反映18世纪英国社会全貌的先河。

姆·琼斯》中的外科医生讥讽道:"(他认为那位病人)胫骨严重挫伤,真皮层外部被撕裂,造成病人失血过多……同时伴有发热症状(因为脉搏跳动很快,表明病人放血过多),我意识到可能立刻会出现局部坏死的可能。"

即便是名医也主要得依靠丰富的实践经验。比起正统医生来,一些江湖郎中更擅长拔牙接骨。英国皇家内科医学院院长汉斯·斯隆爵士(Sir Hans Sloane)让爱普瑟姆①的接骨师,绰号叫"疯婆娘莎丽"的莎丽·马普(Sally Mapp)为他侄女治疗慢性背伤,却不甘冒险让自己手下的医生插手。

乔治王时代的英国人会混搭各种疗法。他们相信由自己掌控治疗进程会比较安全,通常"自己开药自己吃"。自医自药演变成人所共知的"给自己送终"。英国作家霍勒斯·沃波尔(Horace Walpole)说他父亲罗伯特·沃波尔爵士便是"把自己医上了不归路"。

DIY实验者还有专门的指导用书,诗人骚塞提议书名该叫《毒死你自己》。要知道在那个时代,医生用的官方药典上正儿八经写着潮虫、螃蟹眼睛以及泡在白酒中的臭虫碎末有哪些医药价值,和非正式的药书相比只不过去掉了对独角兽角的推荐。自助指南与草药书大同小异地搜集了许多稀奇古怪的玩意。《穷人药箱》建议家里备好毒铅之类的必需物,因为可以当"猛烈但安全的清肠药",而硝石(火药的组分之一)也可权当安全性稍差的泻药用。有些泻药据称吃一剂能泻15次或更多。

医药指南销量大好,自疗"学派"应运而生。艾赛亚·柯芬

---

① 英格兰两大赛马场之一所在地。

(Isaiah Coffin)的书催生出一个词——柯芬主义,鉴于其名与棺材的英文发音相同,听上去不像会有什么好下场。塞缪尔·汤姆生①的《家庭用药》(*Physick for families*)修订了无数版,成为流行150多年的标准健康手册。

汤姆生的头一桩事是要诋毁对手。他的书里花了整整一卷来写"医生如何给病人减寿"。书里既有合情合理之处,又混杂着胡说八道。他的格言有云"一分预防强于十分治疗"。他合理地谴责了医生们治疗发烧的方法,"放血,发疱,饥饿,他们所有的制冷剂、鸦片、水银、砒霜、锑、硝石等等,一起与疾病联手将病人的体格与生命推向终结"。

他尤其反对那时(现在也是)正规医师为了让发热病人降低体温而保持凉快的做法。汤姆生言之凿凿地告诉读者"没人死于发热"。"寒"是罪魁祸首,因此"火上浇油"才是正确做法。他的理由是,归根到底死人是冷的,所以寒才是凶手。这个美国佬头脑里一直盘旋着的一个念头是,体温与外界温度的极度失调导致"闭汗",这就是"万病之源"。在寒和热无休止的战争中,冷的黏液滋养了虫子,内寒就以水肿、痢疾、溃疡、肺结核、胸膜炎甚至分娩时阵痛的形式表现出来。

汤姆生还提供了一些简易的方法,用来应付被干草叉戳中眼睛或被疯狂的老鼠咬到的情况。他描述了自己是如何只用一剂膏药就治愈了又臭又黑长了坏疽的脚。

这些手册教人如何给自己诊断,增加了自行用药的危险。无论你想弄到什么药品都不是难事。地方报纸就靠专利药物的广告

---

① Samuel Thomson,1769~1843,在美国掀起了人人自医的风潮。

养活，比如达非氏酏剂、花塔饼之类，还有从癌症到红头发什么都能治的万能药。

维多利亚女王总是为了寻找最新药剂狂翻报纸，是出了名的没病找病。医生们向来与老爱担心这担心那的人关系很好，对富裕病人毫无根由的忧虑听之任之。自我诊断让中产阶级滋生出对健康状况的病态担忧，以至于疑病症成了有名的"英国病"。有人拒不承认，夸口说疑病症是自己唯一没得的病。

有些小毛病风行一阵又悄然过时："忧虑症"取代流行的"乡愁病"，再让位给胆汁质，而精神忧郁症又在后面排上了队。从医师魔爪下逃脱的人又跌进强迫性的治疗渴求与成瘾药物的陷阱。维多利亚女王总是随身带着"布朗牌哥罗丁"，一种由氯仿、大麻和吗啡混合起来让人兴奋的东西。

19世纪末，骗人钱财的江湖医术遭到一次严厉打击。当时流感肆虐俄罗斯和欧洲，有家公司推出了一种"炭烟丸"，是从特定的装置中吸取浸润了苯酚的药粉。他们大胆宣称任何人要是用了他们的产品还染上流感，就可以获赔100英镑。他们不幸遇到了嫁给律师的卡里欧（Louis Carlill）。她认认真真用了他们的烟丸，然后得了流感，打起了官司。公司辩称广告"只不过是吹嘘"，白痴才会相信这些信口开河。而法院裁定，做出这番承诺的卖方"在偶尔被要求实现承诺时不该感到惊讶"。

如今，拜网络所赐，自我诊断再度兴起。许多人不经检查自行吃药，而那些药从没进过药房甚至可能是假药。庸医仍然大行其道。英国人在"替代疗法/另类医疗"上花了45亿英镑。在美国，相比向常规医师求医，人们更经常去光顾未经测试、不受管理、不靠谱的药剂承包商。还有无数人相信喝尿能治好糖尿病、癌症等等各种疾病。说不定现代"尿液先知"还能有生机。

有好几百年时间，专利药物的安全性实际上是在拿全体病人测试。绝大多数药若过量服用会很危险，可是没人清楚安全剂量是多少。开药就是尝一尝看一看的事——病人尝药医生看，看病人是死了还是好了一点。

后来医务人员挺身而出代替病人当起小白鼠，事情开始有了转机。1803 年，有个年轻的德国药剂师弗里德里希·泽尔蒂纳（Friedrich Serturner），凭着一股子科学家的"求知"劲儿踏上了危险的自体实验事业之途。尽管奇奇怪怪的理论不少，但药物，哪怕是最管用的药物为何起效却是个谜，于是泽尔蒂纳试着去找它们的活性成分。他发明了一种方法可以系统分析药物的组成。

泽尔蒂纳的头一项功绩是发现鸦片的主要作用依赖于一种他称为吗啡的物质（得名于希腊的睡眠之神 Morpheus）。他先把纯吗啡洒在食物上，测试其对家鼠与野狗的效果。结果它们睡着了——永远地。然后他在自己和朋友身上测试安全剂量。他们一开始摄取的量比如今认为安全的剂量大了 10 倍不止。很快，他们开始发烧，呕吐，胃部痉挛。显然，他们中毒了，也许还会就此丢了性命。他们喝醋催吐，然后失去了意识。多亏了醋，他们活转过来，但还是不舒服了好几天。

泽尔蒂纳继续他的吗啡实验，发现当鸦片不能减缓牙痛时，小剂量的吗啡却能起到作用。他期待"执业医师也许很快会关心这东西，因为鸦片是我们最有效的一种药"。

经过改良后，他的分析方法分离出许许多多和吗啡相关的有用化合物，包括肾上腺素（强心剂）、咖啡因（用在补药和镇痛剂中的兴奋剂)、可卡因(局部麻醉剂)、可待因(镇静剂和镇痛剂)、麻黄碱(用于治疗哮喘和花粉热)等等。

泽尔蒂纳后来还测试了别的药物,历尽艰辛。他并不孤单。1819 年,一个叫扬·浦肯野(Jan Purkinje)的捷克医学生也开始品尝、嗅吸药物来检测药效。他意识到其中有危险,也了解拿自己做实验应该"谨慎操作以免将自己推向危险成为牺牲品"。然而他却是明知山有虎,偏向虎山行。

洋地黄过去常用作强心药,但它又会让病人视力模糊。于是浦肯野服用了过量的洋地黄观察其后果——所用剂量是实验动物致死量的十分之一。服药后他的心跳变得十分不稳定,在长达两周的时间内视力受到影响。尽管如此,他还是对视觉特性作出了重要的观察。浦肯野发现,颜色不是由视网膜边缘感知的,另外,在眼白处给一下闪光可以看到为视网膜供血的毛细血管(现在称为"浦肯野树")。正是因为他的技术才有了后来检查眼底用的检眼镜。

他亲身做了好几十项实验测试各种药物的安全性,其中包括莨菪(毒性茄属植物颠茄的提取物)。他又内服又外用(滴在眼中),最后纯化出了莨菪的活性组分阿托品,现在检查眼睛时用它来散瞳。阿托品也用于治疗胃溃疡,在化学战中还有对抗神经毒剂的作用。

樟脑,我们现在都知道是防蛀剂中一种气味刺鼻的成分,但在浦肯野生活的年代,樟脑和鸦片混合在一起用作小儿咳嗽药。浦肯野拿樟脑做的实验让他自己人事不省并晕头转向了好几天,而据报告,其对儿童的作用更加糟糕。他的结论是,宁可让小朋友们继续咳嗽(以及忍受蛀虫的烦扰)也比吃这种药好。

由于浦肯野的工作，医生们才清楚，确定每种药的安全剂量是多么重要，并且一种药的副作用会被另一种药放大。浦肯野在冒着性命危险作研究的间隙还研究起了指尖的纹路，最终导致指纹在法医学上的应用。

维多利亚时代，砷和其他有致命之虞的毒药在任何一个化学商店都能买到，当时的名流要人中则不乏用毒者。弗朗西斯·高尔顿（Francis Galton）最为人们熟知的是创立了优生学的研究，即为了提高人类素质而选择性生育，而他早年曾经营过一家药房。出于了解商品的工作需要，他吃了不少店里的药。一开始他按字母顺序服药，但很快就在字母 a 打头的乌头（aconitum）和砷（arsenic）那儿遇到了麻烦。尝了字母 c 打头的巴豆油（croton oil）——对人最强有效的一种泻剂之后，他放弃了。

实业工人们要面对的有毒物质也有很多，因此人们急需解毒剂。1813 年，一个叫伯特兰（M. Bertrand）的化学家吃了些混有木炭的砒霜，发现没有产生严重的症状。木炭吸收了毒药且有效地使之失活。这让化学家皮埃尔-弗雷吕·突利（Pierre-Fleurus Touéry）大受启发。木炭是不是也能中和其他有毒物质？时下我们常常用木炭给狗解毒，但突利花了二十年检验不同有毒物质和木炭混在一起会对狗造成什么后果。医疗机构对他的结果有何价值充满怀疑，于是他在法国科学院的众人面前吞下 10 倍致死剂量的马钱子碱——加了木炭的。阶梯教室里顿时炸了锅。每个观众都等着看他倒在地上痛苦地滚来滚去然后在大家面前死去。谁都知道这没解药。幸运的是突利挺过来了。但他的确冒了极大的危险，因为木炭的吸收特性变化非常大，如果这一批木炭的吸收量差一点，他就会完蛋。感谢他的勇气，如今我们用木炭吸收有毒气体已成为惯例，还会用碱或类似的药物处理中毒。

看上去不可能当药的化合物有时候也会成为有用的药物。看过亨利-乔治·克鲁佐（Henri-Georges Clouzot）那部精彩的惊险电影《恐惧的代价》①，就会知道绝对不要去晃一瓶硝化甘油，但医学界却证明这东西能缓和神经衰弱。1858年，英国的菲尔德（Field）医生尝了点硝化甘油，这种很不稳定、极易爆炸的东西是甘油加上硝酸和硫酸后生成的。他当时立马脸色发白，瘫倒在地，觉得自己脑袋马上会爆炸。他的脉搏越来越弱，随从费了九牛二虎之力终于把他救醒。

菲尔德侥幸未死，另一位唤作默雷尔（William Murrell）的年轻医生后来重复了这个实验。他真是随意得难以置信：舔了舔沾了硝化甘油的木塞子然后就照常去会诊。不过很快，他就感到心怦怦直跳。"心跳得十分剧烈，每一下都仿佛震到了我全身……每跳一下，我握着的笔就跟着猛地一颤。"尽管如此，他还是继续给自己服用硝化甘油，大概服用了40多次。这位医生敏锐地注意到，硝化甘油的某些效果与当时给血管变窄的病人用来扩张血管的一种药类似，于是他给病人试用了一点硝化甘油。时至今日，硝化甘油成了缓解心绞痛的标准药物。

过去几乎所有药物都是口服使用。可是当在波士顿麻省总医院工作的小伊诺克·黑尔（Enoch Hale Jr.）收治了一位病情相当严重、已经无法吞咽的病人时，还能用什么法子把药物送进他体内呢？黑尔也知道把药直接打进血管"极其危险，往好了说也

---

① *Le Salaire de la Peur*，英文片名为 *The Wages of Fear*，1953年上映的法国电影，故事讲某公司的油井发生爆炸，几个流浪汉受雇开车把900升硝化甘油送去出事地点用于灭火。

是安全性堪忧"。很多危险药物至少会因为胃酸的消化作用部分失活。例如吗啡，注射的药效要比口服大得多，但要绕过这个"安全阀"非常冒险。不过试试也好。于是他给兔子注射了点蓖麻油，这是一种温和的泻药。在发现没有明显的不良作用后，他往自己的静脉里也稍微打了点。很快他感到头痛虚弱，还有一阵强过一阵的胃痉挛。他的面部肌肉开始麻痹，好几个小时无法正常开口。过了一个月他也没有完全缓过劲儿来。但是注射器就像阿拉丁的神灯，精灵从中走出，打针成为重要的给药方法，把药物以最快的速度送至它们在体内起效的地点。

　　试药者遇到的一个问题是，同一种药物差不多的剂量可能在不同人身上效果迥异。拿自己做实验的人仅仅是一份样品。但假如他得以幸存，动物实验和细胞培养实验的结果又都不错，人们也许就会认为这药很值得让大批志愿者们一试。而试验的关键首先在于保证药物是安全的，然后是确认它可以有效对抗疾病。

　　过去许多制药公司有内部志愿者组成的试验小组，但现在这项工作会外包给专门组织药物试验的公司。药物试验一年可赚240亿美金。单在英国，一年就有1000多项药物试验，涉及志愿者10万人左右。据估计，全世界随时都有大约5000万人在做临床试验对象。

　　志愿者为付出的时间所获得的酬劳通常颇为丰厚。这一大笔钱吸引了来自发展中国家的人。美国出现了一群"专业小白鼠"，且人数越来越多。据估计，以参与临床试验为主要收入来源的志愿者大约有10 000人。有试验连轴转的志愿者五年内共在研究机构待了500个夜晚。这种做法对身体健康很不利。再者，为了多赚钱从一个试验飞奔到另一个试验也就不会去遵守 30 天的"洗脱期",而所谓"洗脱期"是要确保先前的药物在体内已无残留,才能让身体再次接受挑战。轻视这一警示可能会造成药物在体内发生危险的结合。"职业小白鼠"也不大会完全坦白药物的副作用,因为副作用也许会让他们落选试验,收入减少。

每种新药在获准临床应用前要在大约 10 000 人身上进行一系列测试。大多数药物根本到不了临床应用阶段,很多是在实验室测试阶段被淘汰。而就算是前期有成功迹象的药物,在人身上测试时也常常令人失望地并不起效。通过人体试验的抗癌药物已有无数,只有 5% 经核准可以用于一般性使用。

只要是药物,都可能有不良副作用。是否批准一种药,是基于其副作用的风险与它可能带来的好处之间的衡量。我偶尔会用非甾类消炎药,其说明书上列出的副作用不下 60 项。生产商通过大规模人体试验来估测特定的不良反应发生的可能性大小。比如这种药,十分之一的病人用药后只是略微头晕、腹泻或皮疹,和后面的人比起来简直有点亏了;百分之一的病人也许会遭遇脚踝肿大、胃出血、呼吸困难、肝炎的麻烦;而十万里挑一的那位会经受考验无数,包括失聪、舌肿胀、血尿、昏厥噩梦、脱发与阳痿。所有这些都比服药的原因来得糟糕。不过,还有条安慰人的脚注:请勿为所列情况担心。可来不及了啊,我看完说明书就精神衰弱了。

最糟糕的是,真正严重的后果只会在已经用药一段时间后才显现出来。20 世纪 60 年代有种安眠药叫沙利度胺(thalidomide,反应停),人们发现孕妇服药后生出畸形儿的比例特别高。它的不良作用极大,能扰乱各种动物的发育过程,甚至还能造成植物胚胎的极度畸形,但是上市之前却没有在怀孕动物中测试过。过去有种叫己烯雌酚(diethylstilbesterol)的合成雌激素是用于预防流产的处方药,用了好几十年后,人们在 1971 年发现,服用过该药的孕妇生下的女儿可能因此患上阴道癌。但它在美国还继续作为"事后避孕药"卖了一阵子。最近研究发现一种新的镇痛药会引起中风与心脏病发作,多数有性命危险。2001 年,生产厂家为此赔付 48.5 亿美元。

在志愿者身上进行早期药物试验,目的在于发现意料之外的副作用。这种"I 期"试验最危险,通常一次只涉及 10 到 20 个人。2006 年 3 月,一家德国生物技术公司雇佣位于伦敦的美国医药试验公司 Parexel 为他们测试新产品。广告在网上登出后,他们从回应者中选了八位志愿者,合同要求志愿者试验期间在诊所待两天,之后参加几次体检。每人将会获得 2000 英镑。

这些健康的年轻人一个跟着一个接受了药物注射。事先有人提醒他们也许会感觉到轻微头痛或有点恶心。可是,就在给最后一个人注射时,有一个志愿者开始觉得不舒服,并很快痛得大叫。他扯掉衬衫,大喊自己要烧起来了;接着他抽搐,瘫倒。其他人也接连倒在地上痛苦挣扎,哀求医生相助。几分钟工夫,平静的诊所变成了嘈杂的维多利亚时期的精神病院。有两个志愿者惊恐地看着,等着什么时候轮到自己倒地,不过幸运的是他们接受的是安慰剂,躲过一劫。另六个人则危在旦夕。不到 90 分钟的时间,他们渐渐呼吸困难,心跳加快了一倍。这种紧急情况前所未有。昏迷的他们被立马送去抢救。重症监护室从没遇到过类似的事件。接受药物 9 小时后,他们已无法自主呼吸,并且出现多器官衰竭。

12小时后亲属被准许探望。他们无法相信自己的眼睛：二十一岁的瑞安，脸和脖子肿成了正常的两倍大，身体胀得像近四百斤的人，皮肤呈现紫色；二十八岁的尼诺，用他女友的话说样子就像"大象人"。医生吐露，尼诺和瑞安"要靠奇迹"。

情况最糟糕的瑞安昏迷了三个星期，心、肾、肝功能衰竭，还有败血症和肝炎。他的手指和脚趾变成黑色，生了干巴巴的坏疽，硬得像石头，部分被截掉。他在医院待了三个半月。

那么，是什么出了问题？受测试的药物为TGN1412，是TeGenero（意思令人毛骨悚然，是"我创造你"）公司生产的单克隆抗体。生物体内有对抗疾病的天然抗体，而单抗是人工制备的抗体。发明单克隆抗体的英国科学家为此获得了诺贝尔奖，21世纪医学对单抗寄予厚望。眼下已有数十种单抗药，还有许多正在测试中。例如治疗乳腺癌的赫赛汀（Herceptin），它结合在癌细胞表面阻止它们增殖从而遏制肿瘤扩散。

而TGN1412，另一方面来说，也能刺激细胞分裂。它的目标是一种叫T细胞的白细胞，这是体内的主要防御斗士。TGN1412的本意是刺激机体免疫系统产生援兵，来攻击淋巴细胞性白血病中快速增殖的细胞。

健康志愿者的身体能够应对各种不良副作用，在他们身上测试新药似乎合情合理，然而这一事件却是个悲剧。癌症患者的免疫系统在围攻下变得虚弱亟须增强，可健康人却不需要。TGN1412在志愿者体内触发了一连串反应，无数细胞因子释放出来，这些免疫系统的信使引起T细胞进一步释放更多的细胞因子。在这场"细胞因子风暴"中，过度反应的免疫系统开始攻击机体，燃烧血管，消耗体内器官。无怪乎试验受害者觉得自己如受火烤。

在接触一种未经测试的药物时，通常的做法是先只给一位志愿者测试，观察他有何反应之后再给其他人试验。给第二位志愿者试药的时间也许是在数小时、数天甚至是数周之后。而 TGN1412 的测试者在几分钟内给志愿者们全部用了药，将六位试药者统统推入险境。

TeGenero 公司声称，实验室阶段没有现象表明该药可能会引起剧烈反应。但在培养的细胞中加药的结果，并不能可靠地说明在人体内会发生什么。在这一事件中，动物实验也不能作为合适的参照。因为 TGN1412 抗体主要源自人类蛋白，从生化角度看，在人体中的反应可能比在鼠或兔体内的反应强烈得多。

这起悲剧并不完全是意外。Parexel 公司和志愿者签订的合同上写明了试药的一项可能后果是细胞因子的释放；并且 TeGenero 公司曾告知批准该试验的英国药物和保健产品监管署，试验会有细胞因子释放的危险，并且曾有类似药物引起过不良反应。

TeGenero 破产了。一项旨在寻找事故缘由的政府调查提出多条建议以防此类事故再度发生，但责难无可推卸。这样的灾难史无前例，也再无后继。

受害者仍然经受着身心煎熬。参与者之一戴维患了失忆，并有侵袭性肿瘤的早期征兆。尼诺全身上下出现了许多敏感易痛的肿块。他的女友米范威多么希望他从未和这个试验有过瓜葛。她曾说过自己很担心，可尼诺这样安慰她：这不仅是 2000 英镑，他是做白血病治疗的测试，他是在造福全人类。

没有这些心甘情愿的志愿者我们会怎么办？米范威认为我们

应该对志愿者心怀感激,因为是他们的"勇气帮助我们大家获得医药"。是的,我们应该感激。

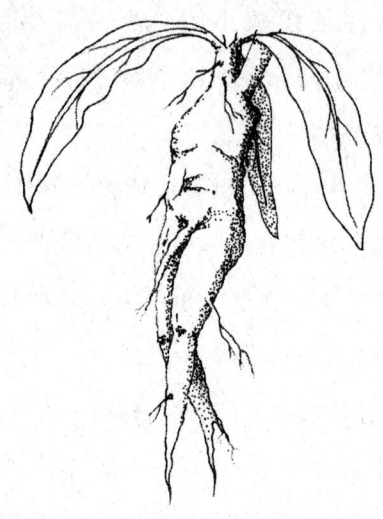

曼德拉草的根部形态让人联想到它有催情奇效。

四　好吃的东西

Lovely Grubs

> 这皱巴巴的玩意儿就像切成片的马掌，先要浸泡一整天，再要熬煮一整夜，最后看起来就像大个儿的黑蛞蝓。
>
> ——弗兰克·巴克兰向晚宴客人介绍海参

被我们吞进肚子的东西中，最复杂的不是药物，而是有机混合物，我们亲热地唤它们作"食物"。过去我们可远不像时下这么挑三拣四，管它是飞的蹦的爬的都可以当作吃的。直到19世纪，英国菜谱里还有海豹和松鼠，有钱人还大啖天鹅，把海豚烤了做海豚酱。鹤、百灵鸟、画眉统统下锅。英国的鸟大多数都没什么肉，所以也难怪他们做一个馅饼得用上二十四只黑画眉①。

到了维多利亚时代，一切都变了。爱丁堡大学一位著名的动物学家训诫说，文明人理当控制食欲，只吃为人性"特殊用途"而生的农作物和畜牧品。有教养的人在饮食上会有节制，只有野蛮人才胡吃海喝。这类证据数不胜数：异教徒霍屯督人②在接受

---

① 作者这里引用的是一首著名的英语儿歌《六便士之歌》，其中有歌词大意是"唱一首六便士之歌，袋子装满黑麦；二十四只黑画眉，烤成一个派"。

② Hottentot，西南非洲的一个黑人种族。

传教士的洗礼后一看见过去大爱的斑马肉就觉得恶心。法国佬无比热爱蛙腿、蜗牛和马肉。至于东方人，不管他们文明有多古老，英国人总是带着怀疑的眼光看他们，"在英国人看来大倒胃口的动物……在中国人心目中则是佳肴"。还有谁会吃什么蛆、蚯蚓、老鼠以及在英国人看来最不像话的狗和猫？

可是，有一种欲望叫猎奇。满世界转的探险家收集着各种可堪利用的动植物，并把它们带回家乡或带去殖民地。一株非洲咖啡树的种子被葡萄牙人带去了巴西；亚洲的香蕉在西印度群岛生根发芽；著名的赏金猎手布莱船长将面包果树从塔希提带到了牙买加。有些粮食作物也开始在欧洲生长了：亚洲来的小麦，中东来的大麦，美洲来的玉蜀黍、马铃薯和西红柿，还有来自加拿大但被英国人叫做法国菜豆的四季豆。很多大植物园一开始是"驯化园"，用来培育引进的植物，也许还要"说服"一些亚热带物种应付欧洲的气候。

许多家畜也是引进的：奶牛、鸡、火鸡很早就已归化。四处周游的自然学家，譬如在奋进号上陪伴库克船长的约瑟夫·班克斯（Joseph Banks），可没少尝过他发现的异国动物。他是头一个知道袋鼠滋味的白人，还夸口说"我吃过的动物比谁都多"。不过，那是在弗兰克·巴克兰（Frank Buckland）出道之前。

弗兰克是威廉·巴克兰（William Buckland）的儿子，老巴克兰是牛津大学首位地质学教授，担任威斯敏斯特教长。孩提时代起，弗兰克就迷上了动物，他养的野生动物有豚鼠、鸽子、刺猬、睡鼠、蛙、龟、土拨鼠、蛇（包括有毒的蝰蛇）、猴、变色龙以及一头豺和其他五花八门的动物。它们好像都会表演脱身术。做礼拜时，他的鹰在教堂里盘旋，他的猫蹲在风琴管里把美妙的颂歌变成可怕的嗡嗡声。他的小熊会突袭当地的糖果店，"闹得整个村庄鸡犬不宁"，然后冲进教堂把上日课的人吓得瞠目结舌。南丁格尔（Florence Nightingale）建议给这头不守规矩的熊催眠。弗兰克一辈子没少听到这类给动物们关禁闭的强烈要求。他最后弄了间"工作室"，里面关满了无法无天的家畜，谁要是穿着荷叶边裙子或燕尾服之类的走近关着醉醺醺的猴子的笼子，那可就倒了霉了。他的巨型土耳其猎狼犬逃出去后发现了邻居家的一位女士和她的小狗。猎狼犬跃过洞开的窗户，瞬间那小巴儿狗就一命呜呼了。

拜他老爸所赐，弗兰克对奇奇怪怪动物的热爱扩展到了品尝它们滋味的地步。巴克兰校长吹嘘说，他在挖掘路易十四尸骨的时候切了一片防腐处理过的心脏用来泡茶。马舌、鸵鸟、蛙、蜗牛和鼠都上过巴克兰家的餐桌。有位客人后来抱怨说，早餐吃鳄鱼实在是吃不来。

所以，后来弗兰克的厨子得令要拿刺猬小狗什么的做菜也不奇怪。约翰·拉斯金[①]曾说他很遗憾没在巴克兰家吃到烤小鼠，果蝠或野兔之类的肉倒是时不时就会不小心吃到。有一次，一只长统靴在地板上跑过来跑过去，好像降灵会上的道具，原来是一只狐獴错把靴子当成自己的洞穴正奋力挖个不停。还有一次，一位尊贵的牧师被椅子底下的非洲野猪飞快地从桌子边推开。

弗兰克是英国动物环境适应协会（Acclimatisation Society）的秘书，也是该协会的创始人之一。这个协会旨在鼓励使用进口动物，为的是不让英国民众被剥夺享用炖鸸鹋煎袋熊的乐趣。弗

---

① John Ruskin，1819～1900，英国艺术评论家。

兰克声称"本人的意思是不错过任何增加人民食物供应的机会"。

试吃新食物原料属于会员的任务。1862年，协会的第一次正式晚宴上有数不清的菜品，但也不是每一样都能获得众人的交口称赞。打头的是三道中国高汤。

一是燕窝汤，用的是燕子吐出来砌鸟巢的海草黏液，得到评价如下："黏稠如糨糊，风味独特。"

一是海参汤："口感介于小牛头与胶锅内容物之间。"

一是鹿筋汤："熬煮了很久很久之后味道很好，如饮胶水。"弗兰克决定："下次要是款待中国佬，我就从木工师傅那买六便士胶水请他喝。"

阿尔及利亚小麦做的疙瘩汤得到的评语是："不大像平时吃的，更适合病人吃。让人想起《杰克与魔豆》里巨人妖怪吃的那种麦片粥。"

有些主菜也不见得好。袋鼠火腿"肉柴且太咸"，袋鼠蒸锅还"炸了"。

又过了四年，他们举行了一场旨在推广马肉的盛宴，有160人参加。从汤到甜品的每一道菜，原料都是马。评价很不客气："非常可怕"，"就像马出了汗的味道"。弗兰克隔天恶心了一整天，他总结说："窃以为，食马肉的习惯在本国没有丝毫成功机会。"

稀奇古怪的食物流行起来。有位剑桥的本科生加入了一个"饕餮俱乐部"，每周的例行聚会就是吃些冷门食物，他的名字叫达尔文（Charles Darwin）。据他说，鳕鱼舌不错，但鳕鱼肝"不好吃"，褐鸦则"难以形容"。除了达尔文之外，那些老饕后来几乎都在教会里升上了高职。

四 好吃的东西

弗兰克·巴克兰听说动物园死了头豹子之后就去讨样品，动物园的人把豹子从坟里挖出来，送了一部分给弗兰克检验。弗兰克用味蕾做了检验，不过肉"不是很好"。动物园园长以为弗兰克想要解剖，还问他能否确定豹子的死因以防悲剧再次发生，没料到他想做的是烹饪。弗兰克可不会放过令他垂涎的机会。

验尸任务对于有外科医生执照的弗兰克来说不是问题，他在圣乔治医院当过外科住院医生，就是约翰·亨特在 84 年前担任过的那个职位。令人惊讶的是，情况和当年没有什么两样。外科医生的手术外衣上照旧糊着斑斑血块——之前的病人留下的纪念，病房里充斥着坏疽的气味。护士基本上是没有受过训练的文盲。有次弗兰克让一个护士念念瓶子上的标签，她大着胆子念道："每天四次，每次两匙。"实际上，标签上写的是"仅可外用，不可内吞"。弗兰克的病例大多是自杀未遂和"脚手架事故"，也就是绞刑架因为窒息的犯人打转而坍塌。平常，"令人愉快地解剖了一天"后，他吃点小鸡脑子当点心，一边读着"有关肠子炎症的有趣的博士论文"。正因为他是那么热衷于解剖，甚至有传闻说"老姑娘们看到他经过，就会把自己的猫叫回来"。

从动物园拿来的尸体五花八门。有个年轻人去拜访弗兰克时见他正给动物验尸，桌上放着好大一具尸体，而弗兰克时不时地停下来，拿起死尸旁边的一碗炖菜呼噜呼噜吃两口，还招呼道："来点儿不？"

他那儿的工作人员已经习惯收到各种不同寻常的包裹，但有时还是会被吓到，比如三只獾跳了出来，或者珠宝店礼盒里装的是蝎子。动物遗骸无一例外以进烤箱为最终命运。事实上，有几次弗兰克是把它们烧好后再检查的。"根本轮不到我插手，"他声辩,"要是它们看上去能吃,就烧了;要是它们发出恶臭,就埋了。我还要做甚?"好处是他吃到了野牛、长颈鹿、蝰蛇、犀牛馅饼、煮象鼻以及烤全鸵鸟。

巴克兰要是知道他的饮食文化继续在伯明翰与赫尔辛基的"巴克兰餐饮俱乐部"发扬光大,一定深感欣慰;羚羊和貘㹴猴(okapi)如今如他所愿在英国乡村公园中信步也将令他高兴,不过,要是知道它们不再是养来吃的,他会失望吧。然而,相比他对于进口动物的满腔热情,他最重要的迁移工作却是一项出口任务。他被指派为三文鱼养殖场的政府稽查员,十分出色地完成了工作。

尽管他没受过自然科学训练,对数学也几乎一无所知,可他和蔼可亲,说话又直率,因此无论是渔夫还是船舶检察官,甚至是非法捕鱼者都和他关系很好,乐意向他提供信息。他向政府报告了过度捕鱼、水污染、鱼类疾病的问题。另一个问题是水力需求。水力磨坊处建有水坝,塞汶河有七十三条堰,条条都是拦截三文鱼回溯产卵的屏障。他监督引进了鱼"梯",好让鱼儿们能绕过水坝。

弗兰克还注意到当时缺乏养殖技术以及有关淡水鱼和海水鱼的生物学知识,并且强调需要对已开发利用的鱼类多加研究。他富有先见之明地率先提出,这一工作应当由政府而非单个研究人员承担。更好地了解水质、改善水质可以大大提高捕捞获利,但弗兰克意识到人工养殖鱼类也能够增加供应。他轻轻地揉挤雌鱼的侧身,将鱼卵挤出体外,使之与雄鱼的精液混合。利用这种方法,他在厨房水槽里孵出了 30 000 条三文鱼和鳟鱼。他提供了 1000 颗鳟鱼卵出口到地球对面,如今这些褐鳟鱼在塔斯马尼亚岛和新西兰的水域中游来游去。

也许你会意外，他吃实验用鱼和吃别的东西一样津津有味。品尝研究对象的人倒不少见。我认识一个研究浮游生物的海洋生物学家，他晚上会请我吃浮游生物三明治。摩尔根（Thomas Hunt Morgan）因为证实了基因遗传规律以及对基因在染色体上的位置做出定位而获得诺贝尔奖，他的实验要杂交果蝇。为了更好地了解这些小东西，他吃过果蝇蛆，说味道像麦片粥。在科学的名义下，还有人吃过更奇怪的东西。意大利生理学家拉扎罗·斯帕拉捷（Lazzaro Spallanzani）为了研究消化过程，用亚麻布将食物包好吞下去，过一会儿再吐出来检查。这显然算是高纤维食物。

撇开食物不说，弗兰克·巴克兰不是实验专家，倒是满脑子实用主意。可惜他的每个好主意都跟着一个傻念头。为了让鱼更快地长膘，他建议在鱼塘上方的树杈上吊一条马腿或者一串死老鼠，然后过段时间，等腐肉掉下来，底下的鱼就会一哄而上。有位妇女刚死了小马驹，正伤心得一塌糊涂，弗兰克向她建议，可以用马蹄"做成很好的墨水台"，防腐处理的马耳朵可以做成"不错的火柴盒"。他反对小孩走路时穿鞋，因为皮鞋底会越走越薄，而光脚走路让脚底板越走越厚。他羡慕苏格兰"渔家女"的脚，"跟大象脚似的又厚又硬"。

在他那一代人里，弗兰克·巴克兰写的科普文章最好玩。他写了几十年的自然史故事以及奇妙的历史传奇，什么"来自北海海底的象骨"、"充气狗做成的救生圈"等等。他着迷于巨人故事，或许是因为他只有137厘米高。从他对一种叫做大西洋银鲛（*Chimaera monstrosa*）的鱼的描述中可以一窥他的风格："库奇说此鱼的习性乃是夜间活动。他说的一点没错，如此丑陋的鱼白天实在是不敢出来丢人现眼……漆黑的夜里，冷不丁看到它，足以让一般鱼吓得好一通乱颤。"这种鱼说难看是难看，活像一根又黑又长还长了耳朵的胡萝卜，跟儿歌里唱的那样：

　　我的大名叫银鲛
　　从头到尾很毛糙
　　脑袋大，尾巴小
　　大脸古怪又可笑
　　尾巴好似鞭一条

　　读者要是有点儿饿，弗兰克会奉上蛞蝓汤食谱："灰黑色的大蛞蝓，要我说，煮成浓稠结实的果冻状，就是最棒的一款靓汤。"他还力荐水豚作为食材，毫不顾忌同胞们也许难以接受这酷似加强版大老鼠的啮齿动物。

　　弗兰克堪称百科全书无所不知。有次他去一个教堂研究"殉道者的鲜血"的显灵，地上的确有片湿迹。他尝了尝宣布说"蝙蝠尿"。我倒想知道他尝过多少种东西来分清到底是蝙蝠尿还是，比如说，老鼠尿，或者主教大人的尿？

　　就连他，也发现有些生物不适宜食用。上榜的有炖鼹鼠、丽蝇、蠼螋，这些东西"极苦无比"。海豚的头吃起来像"油灯里烧过的蜡烛芯"，令人大失所望。倘若他身处绝境，被困在只长了蠼螋和灯芯的地方，恐怕会对这些东西有所好评。高尔顿认为（或多或少）存在这个可能。

　　高尔顿和达尔文是半表兄弟，他拿自己做实验，试着去抑制身体的自主功能。有一次他做得相当成功，差点没把自己憋死。

高尔顿学的是医学，因为"间隔年"① 出国旅行便中断了学业。他刚回来继续念书，父亲就去世了，留下一大笔财富给他，这下他可以去更远的地方旅行了。去西南非洲未开拓的地域进行为期两年的探险，意味着危险与匮乏，可高尔顿相信"奢俭交替正合大多数心智"。他遇到了充满敌意的当地土著，但凭借着纯粹的品格魅力与他们交好。在做他的人类学研究时，高尔顿发明了一种利用六分仪从远处测量胸围和臀围的方法，虽然说多数男人不用借助任何仪器就干得了这事。他的游记为他赢得了英国皇家地理学会的金质奖章，并当选为皇家学会会员，彼时他才三十出头。

1872 年，他出版了一本探险家手册《旅行的艺术》（*The Art of Travel*）。书中有章节名曰"荒野中可以获得的有益健康的食物"以及"可以挽救行将饿死之人的恶心食物"。后者提到了许多非常有用的建议，比如，如果怀疑水可能有毒就先让猫或狗喝点试试。探险家身边有当地搬运工什么的不难想见，哪来的猫？书里还说"腐肉对快要饿死的人来说是没有毒的"。似乎是说，会让肥嘟嘟的健康小伙害重病的食物，对快要饿死的人来说绝对没问题。在这种情况下，"各种各样的腐肉和垃圾都能吃，胃不会拒绝的"。腐烂的尸体也很好找：只要跟着你那友好的胡狼向导，或者找一找盘旋的乌鸦、树上的秃鹫。确保秃鹫在你来之前已经饱餐过一番兴许是明智之举。

鸟的皮得剥掉，因为它们的"皮有股恶臭"。不过，"任何动物的皮都能吃，且好吃，给汤增添风味……或者可以烤一烤敲一

---

① Gap Year，西方国家的青年在升学或毕业之后，工作之前，用一段时间（通常是一年）做一次旅行，体验与自己生活的环境不同的生活方式。

敲……许多饥饿的人都啃过自己的皮鞋"。

假如成功捕获到一头动物，问题随之而来。今日固然有顿盛宴，明天的晚餐如何是好？有些部分会像落叶那样掉下来的动物就很有用。高尔顿注意到，蜱虫会钻进牛尾根部把牛尾腐蚀得掉下来，于是想起来牛尾汤"人人都说营养丰富"——罪恶的蜱虫大概还可以做盘小菜。他估摸着你大概拖不动一具尸体，所以建议你可以采用埃塞俄比亚人的旧法子，即让动物活着，跟着你，每天吃多少削多少。但他没说该怎么样让可怜的动物在长途跋涉中还保持精神。

高尔顿发现蚱蜢蝗虫"一点儿也不坏"。昆虫作为食物的最大妙处在于它们从不会短缺。英国著名的生物学家杰克·霍尔丹（Jack Haldane）（他的丰功伟绩后文细表）被问及他的研究让他对上帝有了些什么认识时，他回答"那就是，上帝太宠爱甲虫了"。没错，饥饿的探险家遇到的最多的动物就是昆虫，要是小瞧它们可就太蠢了。有些小虫的蛋白质含量高达70%，比肉还高，而且脂肪更少，并且富含维生素与矿物质。虽说富有营养，昆虫的包装可不诱人，可以说是天神市场部的大大失职。不过，它们在发展中国家的销量普遍不错。蝗虫可以生吃，烤着吃，油炸了吃，做成冻吃，碾碎了吃，外脆里嫩十分诱人。但要记得先把腿掰掉，要不然塞牙。要是觉得这种小点心不过瘾，蟑螂一定合您心意。单从热量来看，蚂蚁和白蚁这样的虫子应该也会受到全世界的追捧，不过收集新手别忘了，它们会对你重重咬上一口，并分泌出刺激性的蚁酸。鉴于此，最好是吃烧熟的，不要活吃生吃。泰国有最上品的蚁卵，人称"酸蚂蚁"，叫人心动。一旦被咬，它们会喷射一种乳液，味道介于法国软质乳酪与难以忍受之间。

少数西方人也属食虫类。威斯康星大学甚至出了份《食用昆虫简报》。1992 年，纽约昆虫学会百年庆的晚宴上，弗兰克·巴克兰倘若在世一定如鱼得水。菜单上有：

五香蟋蟀与幼虫什锦

蜡虫与牛油果卷

李子汁炸蠕虫馅饼

蟋蟀与面粉虫糖屑曲奇

恶心吧？不用担心，这些虫子当然根本不是真虫子，它们是食物。虽说我还真见过一份蠕虫馅饼的配方，里头要用差不多一公斤的蚯蚓。

说来难以置信，我们每个人每年要吃进大约一公斤的昆虫，主要是因为这些讨厌的小东西在食物加工过程中脱不开身。根据美国食品药品管理局（FDA）的标准，每公斤小麦面粉中最多可以有 450 段虫子，每 225 克意大利通心粉中 225 段虫子或四根半鼠毛，每 100 克巧克力中 60 段虫子或一根鼠毛，每 250 毫升橘子汁中一条蛆或 5 颗蝇卵，爆米花每次取样中一粒大鼠排泄物。大多数比萨、香肠和薯片中都有一种叫半胱氨酸的添加物，它的来源是人的毛发。

对旅行者而言，知道什么生物可食什么生物有毒才是问题。有些动物有剧毒，最好别靠近，否则它们也许反过来吃了你。弗兰克·巴克兰曾差点死于蛇口，但那条蛇其实咬的不是他。他是在解剖被蛇咬死的猎物时中了毒。幸好他没有把那猎物吃下去。真不知道咱们祖先中有多少人是因为试吃那些看起来汁水丰富的蜘蛛或闪闪发光的浆果而丢了性命的。以英国作家乔纳森·斯威夫特（Jonathan Swift）的评价作为总结："他是勇士，敢于第一个吃螃蟹。"

人人都知道有些菌菇吃了会要命，但你认识哪种菌菇有毒吗？也许从名字中可见一斑：魔牛肝菌（Devil's Boletus），毁灭天使（Destroying Angel），死亡帽（Death Cap）等等。看起来无害的植物或它们的产物同样有危险。肉豆蔻是种有毒的麻醉物。很少量的巧克力对许多动物来说也是有毒的，不过毒死一个巧克力疯狂爱好者得要 11 公斤。许多植物含有致命毒素，比如氰化物、马钱子碱以及氢氰酸。西红柿和马铃薯与致死的茄属植物是同一家族，并且它们同样有毒。我们食用的部分是它们身上唯一安全的部分：西红柿的果实与马铃薯的块茎。植物体内的有毒成分帮助它们吓退植食动物，但有些动物会对主要食物来源里的毒性产生免疫，这一点有时会给人类带来大麻烦。

1944 年，美军从日本人手里重新占领了关岛，有位海军医生发现当地人的主要死因是一种极具破坏性的脑疾病，会导致瘫痪、痴呆和死亡，外人则没有得这种病的。那么，这是什么原因造成的呢？当地的岛民把苏铁类植物的干果磨成粉，而这种植物含有强效的神经毒剂。这显然就是罪魁祸首咯？可叫人不解的是，传统的制粉方法会把毒性几乎除净。不过，他们会吃当地一种叫做飞狐的蝙蝠。这些蝙蝠以苏铁为食，体内便积聚了神经毒剂，日积月累，它们体内毒剂的量会 400 倍于 1 吨加工后的苏铁。动植物体内积聚大量危险物质而它们自身没有显现出任何不良症状是常有的事。因此，吃下一种看上去健康的动物也可能送了性命。

弗兰克和高尔顿都不曾完全意识到自己所冒的风险。弗兰克知道有些动物兴许会有毒，可是品尝它们是他的试验。雀鳝（garfish）的骨头绿莹莹的，看起来很可怕，被认为有毒。为了确证它其实无毒，弗兰克吃了一打骨头当作晚饭。其他人则会谨慎食用有可能致命的动物。

库克船长在太平洋岛屿间探险时，不顾同船自然学家的反对，享用了河豚，然后大病一场。还好他只吃了一点儿，并且吃的是毒性较小的一种。在日本，毒性最大的河豚价格非常昂贵，河豚宴十分考究。

河豚不单是食物，还是种药物，吃河豚是典礼与用膳的大事。河豚生鱼片乃是极乐美食。百来片切成透明薄片的淡色鱼肉码放在浅盘之上，或似菊花瓣，或如鹤展翅，叫人不由屏气凝神。如此惊艳，如何能抗拒先下筷为强的冲动？

只有拿到国家证书的厨师方能料理河豚，他们要接受四年时间的培训来确保顾客不会中毒。毒性最大的器官——肝脏、卵巢、肠、皮必须去除干净，其余部分的肉要彻底洗净去除残留的有毒物质。

河豚毒素是一种神经毒剂，会阻断神经传输，是地球上最致命的剧毒之一。其毒性比箭毒强 25 倍，比氰化物强 10 000 多倍，针头大小的一点量便足以置人于死地。中毒后先是有麻刺感，然后是灼痛感、胃痉挛，接着肌肉麻痹，呼吸越来越困难。河豚毒素没有解药，并且和箭毒一样，中毒者意识仍然清醒，却既不能动弹也无法开口。幸运一点的人会在八个小时内死去。

大厨不遗余力地去除毒素，美食家们有时却会请求大厨保留极少一点毒素，从而保留住他们热爱的美妙的触电感。所以旧诗有云：

　　昨夜我与他共享河豚

　　今日我扶他灵柩出门

1975 年,被日本官方誉为"当代国宝"的传奇歌舞伎演员死于河豚中毒。禁食河豚肝的禁令因此出台。那时吃河豚致死的人数正冲向每年二十余人的高峰。

可是安全两字远不能满足日本老饕的追求,他们想要一点点毒素带来的刺激与危险,因为没有了毒素的河豚肉就好比没有了剑的武士。故而有老话曰:

食河豚肉者蠢

不食河豚肉者亦蠢

注意:倘若您是位大胆食客,想去日本餐馆点份河豚,可千万别误把 fugu 说成 fugo,后者是日本人说的一种悬挂在气球下方的炸弹,无论如何也吃不得哇。

弗兰克在给一头可怜的海豚喂药。

五　虫子大餐

A Diet of Worms

寄生虫既是适应环境的绝佳范例，又令人打心底里厌恶。

——英国伯明翰总主教

潜伏在我们体内的玩意儿远不及河豚鱼片来得美妙。话说，假如一个人的躯体神奇地化于无形，分布在他全身各处的寄生虫们仍会一清二楚地将他的轮廓显现出来。我们就是一具恐怖的移动虫群。寄生虫能够钻进我们身体的任何一个器官，从心肺到眼睛和大脑。我们再私密的部位也无法避免成为它们的家园——甚至有小虫住在我们的眼睫毛上。

我们体内的大多数房客不干坏事——毕竟毁坏寄住的房子并不会让租户获得最大利益。但它们并没有因此就讨人喜欢。就连生物学家中间也存在分歧。美国生物学家玛琳·祖克（Marlene Zuk）在被要求提名最喜欢的寄生虫时，选了一种会侵占不幸蝗虫的大脑和身体，然后越长越大最后会把蝗虫撑爆的虫子。显然她没有征求蝗虫的意见。大英博物馆寄生虫部门的负责人则把票投给了他那瓶浸泡的巨型绦虫。另一方面，杰克·霍尔丹曾说："你也是创造羔羊的那个上帝创造出来的么？还有绦虫和……显然这位造物主的价值观不为社会所认同。"

在大多数人的心目中，绦虫都占据着恶心排行榜的高位。这种又长又扁的异族怪物能在人的肠子里盘踞很长时间。有人曾把一条绦虫窝藏了 35 年；迄今人类排出的最大标本显然也曾在体内待了好一阵子，因为它足足有 39 米！

绦虫有针头状的头节，上面的吸盘和刺钩可以供它固定于宿主的肠壁。绦虫头部会产生一长串又宽又扁的体节，节片数最终能达到 1000 多。体节不断产生的同时，每天有 5 到 10 段节片从"尾端"脱落，每个节片含有 10 万颗卵。毫不知情的宿主成了密集喂养型扁虫虫卵储户，用预消化好的食物糊不停地喂养它们。

1855 年，德国医生弗里德里希·库臣梅斯特（Friedrich Küchenmeister）着手研究人体内怎么会有绦虫的问题：是因为卫生条件差吃下了绦虫（或其他东西）产的虫卵，还是因为猪吃了虫卵而人吃了带有幼虫（囊尾蚴）的猪肉。一斤猪肉里最多可以藏 3000 条囊尾蚴。

库臣梅斯特医生觉得，要吸引志愿者来验证上述假说，也许最好别告诉他们吃下去的囊尾蚴会住进肝脏、肌肉、眼睛（引起失明）或大脑（导致癫痫或精神错乱）。幸好他认识萨克斯-科堡（Saxe-Coburg）的公爵，公爵给他提供了一些死刑犯做实验。库臣梅斯特医生给一名犯人吃猪血做的黑香肠和汤，犯人抱怨说汤是凉的，他可不会想到那是因为热汤可能会杀了虫子，毁了实验。死刑执行后，验尸发现犯人的肠子里有十条小绦虫。没想到，这引来了另一位志愿者喝下添加囊尾蚴的温牛奶。三个月后，如库臣梅斯特所愿，这位志愿者开始排出绦虫片段。其他几名志愿者又重复了这一实验，获得了类似的结果。不过最终的证据来自另一名罪犯，库臣梅斯特给他吃的面包卷上放了掺有虫子的香肠。四个月后死刑执行，在犯人的肠子里发现了完全成熟的绦虫。人吃了未煮熟的受污染的肉会感染绦虫，这点已清楚无疑。

在许多国家，鉴于人们不吃圣洁的牛和不洁的猪，绦虫处境艰难。随着卫生条件改善和食品检验水平提高，绦虫在西方国家已经基本死光，但由于大家喜欢吃相当生的牛排，所以绦虫还略有活路。

就算到了 20 世纪，在犯人身上做危险实验还是常有的事。要慷慨地给予被认为是人渣的他们一点机会为社会作些小小的贡献，这当然不用征求他们的许可。鉴于那时尚无去除体内绦虫的可靠有效的疗法，所以库臣梅斯特能说服志愿者心甘情愿来参与实验，这委实令人吃惊。

体内有吃不饱的虫子偷吃你吃下的食物，听上去可以用来瘦身。维多利亚时代，有人卖一种"绦虫片"给那些注意体形的女士。这里头的逻辑是，穷人很瘦，而他们大多有寄生虫。我小时候，谁要是胃口好就会被别人说笑："你肯定是生虫子了吧。"寄生虫引起厌食症如今已是很多人都知道的现象，但这并不是因为寄生虫偷吃了你消化的食物。有些天然物质，比如作用于大脑的细胞因子，能抑制食欲。感染的寄生虫会在宿主体内激起某些反应，其中包括细胞因子的产生，从而降低人的食欲，最后导致体重减轻。

在体内寄生虫大家族中，绦虫其实算相对仁慈的，但有些人对它们过敏，会因此发生神经系统紊乱甚至一命呜呼。感染人类的绦虫中最大的那条来源于生鱼片，时下，那些日本人为了清除五脏庙中的新客会每周吃一次药。

五花八门的寄生虫你推我搡地争夺着人类肠道。其中最常见的是蛔虫，感染人数估计超过 10 亿。它形同苍白版蚯蚓，长度能达到 40 厘米。和懒洋洋的绦虫不同，活泼泼的蛔虫一直在伸展，打卷，扭曲。蛔虫在人体内的数量极其可观：一个人就可以有 5000 条之多。它们纠结盘绕，会完完全全阻塞肠道，或者堵住胆囊和胰腺间的管道引发剧痛。

每条雌蛔虫能产 20 万颗卵，虫卵随着宿主排便来到体外。卫生条件欠佳的话，也许就会有几颗虫卵被人吞下，继续感染。这些虫卵在肠道内孵化出小小的幼虫，然后在宿主体内开始非凡的长途跋涉。它们钻过肠壁进入血管，被血液带到体内的各个器官，包括心脏。定居下来的蛔虫随即会带来麻烦。到达肺部的幼虫挖出通道爬进呼吸道，被咳进口中后又被再次吞进肚内。一旦再次进入肠道，它们就此安居乐业生儿育女。这一趟豪华的身体之旅会将沿途的器官壁膜一一破坏，在猪的体内往往会引起猪肺病，造成大量小猪死亡。

偶尔咳出一条蛔虫，造成一时间的社交尴尬，同时传出肚子里养了蛇之类的风言风语，这种事情大概也是有的。关于呕出毒蛇的生动描绘还真不少，有时甚至会夸张演绎成蜥蜴、青蛙、蟾蜍甚至是老鼠、猫、狗从胃里逆流而上。

对蛔虫的生物学了解倒未曾来自以身试虫，但也不是毫无风险。寄生虫学家会小心翼翼地避免感染蛔虫。不过我有位同事过去同一个研究蛔虫的人共用一间实验室，那人每次抓过蛔虫后都会仔仔细细地洗手，但因为她坐着轮椅，得先把自己转到水槽然后再转回实验台。于是好些研究人员因为虫子里流出的东西产生了严重的过敏反应，比如皮炎和哮喘。尽管如此，他们大多数人还是坚持实验，但也有些人再也受不了与虫子有任何接触。

血吸虫是种比蛔虫小得多但也危险得多的扁虫动物。雄虫用吸盘吸附在宿主的肉上，雌虫则终生在雄虫沿体轴方向的沟内与之合抱而活。

1908年，克劳德·巴罗（Claude Barlow）医生对吸虫产生了兴趣。当时他在中国农村传教，发现经手的病人有半数感染吸虫，有些村子的村民无一不携带这种寄生虫。他十分关注此事，请了一年的公休去伦敦热带医药学校学习寄生虫相关知识。

回到中国后，巴罗意识到当地人很可能是因为用粪便当肥料而反复感染。他发现荸荠上常常有很多吸虫的幼虫，而中国人用牙咬掉荸荠皮的同时就把幼虫吃了进去。为了弄清成虫是否也可能是感染源，他吞了些从感染者身上取出的虫。就算他在黑暗中看不到自己往嘴里塞的是啥，这无疑也是"恶心的实验"。然后巴罗观察自己的另一头会出来些什么，但没有看到远方食客的光临。他猜想是消化液破坏了吸虫，于是第二次他先吃了点小苏打中和消化液，然后吞下虫子，接着像平常那样吃了晚餐。试了三次后，他看到自己排出了吸虫卵，不觉大喜过望。又这么再接再厉干了一年，最后他服药排净了寄生虫。

十四年后，巴罗再次享用了一顿扁虫大餐，彼时他在开罗工作。有病理学家宣称，埃及要成为重要的国家，只有先控制住耗干人民能量的吸虫。这里指的便是血吸虫，会引起埃及血吸虫病，又称"大肚子"病，是当时全世界第二普遍的疾病，目前仍有2亿人受影响。这种寄生虫能在人体内存活十年甚至三十年，只不过通常它们的宿主活不了那么久。

和许多寄生虫一样，血吸虫也有复杂的生活史。它们有一部分时间生活在淡水螺体内。在受污染的稻田里行走或在溪水中洗澡洗衣都足以遭到感染。1944年那会儿，有人担心在国外作战并与血吸虫病打过交道的同盟国军队，在复员回国时会把血吸虫也一起带回去。有位高级医生宣布："血吸虫病十分有可能在北美流行。"巴罗想知道，他老家的螺是不是容易感染血吸虫从而成为重要的第二中间宿主。为此，他试着把美国的螺带去埃及，但它们大多死在了途中。没法把螺带给吸虫的话，只好把寄生虫带去给螺了。运送虫的容器便是巴罗自己。虽然邮费是贵了不少，但这个法子不需要办进口许可证。

美国海军防疫医疗队的领导认为这太过冒险。血吸虫会引起痢疾、贫血以及恶病质。它们产卵极多，宿主体内会留有成千上万的吸虫，造成全身发炎，血液无法流到重要器官，比如膀胱、肝脏和心肺。它们会要了人的命的。

巴罗没有被吓退。三周多时间内，他给自己喂了四次虫，还感染了一头叫比利的狒狒（得名于第一个描述埃及血吸虫病的比尔哈兹先生）。又过了三周，巴罗和比利搭上了回美国的飞机。飞行途中，逃出笼子的比利还把乘客们吓坏了。

巴罗回国后开始不停出汗，头晕目眩，食欲也严重下降。更糟糕的还在后头。三个月后，他的阴囊开始流出血清，在显微镜下能看到里面有血吸虫卵。这可是完全出乎意料的。人们当时认为寄生虫卵会进入宿主的尿液和粪便，但不会穿透皮肤。为了找出虫卵的父母，巴罗从自己身体上割下行李标签大小的一块皮肤。切口很深，一直切到皮肤底下的脂肪层。他咬紧牙关拒绝了局部麻醉剂，生怕麻醉剂会影响寄生虫。活体组织检查发现皮肤里有血吸虫的成虫。做完手术，他没叫出租车，步行去了位于城另一头的车站。

再后来，巴罗夜夜出汗不止，还开始便血。他的膀胱剧痛不已，整个人已经到了几乎无以承受的地步。他没法睡觉，因为每20分钟就得去排一次尿。他的身体每况愈下。在卧床三周后，他的体温烧到了40摄氏度。巴罗意识到自己危在旦夕，尚能喘气已属万幸。

血吸虫病夺去了巴罗亲爱的伙伴狒狒比利，让巴罗的斗志遭到了很大打击。但他仍然面对着严苛的考验，每天排出12 000颗虫卵，日夜血尿不止。

最后巴罗同意接受药物疗程清除感染。他回到开罗继续工作，但情况并无好转，于是他到埃及一家专治寄生虫感染的医院寻求治疗。医院给他注射了些锑。锑这种物质毒性极大，万一从注射的血管里漏一点出来，很可能会使该处的肢体只好截除了事；即便只是待在循环系统内，它也会造成急性血管塌陷，或相当危险的心律失常。锑损害了巴罗的心脏；更糟糕的是，这种治疗很"污秽"，巴罗开始呕吐并时不时感觉恶心。但它确实起效了。从巴罗故意让自己感染上血吸虫起，经历了漫长而悲惨的十八个月，他终于不再排出虫卵。

此番折磨让巴罗变得非常虚弱，再也无法用螺进行实验，尽管那才是他经受这一考验的目的。有位同事接替他试着用血吸虫感染美国的螺类，但是失败了。

19世纪晚期，欧洲流行一种"矿工贫血症"，造成很多矿工及建筑工人死亡。1881年，一队劳工在阿尔卑斯山挖建14.5千米（9英里）长的圣哥达隧道（St Gotthard tunnel）。随着工程完工队伍解散，疾病传播开来，北至英国康沃尔郡的锡矿，南至意大利西西里岛的硫矿。病死者无一例外被发现感染上了钩虫。

肠道钩虫体形虽小却十分凶猛，带钩的"牙齿"会咬住肠壁吸取宿主的血液。一两条或许不成大事，但有些矿工体内的钩虫足有上千。和如此之多的嗜血者共处，无怪乎要贫血而亡。感染者会排出无数虫卵，而人们猜想，其他人如果不小心吃下一点也会因此感染。矿场改善了卫生条件，却没能遏制住此病。

与此同时，开罗的一位寄生虫学家亚瑟·卢斯（Arthur Loose）正吞下一种完全不同的肠道寄生虫在自己身上做实验。专心致志扒拉自己粪便的卢斯惊讶地发现了钩虫卵。从没和矿工打过交道的他怎么会扯上他们的那些虫？几周之前，他给实验用的豚鼠喂钩虫卵，一滴钩虫液体曾落到他的手上。他把手举得离嘴远远的，并且洗得一干二净，没想到还是被感染了。为了弄清是怎么回事，他故意在手背上滴了一些钩虫液。不出两分钟，手背上的水就变清了；数百条小虫钻进他的皮肤消失不见。

卢斯试着用百里酚清除感染，但试了几次都没有成功。百里酚是种强有效的杀菌消毒剂，会刺激肾。当时出售的药方有些比感染寄生虫还要糟糕。百里酚后来被四氯甲烷取代，就是我们现在所称的干洗液。一丁点百里酚就会引起精神错乱、恶心呕吐，随后会有肝坏死造成的抽搐、呼吸衰竭，最终是死亡。可怜的卢斯，安全有效的对付钩虫的疗法要再过二十七年才问世。

卢斯感染上钩虫原是偶然，这时，所谓机缘再次显现。当地医院的一名病人需要截肢，对这位病人来说固然不幸，对卢斯而言却是幸运。就在截肢手术前的一小会儿，卢斯在病人要截掉的腿上滴了些钩虫液，随后检查截下的肢体。解剖显示，虫子通过毛囊进入了皮肤，如果还有时间的话，随后它们会迁移到肠道。

在地下工作的矿工经常光着脚，脚下又潮又脏，有数不清的钩虫在大举进攻。只要让矿工们穿上鞋，甚至只是在他们脚底涂上沥青，就能大大减少感染几率。

钩虫并不只针对矿工，第三世界的人口中有大部分也光着脚。如今钩虫仍然感染着9亿人，耗费着他们的体力。即便是在美国南部的一些州，贫穷的农村人也饱受钩虫之苦。尽管已有大规模的消灭钩虫计划，据说在某些地区仍有15％的儿童染上钩虫，身心发育受到阻碍。

热带的寄生虫更是丰富。19世纪，前去西非热带地区的探险家、士兵和行政人员大多一去不返。其中85％或是丧命，或是"陷入身心双重悲惨的境地"。印度差不多同样危险，某一年的两个月时间内，全国四分之一人口丧失了行动能力。罪魁祸首是疟疾。

通常越小的寄生虫影响越是恶劣。疟疾由一种叫疟原虫的微小生物导致。到1898年的时候，人们已经弄清这种寄生虫的基本生活史，并知道疟疾由某类蚊子传播。很多肠道寄生虫会产出虫卵被人体排出，疟原虫则不然。它们在血液中增殖，其数量会呈指数级增长，血液成了它们的液体培养基。它们侵略血红细胞，一旦身体补充血红细胞的速度赶不上伤亡的速度，后果就十分惨重。即便病人一时遏制住了它们的进攻，一部分疟原虫还会潜伏在宿主体内，过段时间再度出击，令旧病复发。

所需之物就是疫苗，可是一直到1971年，有希望的疫苗才姗姗来迟。后来去马里兰大学搞研究的戴维·克莱德（David

Clyde）曾在热带干过好几年，他认为用足够的 X 射线照射携带疟疾的蚊子，让蚊子不死但让疟原虫威力大减，也许可以作为制造疫苗的第一步。然后他预备把经过改良已无危险的疟原虫注射到人体内，刺激身体产生对抗疟疾的抗体。

测试阶段用的皮下注射器是蚊子，而志愿囚徒则是豚鼠。克莱德本人也成了一名志愿者，因为他觉得真正了解病人的感觉很重要，而且他能比普通囚徒更精准地描述实验的副作用。

为了检测这一步骤是否可以对付不同类型的疟疾，克莱德拿自己做了相当多次实验。他开始发烧，不停打颤、呕吐，好几个小时都"无比痛苦"。每隔十二小时他会发一阵高烧，后来服药清除感染才退烧。他还设计实验确认哪一类型疟疾可以产生效果最好的疫苗。方法是，把好几个笼子系在自己手臂上，每个笼子里都装着好几百只携带疟疾且照过射线的蚊子。他被叮了约莫 3000 个蚊子包，滋味很不好受。接下来，是看接种后再被疟疾蚊子咬的免疫方法有多管用。他没有感染上疟疾，实验成功了。

克莱德为此在 1986 年获得了世界卫生组织的奖励。但可惜的是，利用辐射过的蚊子产生的疫苗并不能充分扩增，无法用于大规模预防接种。此后，制造疫苗的尝试仍令人失望。疟原虫十分棘手，遇上新药后有强大的突变能力，并且能在体内躲开药物的杀伤。

到 19 世纪末期，疟疾爆发在英国成了家常便饭，疟疾在英格兰东南的东盎格鲁沼泽地区横行肆虐。英国目前还有好几种能传播疟疾的蚊子，并且外来蚊子也在欧洲现身。由于全球变暖，现在的气温很可能吸引这些昆虫移民。不过英国感染疟疾的人畜都很少，接触到该病的人也会得到及时治疗，因此可以说很安全。

20世纪50年代，人们原以为疟疾会在地球上消失。随着大规模灭蚊行动的开展，全球死于疟疾的人口比率下降了95％，生活在先前疟疾肆虐的地区、占全世界三分之一的人口如今摆脱了该病。但禁止向室内喷洒DDT之后，疟疾又再度出现。蚊子对其他杀虫剂很快产生免疫力，2006年世界卫生组织建议重启DDT，尽管DDT对环境的影响让人担忧。比尔和梅琳达·盖茨基金会划拨了10亿美元激赏新方案，一种新疫苗已在酝酿之中，初步实验的结果令人期待。与此同时，疟疾每年仍然会夺去100万人的生命，其中半数是儿童。

并非所有寄生虫都十恶不赦——有些竟也带来好处。20世纪三四十年代，深受梅毒引起的精神错乱之苦的病人被故意感染上疟疾。用奎宁控制住疟疾的同时，600例病人中差不多半数人的精神状态有所改善。

寄生虫与人类共同生活了数千年。从生理学上说，我们通常已经到了相互理解共同繁荣的境界。小时候感染上寄生虫常常可以让身体的免疫系统为将来的交战做好准备。在发达国家，不养宠物、一尘不染的家里长大的小孩，比起没那么讲究的家里长大的小孩更容易得过敏症和哮喘。甚至可以这么说，有一两种寄生虫在体内对身体更好。有24名多发性硬化症患者接受了五年的研究，他们中半数最近被诊断出体内有寄生虫。相比没有寄生虫的那些患者，有虫一族病情发展比较缓慢，复发率也比较低。在非洲进行的更大规模的几项研究也显示，患血吸虫病的人极少得糖尿病、风湿性关节炎以及多发性硬化症。而这些疾病，尤其是糖尿病，在发达国家非常普遍且呈上升趋势。它们都是自身免疫问题，是身体的防御体系在攻击自己的组织与器官。

身体防御团队的"办事处经理"调节免疫细胞能够认出入侵的寄生虫属于外来团体。它们的工作职责是召集宿主的免疫反应击退强行侵入者。人体内一直有寄生虫感染，因此调节免疫细胞总是马不停蹄。也许此刻，消灭我们的"老伙伴"后，下岗的免疫细胞大概会刹不住车，于是造成自身免疫疾病。

另一方面，寄生虫还可以帮我们控制住某些疾病。实验室的工作发现，血吸虫提取物能让有糖尿病倾向的小鼠不得糖尿病。所以也有可能出现类似的给病人使用的药物。一项在炎症性肠病患者身上的试验显示，常规剂量服用寄生鞭虫能去除肠病症状。

发炎与过敏通常由过度免疫反应引起。鞭虫、吸虫与钩虫之所以能和我们共同生活，靠的是让本来应该发出攻击的免疫反应威力下降。在英国一家医学研究实验室工作的约翰·特顿（John Turton）故意给自己染上钩虫病，逍遥了两个不受花粉热所苦的夏天。而一旦去除寄生虫，过敏症便卷土重来。

看来今年暑假的准备工作可以有些新花样：防晒霜，驱蚊水，再来点钩虫吧……

一条雄性血吸虫正裹着一条充分信任他的雌虫。

六　渴望疾病

The Desire for Disease

> 最负盛名的医生
> 立时召来，却在进门之时
> 拿着诊金答曰
> 此病无药可救
>
> ——希莱尔·贝洛克①

19 世纪早期，住在城镇的下风处可不明智，街道上铺就的并非金砖，而是"臭气冲天的金黄物"。伦敦最时髦的两条商业街每天扫下的马粪有 23 吨。其他地方，无人关心。堆积与腐烂是垃圾们的命运。清除废弃物的体制尚未问世。拿英国利兹来说，半数街道没有下水道。城里有一个地区仅设两间厕所，却要供 400 人使用。地方当局只给 30 所房屋清除积聚的污水，而这些污水足足装了 70 车。

---

① Hilaire Belloc，1870～1953，英国作家，其诗作想象力丰富，语气轻松幽默。

脓疮般肮脏的地方乃是滋生疾病的温床。查德维克①于1842年发表了有关英国劳动阶层"卫生状况"的著名报告,其中说到曼彻斯特的劳工和技工平均寿命比周围乡村的农民短二十年。曼彻斯特穷人家的孩子中有57%活不到五岁生日。绅士们还过得好些,能指望好端端地迈进四十的大门,但劳动工人能活到二十岁就算幸运了。一位保守党政客讲得再清楚不过,穷人全都"必须要不断地吃,不断地喝,不断地工作,不断地死去"。然而工人一旦年纪轻轻就染疾身亡,他们的家人都会被赶到街上,依靠国家的施舍过活。更糟糕的是,如此一来,有钱人还怎么避免染上穷人常得的可怕疾病呢?

当时的医学知识还说不清疾病是如何从一个人身上传到另一个人身上的。也许是通过同病人的身体接触,又或许是通过病人的床单用具。对有钱的作坊主来说,避免和贫民窟的穷人共用一把勺子不难,可还有更致命的途径会传播疾病。

医学专家深信,腐烂不仅造成恶臭,还会产生毒气——随风散播的害人"瘴气"。比如"疟疾"一词,原意是意大利语的"坏气体"。鉴于"臭气皆是病",法庭内总是摆满鲜花,好让花香掩盖和抵消犯人们危险的恶臭。

英国国会大厦坐落于臭气熏天的泰晤士河畔,1858年发生"大恶臭"事件,政府关门休会才让"捏着鼻子遭罪"的议员们得以解脱。也许是害怕被"臭气污染",国会投票决定拿出一笔可观的资金着手建设下水道网络,把城市污物带到泰晤士河

---

① Edwin Chadwick,1800~1890,公共卫生学发展中最重要的人物,他指出了人口普查和死亡统计在公共卫生管理中的作用,著有许多关于贫民法、劳动阶层保健以及关于墓地的很有价值的报告。

下游。

这无疑是造福伦敦未来健康的最大善举,然而骇人的并非此河的臭气。假如从伦敦桥上不幸跌落,与其被人捞上来再慢慢死于某种可怕的疾病,倒还不如赶紧沉底儿。可是,这条河却是大多数伦敦市民的饮用水来源。

1817年,霍乱在印度爆发,随即全世界流行,肆虐近二十年,尸骨不计其数:单单印度便死了4000万人;二十分之一的俄国人丧生。此后一连串大规模霍乱在匈牙利、日本和美国夺去无数人的生命。3000名麦加朝圣者一夜暴毙,英国无一城市得以幸免。迅速应对霍乱爆发的行动往往遭到商人和其他"有关当事人"的阻挠,他们大呼小叫地拒不承认霍乱已经攻破所在的城市。医学权威谴责那些人"不可原谅的无知,前所未有的愚昧,要不就是可耻的贪赃枉法,非要等到墓地里塞满见证悲惨事实的尸首,他们才会不再矢口否认有这样一种不寻常的疾病"。甚至还有医生"歪曲和隐瞒有损他们尊贵理论的实情"。或许,"当四周凄凉与死亡的气息渐渐加重……理智的声音消失了",抑或不理智的人已经变聋。

霍乱来袭有如重锤击下。看上去健健康康的人可以登时崩溃,上吐下泻一片混乱。有一名妇女因霍乱突然发作而掉入火堆。巴黎的一场社交舞会上,霍乱突袭,人们一对接着一对在跳着华尔兹的当口就倒在地上。据说有些匆匆被埋的尸体上还套着晚礼服。

染上霍乱后,运气好的几个小时内便气绝身亡。苟延残喘的病人皮肤变成青紫色,最后死于严重脱水。病人体内能排的液体悉数排尽后,连肠道的内壁也会一段段排出来。其痛苦说是"腹如刀绞"毫不夸张。实在是种恐怖的死法。

苏格兰医生拉塔（Thomas Latta）在 1832 年发现用"静脉注射大量盐水"的方法能够挽救霍乱病人。令人难过的是，其他医生却仍在反其道而行之，给那些无一毛孔不在大量失水的病人泻药和催吐剂，在他们"朝坟墓迈进的道路上再助推一把"。

面对疾病的散播，各个国家均无能为力。军队驻扎在边境扣留疑似疾病携带者。从疫区来的船只都要在港口接受隔离检疫。小猎犬号出航伊始，达尔文被禁止登录西班牙的特内里费岛，"因为怕我们会带来霍乱"。

"治疗"与预防措施五花八门。医生们深信剧烈刺激病人的皮肤可以将疾病"分离"出来。有种偏方是往床单底下鼓吹热空气——其效果之威猛能把床都烧起来。或者用"法兰绒宽腰带"或绷带把病人包成木乃伊似的，并让他们去闻有毒的汞蒸气。病人还要喝含有氨水和硝酸或马钱子碱的"补品"，吃用氯水煮的牛排和豌豆。

为了祈求上帝清除瘟疫，那时有"官方"的斋戒日和耻辱日。可是，假如瘟疫真是因我们的罪孽而降下的惩罚，那么霍乱流行期间监狱却是最安全的地方这点实在匪夷所思。其他受霍乱之益的人还有健康的流浪汉，他们跑到豪宅门前的台阶声称自己浑身流淌霍乱，不给钱就不走。

最大赢家则是伦敦的一名牧师，他在 1877 年霍乱爆发期间创立了一份人寿保险计划。他打赌大多数人不会染病，而且染病的人当中也有相当一部分会活下来。保险费只不过每星期一便士，但他后来退休时成了富豪，他的保诚保险（Prudential）成为市值百万英镑的大买卖。

为"洁净空气"清除瘴气所做的努力有：成桶成桶地燃烧柏油，让城镇笼罩在滚滚浓烟中；每个小时都有迫击炮对着天空震耳欲聋地开火。甚至有建议说应当在卧室里引爆火药。至于这些做法是否起效，约瑟夫·爱迪生①曾写过一位乡贤为了阻挡鸡叫声而把大门钉住的故事，就和这个效果差不多。

尽管卫生局很喜欢瘴气理论，霍乱却有一项让人不解的特征，并不符合空气传播这一设定。有些时候，毗邻而居、呼吸同样空气的人群中，一部分会染病另一部分却不会。此外，鉴于肠道总是首当其冲出现症状，致病物更可能是吃进去而非吸进去的。

约翰·斯诺②无疑是这么认为的。斯诺曾在位于伦敦索霍（Soho）区的亨特医学院受训，是位成功的内科医生。他拿动物和自己做实验，发明了可以调节剂量的吸入器，用于给病人施加麻醉剂。麻醉中的不确定性因此大大减少，他也借此成为这一领域的大拿。给维多利亚女王实施氯仿麻醉、为她减轻分娩痛苦的正是约翰·斯诺。

英国第一次霍乱大流行③时斯诺在桑德兰④。1849 年，伦敦区域性霍乱爆发时他正式介入对此病的调查。十天之内，伦敦索霍区的一个小街区就有近 600 人丧生。当地医院那个叫南丁格尔的小护士只能眼睁睁地看着他们咽气。当地居民卡尔·马克思

---

① Joseph Addison，1672~1719，英国散文家、诗人、剧作家和政治家，他笔下的这位乡贤叫 Sir Roger de Coverley，是可爱又有些荒唐的旧日乡贤的代表。

② John Snow，1813~1858，英国内科医生，被认为是麻醉学和公共卫生医学的开拓者。

③ 1831 年至 1832 年。

④ 第一例霍乱出现的地点。

（Karl Marx）把索霍区描述成"为霍乱精选的地区"。

斯诺的调查是有史以来第一项流行病学研究。他圈出每一个病人的住处，发现所有染上霍乱的人都会喝宽街（Broad Street）水泵的水。宽街啤酒厂的 70 名工人无一得病，原因在于啤酒厂有自己的水井，并且工人们还能喝上免费啤酒，我们如今知道啤酒对引起霍乱的生物而言是有毒的。当地的教养院也有自己的水井，535 名囚犯中只有 5 人死于霍乱。去除水泵手柄的做法使霍乱疫情被更快地扑灭。后来人们发现，那口水泵的水源受到了不远处一家酒窖的污水池的污染。

之后的研究[①]中斯诺发现，相比由兰巴斯水公司（Lambeth Water Company）提供饮用水的地区，由南华克与沃克斯霍水公司（Southwark and Vauxhall Water Company）提供饮用水的地区霍乱发病率要高 14 倍。这两家公司的水源都是泰晤士河，但后者取水处是在一个大污水管排水口的下游，而前者抽的水位于排放处的上游。狄更斯说得对："瞧瞧那水！闻一闻！那就是我们喝的。你觉得怎么样？"

斯诺虽然说不出致病的生物究竟是什么，但他确信霍乱是种介水传染病，来源于受污染的饮用水。这并不能让所有人信服——说实在的，几乎没人信他。当他恳求拆除宽街水泵的手柄时，"他的同行中没有一个人相信他是对的，教区里也没有一个人相信他是对的"。而且当时政府对公共卫生措施也没有很高的热情。《泰晤士报》声称，在这个国家，"我们宁愿冒霍乱之险……也不愿被胁迫大搞卫生……违背我们的意愿大扫除，把我

---

① 指 1853 年至 1854 年第三次爆发霍乱。

们宝贝的污秽强行洗刷,人最痛恨的事情莫过于此……许多人在清洗一番后……由于少了秽物的保护而死去,这是不争的事实"。有位神职人员还抱怨人们未能认识到灾祸出自上帝的手笔,还"把主降下的责罚推诿成凡俗的污水事件"。1858年斯诺英年早逝,他的主要发现要等下一代人来认可了。

"瘴气说"的死硬分子坚决不接受斯诺的说法,甚至《柳叶刀》也发表数篇文章表示斯诺的结论无足轻重。其中最严苛的批评来自德国化学家马克斯·佩腾科费尔(Max Pettenkofer)。佩腾科费尔当时已经很有成就,他开发出了金铂分离的方法、提升德国水泥质量的方法,以及生产巴伐利亚红玻璃的方法。当上慕尼黑大学的药物化学教授后,他很快转而致力于提高公共卫生水平和探索疾病与环境的联系。按他的观点,穷人长期处于不卫生的环境,致使他们更容易受到瘴气的影响。

1854年慕尼黑爆发霍乱时,佩腾科费尔也画了张病人分布图,一如当年斯诺在伦敦所做。他称死亡绝大部分发生在潮湿的低洼地区,由此他发展出一套大理论:新鲜空气渗入这些潮湿的土壤,催生了具体不明的化学反应,产生一种有毒的瘴气。但他没有着手分离鉴定这种致命的散发产物。

与此同时,在另一些地方,有另一些人正在寻找完全不同的致病原因。巴斯德(Louis Pasteur)在巴黎,科赫(Robert Koch)在柏林,正各自发展着后来所称的"疾病的微生物理论"。巴斯德证实,腐烂并不只是化学反应,腐烂的媒介是微生物,巴氏消毒法(反复加热冷却)可以用来阻止腐烂。巴斯德还是狂犬病疫苗的发明者。

巴斯德的最大竞争对手科赫则发展了显微镜技术,用它来观察和描绘细菌的特征。科赫是杰出的微生物侦探,他带领队伍追捕抓获了引起炭疽、淋病、麻风、肺炎、伤寒和梅毒的各种微生物。他还制定出一系列原则,用这些原则来判定疾病的病原体:

1 从感染动物体内分离出该细菌;

2 在实验条件下培养这种细菌,科赫的助手佩特里(Julius Petri)为此发明了培养皿(又称佩特里皿);

3 把培养出的微生物接种到健康动物身上,证实能够产生该病症状;

4 最后,从出现症状的被感染动物身上再次分离出该微生物。

霍乱的问题在于,它不感染动物,只感染人,所以很难做实验。埃及流行霍乱期间,巴斯德和科赫都派遣了团队去。巴斯德团队的领头人之一死于霍乱。

埃及的霍乱爆发渐渐平息,科赫便转战印度,在那里总能找到霍乱。他从得霍乱的活人和死人身上都分离出一种小小的逗号状细菌,命名为霍乱弧菌。导致霍乱的原因找到了。

佩腾科费尔对此不予理会。他嘲笑那些人"只会看试管与平板中的弧菌的行为"。他勉强承认细菌也许会起一点作用,但唯有在某些特定环境因素下,比如说有"适宜的"土壤才会发病——尽管一些研究人员已经检查过霍乱爆发地区的土壤,发现和其他地方的没什么两样,也不是什么"适宜的"类型。科赫在病人饮用水的供水源也发现了霍乱细菌的存在。而在德国汉堡,某街的两边各有一处供水源,只有取用受污染那侧水源的人得了病。正如斯诺断言,霍乱是介水疾病。

在被科赫以贬抑的口吻叫作"局部引起论①先生"后，佩腾科费尔再也不能忍了。1893年，他去索要一份霍乱弧菌的样品，科赫的实验室慷慨解囊。但他不是打算研究这种细菌，而是准备了一个极为惊人的实验。他确信自己是正确的，一旦证实，他要把科赫给他的名号扔还给科赫。

佩腾科费尔年轻时候曾立志在戏剧表演上有番作为。在歌德的《埃格蒙特》中他饰演一位失意的爱人，假装服毒但理智地克制住了。可这一次，这位七十四岁高龄、抱住自己理论不放的教授，高举一瓶菌液，向聚在四周的同事们宣布："即使我蒙蔽了自己，这一实验危及了我的生命，我也会冷静地面对死亡，因为这并非鲁莽或怯懦的自杀，我是为了科学而献身。"在瞠目结舌的观众面前，他将瓶中之物一饮而尽。

剧烈的胃痛和腹泻持续了一个礼拜。这是比较轻微的霍乱症状。那么，他何以能避开死神？是不是有关心他的同事加热了培养液让细菌没那么致命？还是这些细菌本身来自危险性较小的菌株？或者仅仅是因为他运气好？在流行病蔓延时期，确实有许多接触到该病的人并没有死亡。

佩腾科费尔写了封短信向科赫吹嘘："佩腾科费尔博士先生眼下已喝了整瓶东西……并且很高兴能够向科赫博士教授先生保证，身体如常，十分健康。"

他坚信自己"一劳永逸"地推翻了饮用水会散播霍乱的说法。他反对这些"狂热追捕逗号君"的行为，因为只要土壤中没有"霍乱瘴气"，细菌是不会有害的。然而，他是在逆流行进。

---

① localist，将病因归为局部原因的人。

他的理论逐渐被世人否认，除了他以前的学生。连德国的教授同事也认为他的理论是"荒谬的"，是"基于完全与事实相悖的假说……是丰富想象的产物"。

佩腾科费尔的故事凸显了医学研究固有的危险，因为医学研究的结论有赖于外在因素与特定疾病的相关性。在这个事件中，由于发现霍乱的发病率在潮湿地区显著较高，佩腾科费尔贸然下结论认为致病因素牵涉潮湿土壤，进而发展出一套理论来解释其中的关联。问题在于，毫无关系的因素往往也呈现相关性。比如说，美国饲养的马的数目与马口铁的产量有相同的趋势，并不必然说明马为铸造马口铁提供了原材料①。有人发现英国电视收视许可证的购买数量与精神病发病率有相关性。这能不能作为电视节目腐蚀大脑的证据，或者说只有精神出问题的人才买收视许可证？还是说这仅仅是无关事物有相关性的巧合？新闻里到处可见这类报道，什么意大利托斯卡纳区的人比英国人橄榄油用得多，红酒喝得多，而他们心脏病发病率比英国人低。那么我们就该把自己弄得油乎乎醉醺醺的来预防心脏病么？托斯卡纳人心脏病少的原因也许有很多：他们不像英国人那样每年消费两百万吨薯条，或者以为深呼吸一下就算是锻炼。当然你也可以强词夺理说，与其心脏边跳边在担惊受怕中等待，干脆心脏病发作来个了结也不坏嘛。

鉴于佩腾科费尔在公共卫生领域毋庸置疑的成就，他被英国公共卫生研究所授予金章。在德国，他被册封为贵族，被尊称为

---

① 原文所举的例子为猪（pig）和生铁（pig iron），译文略作改动，使之符合汉语特点。

马克斯·冯·佩腾科费尔阁下。然而，当他的感染理论被证明和瘴气一样虚无时，这些荣誉并不能宽慰他的苦涩。

在冒着生命危险一尝霍乱菌液九年之后，佩腾科费尔阁下为自己实施了最后的实验：他用手枪对准自己的太阳穴，扣动了扳机。

就算佩腾科费尔为霍乱牺牲了自我，在拿自己做实验的行列中他也并非特例。好奇心杀死的不单是猫。

1885 年，秘鲁医学生丹尼尔·卡里翁（Daniel Carrión）在研究一种叫做疣症的皮肤病时，给自己接种了一点病人身上的"疣"的血。他很快就病倒了，显然患上了一种叫做奥罗亚热的血液病。丹尼尔很清楚自己的处境，因为他有位朋友最近刚刚因为此病离世，可他仍然对自己的发现很满意。"这是确凿的证据，"他说，"说明奥罗亚热和疣症是同一来源的。"几周工夫，年仅 26 岁的丹尼尔去世了。最初劝他不要做这一实验但后来又协助了他的医生被控谋杀，不过后来被无罪释放。丹尼尔在秘鲁受到了人们的赞誉，秘鲁首都利马立有一尊他的雕像。

在确定黄热病传播途径的过程中同样不乏牺牲者。一如许多流行病，黄热病影响了历史。若非黄热病摧残了拿破仑进取加勒比地区的军队，迫使他卖掉路易斯安那以及大批土地，北美或许就会成为法国的土地。

黄热病损害肝脏，引起黄疸。由于无法凝固，血液会渗进胃部引起呕吐，产生黄热病特有的黑色呕吐物。通常几天之内就会夺人性命。显然这不是个好惹的病，但研究人员是吓不倒的。尽管没有证据显示黄热病会由病人传染给陪护者，病人家属还是往往因为害怕接触到疾病而弃病人于不顾。1804年,美国医学生斯塔宾斯·弗斯(Stubbins Ffirth)决定弄清这种病是否会接触传染。他躺在"与黑色呕吐物相伴"的黄热病病人身边,确保"病人对着我的脸呼吸"。但是,他这只是翻开了"恶心全书"的第一页。

黑色呕吐物也许不是人人待见,但弗斯一连几小时边炖呕吐物边吸它们冒出的蒸汽,最后实在是又恶心又头晕才罢手收工。狗在接受黑色呕吐物注射后没过几分钟便一命呜呼,但他还坚持往自己的静脉以及胳膊上的切口里都打了一点。他把病人的血、汗、尿抹在自己身上,喝他们的口水、血液和呕吐物。身为连两份黑香肠①都吃不下去的人,我实在是钦佩弗斯对黑色呕吐物的胃口。

弗斯没得病,还写了篇文章来减轻民众的恐慌:"我希望这些实验可以一定程度地缓和……某些人怀有的巨大恐惧……这起码说明,此病通过接触方式从一个人传给另一个人是相当不足信的。"

弗斯辛辛苦苦折腾完,结果发表后却影响甚微,原因在于他并没指出到底是什么东西导致了黄热病。大约一个世纪过去,病因仍然未明,美西战争②时黄热病死亡人数居高不下成了军中的大问题。一支由沃尔特·里德(Walter Reed)领头的美国陆军医疗队被派到古巴寻找黄热病的传播方式。

蚊子进入了嫌疑队列,因为彼时已有说法认为在疟疾和丝虫

---

① 黑香肠是用猪血、板油、脱脂奶、麦片等混合起来的一种食物。
② 1898年美国为夺取西班牙加勒比海殖民地进而控制加勒比海而发动的战争。

病（象皮病）的传播上，蚊子都逃不开干系。由于动物不会得黄热病，除了在人类身上做实验外别无他法。黄热病在古巴十分流行，简直找不出足够多的没染病的志愿者，而事态十分紧急，因为利物浦热带医学院抱着和美国人同样的使命也派出了他们的专家。这支队伍还有着"强烈的责任感……这种责任感是有良知的观察者必然会有的，就算取得了被试的充分同意也不例外"。所以美国人订立了协议，全部同意在自己身上做实验。协议一经签订，带队人里德便启程前往华盛顿了。

实验步骤挺简单。先把蚊子放在黄热病病人的手臂上，然后让它们感染实验者。第一位实验者是细菌学家拉齐尔（Jesse Lazear），没有出现任何症状。接下来是在美国学医的英国人卡洛尔（James Carroll）。卡洛尔已有妻室，育有4个孩子。他曾给针对伤寒的实验性疫苗做过人体小白鼠。那一次，由于接种物无意中含有活细菌，12名志愿者中有7人染上伤寒，而他躲过一劫。但这一次，他就没那么幸运了。没过几天，他染上了严重的黄热病，同事都被他的模样吓坏了。他的眼睛变成黄色，还充满了血丝，发着高烧，虚弱得直不起身。

卡洛尔危在旦夕，拉齐尔则再度上阵。后来人们用"忘我"来形容拉齐尔。为了确认出现在卡洛尔身上的结果，拉齐尔又一次接受了蚊子感染。这回糟透了。他很快开始喷出黑色呕吐物，先是眼中冒出恐惧的神色，然后变得精神错乱。十二天后，拉齐尔去世，年仅三十四岁。身怀六甲的妻子接到电报，上面简简单单写着："拉齐尔医生死于今晚20点。"而在这之前，她甚至不知道他病了。

就在拉齐尔逝世两个月后，他们的发现便被发表了。里德这样写道:"引起黄热病的寄生虫以蚊子为中间宿主,此病极有可能仅通过蚊子叮咬传播。"专家们不予相信,新闻界的反应也十分藐藐。《华盛顿邮报》的评论是:"已出版的诸多有关黄热病的愚蠢荒谬的长篇废话中……蚊子假说是所有争辩和理论中最愚蠢的,没有之一。"

于是实验人员只好继续。这次换了当地的志愿者,他们每人能获得价值100美元的金币,如果染上病还能再拿到100美元。落选的志愿者们失望得哭了。按照实验要求,在三周时间内,部分志愿者要穿着黄热病病人的睡衣裤,躺在被病人弄脏的床单上,枕头上还铺着浸满病人血液的毛巾。但是没有一个志愿者染上黄热病,其结果无非是重复了弗斯九十多年前遭受的类似折磨。

为了鉴定病原体,研究人员给志愿者注射了感染者的血液。这些血液事先经过过滤,去除了所有的细菌,可志愿者还是发烧了。原因在于,致病的微生物是种病毒(尽管当时还无人知晓这点)。病毒比细菌小得多,能穿过过滤器。

另一些志愿者接受注射的血液来自一位轻微感染患者,实验原本希望这些血液可以像疫苗那样起一定的免疫作用。结果却造成一位年轻的护士死亡。牺牲者还包括两位士兵,另一名士兵则成了废人。这位"为科学献身的士兵"的生命只能靠公共捐助延续。所有志愿者都签署了一份措辞阴险的弃权证书,上面说明了签署人有可能会发烧,"一定程度地危害生命,但是鉴于在该岛生活期间这种感染是完全不可避免的,签署人情愿有意趁此机会感染发热"。

沃尔特·迈尔斯(Walter Myers)是利物浦团队的一员,同样死于黄热病；卡洛尔则再也没能恢复健康。令人遗憾的是，卡洛尔和拉齐尔的冒险鲜为人知；而领队里德，在实验关键期隔了十万八千里远，却被誉为英勇的先锋，并因为以他命名的华盛顿沃尔特·里德陆军医院而名垂青史。或许，这个故事要告诉我们的是，洋洋洒洒写份报告要比参与实验赚得多。

黄热病直到1905年才在美国根除，现在仍是热带地区的一大威胁。致病病毒如今业已查明，可人一旦染病依然无药可救。大规模接种疫苗可以起效，但消灭黄热病的全球战役在2008年因为疫苗短缺而受挫。

就算研制出一种疫苗，也不能保证接种顺利。有位名叫莱特（Almroth Wright）的英国军医发明了抗伤寒热（typhoid fever）的疫苗。当时已有的伤寒疫苗是让病人轻微感染伤寒从而刺激身体的抵抗力。不幸的是，所谓的"轻微"伤寒有时会要了病人的命。莱特的想法则是用已被杀灭的伤寒菌来让免疫系统误以为身体遭受了攻击，这样既没有因接种而感染的危险又能获得免疫力。唯一的问题在于，要检测这种方法是否奏效，身体不得不经受一下真正伤寒的考验。于是，在1897年，莱特与他实验室的十名助手给自己注射了疫苗以及伤寒菌。他们成功了！

新疫苗送到了英国军队，准备带去布尔战争①的战场分发。但是出于对接种的怀疑，人们把成箱的疫苗扔进了大海。造成的结果是，只有百分之四的士兵获得了疫苗的庇护，9000人死于伤寒。时至今日，每年还有60万人由于疫苗难求而被伤寒夺去

---

① 第二次布尔战争，1899年10月至1902年5月，英国与德兰士瓦共和国和奥兰治自由邦之间的战争。

生命。

因为新发现挑战了已有的信仰从而对此抱有偏见,这并非很久以前才会发生的事。在我小的时候,我觉得我父亲以及同学们的父亲都深受十二指肠溃疡之苦。每个医生都说这是压力、吸烟、膳食不合理、酒精引起的。治疗方法是服用抗酸剂或动个大手术。

到了20世纪80年代早期,澳大利亚微生物学家巴里·马歇尔(Barry Marshall)与病理学家罗宾·沃伦(Robin Warren)一起研究生活在人类肠道里的细菌。他们发现,所有十二指肠溃疡病人和四分之三的胃溃疡病人的消化道里都有一种叫做幽门螺旋杆菌(*Helicobacter pylori*)的细菌。那么,它会是病原体吗?

为此,马歇尔把一支试管放进喉咙,让它滑入胃中,蹭下几片胃黏膜来做检查,然后确认自己既无肠道感染亦无螺旋杆菌。过了一段时间等胃壁愈合后,他便吞下培养的幽门螺旋杆菌。采取此番行动之前他当然做了些预备工作。首先,他没有让医院伦理委员会知道,免得他们阻拦;其次,在仰脖子喝下细菌之前他一直瞒着老婆。但就算不说,他老婆也能猜得到,因为没过几天他就变得无精打采还开始呕吐。更惨的是,老婆对他的自虐自残报以冷嘲热讽,说他口气"腐臭"。根据他肠道组织的一系列活检报告,他先是出现了严重的炎症(胃炎),接着是溃疡。幸好,他靠抗生素治愈了这些毛病。马歇尔与沃伦接着又证明了除去幽门螺旋杆菌后,胃溃疡症状也会在几日内消失,哪怕是几十年胃溃疡的老病号也能渐渐康复。然而一直到马歇尔实验完成的十三年后,西方医院才开始广泛采用这种治疗方法。期间也许有千千万万的病人吃了错误的药、遭受了不必要的手术。

起初，胃溃疡由感染造成的观点遭到批评者的嘲笑，因为人人都说胃溃疡是化学物质不均衡所造成。至于说胃里存在细菌，在酸性那么强的环境里怎么可能呢？也许最不像话的是，马歇尔那时只是个低年资医生，他和沃伦谁都不是胃肠病学家。这方面他懂什么呢？

还真别说，他懂的那些，为他赢得了 2005 年的诺贝尔生理学或医学奖。

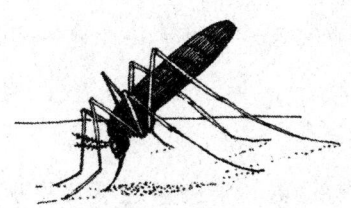

蚊子会传播很多种疾病。

七　疾病侦探

The Disease Detectives

传染病是仍然存在于这个世界的少有的真正冒险。

——汉斯·秦瑟[①]，斑疹伤寒菌的发现者

致命的疾病来势汹汹，唯恐避之不及是我们的第一反应，傻瓜才会趋之若鹜。但是，有些国家却专门训练了一群医生、科学家和兽医，他们平时按兵不动，一有疫病爆发就赶赴现场调查。例如美国疾控中心的传染病情报中心里，就有这么一群对付疾病的突击队员。他们最感兴趣的疾病也正是最致命的疾病。

1967年，在德国马堡大学的诊所里，三名病人出现了可怕的症状，发热、呕吐、腹泻和剧痛同时发作。更糟的是，他们全身上下都开始皮下出血；接着，血液从身体上的每一处开口渗出，甚至眼眶也往外冒血。最后，他们一个个流血而死，没有人知道这究竟是什么病。

在同一间诊所里，很快又有17个人出现了同样的症状。每个人的病情都很严重，有几个濒临死亡。这种病传染起来很厉

[①] Hans Zinsser，1878～1940，美国微生物学家。

害,一位医生和一位护士也成了感染者。

微生物学家没日没夜地工作,终于找到了病原体,那是一种病毒。这种病以前从未出现过,于是他们称其为"马堡热"。

马堡热和其他出血热类似:小血块堵塞了血管,下游的组织因为得不到血液供给而缺氧死亡。人体面对这一紧急情况采取的应急措施,是开始大量释放抗凝血物质,其结果就是大规模内出血。并且,由于机体的防御系统对入侵者产生过激反应,还会导致其他危险症状。

最初的三名病人都供职于当地一家药厂,在工作中都接触过活的猴子,因为药厂用猴子的肝细胞来生产脊髓灰质炎疫苗。那些猴子都是从乌干达进口的,体内带有马堡病毒,病毒又从它们身上传播到了人类中间。

更糟的还在后头。1976年,苏丹和一家在扎伊尔的教会医院同时爆发了出血热。这次的病毒和马堡的类似,但不完全一样。扎伊尔共有318人感染,其中九成终告不治,死亡率比马堡高出三倍还不止。当地人用刚果河的一条支流给这种新病命了名:埃博拉。幸好这些感染者都没出过国,不然就可能引发大规模的致命疫情。这种病治不好,实际上,甚至根本没有治疗的方法。

出血热爆发后,疾病侦探赶到了疫区。对当地的部落成员来说,西方科学家的到来和疾病本身一样可怕:为了隔绝可能受到污染的空气,他们穿上了"宇航服",或许还戴上了军用防毒面具;这些怪物走上大街,从你的喉咙和血液里抽样。这景象是够可怕的吧。

当地人有自己的巫医,还相信邪灵什么的,西方人对这套部落医学往往不屑一顾。然而,几个非洲国家的部落长老意识到这不是一般的疾病，在族人中强制推行了最恰当的应急措施：他们命令感染者待在自己的小屋里，身边只能留一个看护。病人一旦死去，他们的小屋就被付之一炬，尸体也被抬到离村子很远的地方埋葬，村民不得聚众送葬。病愈者则要再隔离一个月。所有人都不准去邻村走动。这些睿智的措施往往可以使哪怕传染性最强的疾病也得到控制。

各种出血热是地球上最致命的疾病，要按照俗称"热区"的生物安全第四级病毒①来处理。也就是说，研究人员必须待在安全实验室内，气流只能由室外流入室内，可能受到感染的体液必须在特殊的橱柜内进行"操作"，操作人员要戴防护手套，身穿覆盖全身的密封防护服，并通过外部供气系统呼吸。

而当研究人员来到遥远丛林里的小村庄，情况远比实验室更为凶险。他们可能并不清楚自己在对付什么疾病；不知道传播途径也就意味着很难防护。

如果需要处理几百份血样，那么事故就在所难免。苏丹爆发埃博拉时，美国疾控中心的乔·麦考密克（Joe McCormick）就从病人身上取了许多份血样。工作中一个不留神，沾了疑似患者的血样的针头扎到了自己的手。乔当下惊恐交加，但转念一想，如果真的感染了也无计可施，于是他鼓起勇气，继续工作。幸好是虚惊一场——那位病人只是发热，并没有感染埃博拉。传染病学家历来有被研究对象感染的传统。约瑟夫·戈德伯格（Joseph Goldberger）是 20 世纪初疾病侦探队伍中的先锋，他先后得过登

---

① 根据所操作的生物因子的危害程度和采取的防护措施，生物安全的防护水平（biosafety level, BSL）分为四级。第四级是在实验室里进行分离、操作微生物组织结构时安全隔离分级的最高等级。

革热和黄热病，并差点因为斑疹伤寒送了命。他还得过一种名叫"山伯格氏症"①的皮肤病，不过这个不算，因为他是故意感染拿自己来做实验的。后文我们还会详细介绍他的事迹。

戈德伯格侥幸活了下来，其他人就没那么好运了。仅1927年一年，就有三位研究热带病的高级专家在野外感染黄热病身亡。因公殉职成了家常便饭，有份科学期刊还专门刊出最近身亡的"医学烈士"名单。即便到了今天，在每一支奔赴疫区处理致命疾病的队伍里，都还听说有殉难的队员。彼得斯（C. J. Peters）是位经验丰富的疾病侦探，他抱怨的倒不是感染的风险，而是硬得像骨头的饼干、滋味如油灰的奶酪，而假装是肉的东西其实是一坨坨黏糊而恶心的凝固脂肪。他也怕用外国厕纸，嫌它们太毛糙，只能用来抛光家具。"自带卷筒纸"乃是他的座右铭。照他的说法，既然要带着屁股去战斗，"善后"工作得做好。

埃博拉和马堡热都零星爆发了几次，之后就"退隐江湖"。确定携带病毒的动物，有助于想出控制疫情的办法。野生动物与疾病共处了好几个世代，其中一些动物已经产生了免疫力，能够携带病毒的同时不表现症状。从这类动物身上采血是件危险的工作，一道抓伤、一口啃咬，都有可能导致感染。

马堡热的携带者神出鬼没，直到几名游客探访乌干达的洞穴并死于这种疾病时，真相才得以大白。科学家冒着不啻于游客的风险，将洞穴里的每种动物捕获甄别，最后在穴居蝙蝠的体内发现了病毒。后来，别的研究者又在丛林蝙蝠体内发现了埃博拉病毒。

---

① Shamberg's Disease，又称进行性色素性紫癜性皮肤病。

在疾病侦探中还有一群默默无闻的烈士,他们就是守护病患和垂死者的医务人员。媒体大肆渲染的 SARS 爆发于 2002 年,夺取了 774 条生命,其中 162 人就是勇守岗位的医院职工。乌干达首次爆发埃博拉时,在传染病中心工作的护士不愿留守,以罢工相威胁,马修·卢克维亚(Matthew Lukwiya)医生这样对她们说:"想走的可以走。而我,是不会背叛我的职业的。就算只剩我一人留在病房,我也要坚守下去。"他很清楚会有什么危险;六周后,他就成了 224 名遇难者中的一员。2007 年,乌干达再度遭遇埃博拉,疫情危急,总统甚至建议国民避免握手。市场里的小贩戴起了手套,神父也不再发放圣餐。这时,又有一位英勇的当地医生,约拿·库尔(Jonah Kule)奔向了疫源。临行前,他的上司警告他此行凶多吉少,但库尔答道,他已做好舍身救人的准备。没过几周,他和照看他的护士长就双双长眠地下。

研究致命疾病时用到的隔离设施问世于 20 世纪初。当时,罗曼诺夫王朝①的亚历山大·奥登伯斯基亲王(Alexander Oldenburgsky)在芬兰湾的一座小岛上把废弃的城堡改建成了实验室。实验室的目的是研究鼠疫并开发疫苗。闲杂人等不得入内,工作人员不得过夜。研究人员穿着带橡胶衬里的斗篷之类的防护服,对工作的危险性一清二楚。实验室里不时有人提起隔离封闭室:万一受了感染,你就会被关在封闭室密不透风的大门内,想要出来是绝无可能。有两位科学家在工作中不慎感染,他们死后被火

---

① 1613 年至 1917 年统治俄罗斯的王朝,是俄罗斯历史上第二个也是最后一个王朝。

化，焚尸产生的热量在室内充当暖气。

实验室里有一位流行病学家伊波利特·德明斯基（Ippolit Deminsky）医生，想破除当时一种仇外的说法，即鼠疫是由外国人带进俄国的。于是他长途跋涉来到俄罗斯干草原，在当地的动物身上寻找鼠疫。他在一只地松鼠的尸体上分离出了病原菌，却在此过程中不慎感染。他给同事发了份电报，电报中写道："请来取我分离出来的培养物。实验记录都已备妥……我的尸体要作为人类通过地松鼠感染鼠疫的样本，务必做好检查。再见。"

到1981年，该城堡已被百余个实验室取代。它们表面上是在研发制备疫苗，暗地里却另有邪恶的目的。

把恐怖的疾病用作武器的想法可谓源远流长。1346年蒙古人围攻黑海沿岸的卡法城，将沾有鼠疫的尸体投入城内。幸存的市民带着病菌向西逃亡，据说，就是他们把黑死病带到西欧，引发了人类历史上最惨重的浩劫。生物武器是种特殊的武器，一旦使用就极难遏制。

长久以来，炭疽都是生物武器制造者的不二之选。这是一种传染性极强的细菌性传染病，会由牲畜传给人类。维吉尔[①]就描写过它的恐怖："她在畜群中散播死亡，在厩栏里垒起尸墙，尸首腐败，臭不可当……直到人类将它们在沟壕里埋葬。"他还注意到了一个现象：如果有人穿上染病的兽皮，他就会"发烧起泡，整个人被邪火吞噬"。在之后的几个世纪里，人们都将这种疾病称作"羊毛工病"，因为它曾在一家地毯厂里让一百多名毛毡工人病倒。

---

① Virgil，前70～前19，古罗马最伟大的诗人。

第二次世界大战打响前的几年，有几个国家在疯狂地研发生物武器。日本人制造了一种陶瓷质地的炸弹，内装炭疽孢子，它轻触即碎，能在不损坏孢子的前提下把它们散播出去。日军将俘虏分成10人一组，在他们身上试验这种炸弹。细菌战提供了大规模人体试验的绝好机会，炭疽也成了第一批大规模杀伤性武器中的一员。日军在满洲的对华作战中使用了炭疽炸弹，感染了成片的城镇和村庄。不料老天恶作剧，风向逆转，万余名日本兵感染，近两千人死亡。日军还给战俘分发带菌的巧克力，好让他们把疫病带回家乡。

幸好德国人当初没有使用生物武器，否则英国人便会以牙还牙：索尔兹伯里的家庭主妇们在一家废弃的肥皂厂里制作了500万块夹有炭疽孢子的饲料饼。12架兰卡斯特轰炸机则预备着将这些毒饼投向德国。用炭疽杀死敌方牲畜，用鼠疫毒害敌方士兵，这都是丘吉尔极力主张的战术。

比起重口味饲料饼，还有一种更可怕的炭疽传播方式。接触受感染的动物或其毛皮会染上皮肤炭疽，造成恶心的皮肤溃烂，但致死率只有20%。食用感染动物的肉比较危险，死亡率50%。但最致命的还是吸入炭疽孢子，它会导致全身严重感染，死亡率高达90%。因此，通过空气传播炭疽成了战时研究的焦点。

保罗·费尔德斯（Paul Fildes），英国细菌学家，也是波登当实验室[①]第一任主任。他在1942年计算了一次战略袭击所需的炭疽数量。由于实验室附近的居民区不支持炭疽战，研究人员只得

---

① Porton Down Lab，位于英格兰威尔特郡索尔兹伯里附近的波登科学园区，是英国国防科技实验室的总部。

在苏格兰外海的格鲁伊纳岛做空气实验。实验之前,岛上仅有155头羊,炭疽炸弹一来,岛上便彻底死寂。根据费尔德斯的计算,同等重量下,相比于当时的任何一种化学武器,炭疽的威力最多可强大一千倍。

1943年,美国启动生物战计划,生产出了7000枚填装炭疽的炸弹。到战争结束时,美国有一家工厂每开动一次生产线,就能制造出363公斤浓缩的炭疽液。这些产品从未投入使用。

大战结束了,对细菌战的恐惧却挥之不去。为了研究炭疽孢子的扩散规律,美国科学家用无害的粉尘代替孢子,在华盛顿机场和纽约地铁散播,还用飞机在旧金山湾区空投。1963年,他们又在另三个城市演习了类似的空袭。

炭疽向来被认为是恐怖分子可能使用的武器。它是穷人的"脏弹",而且按专家的说法,制造起来也不怎么困难。根据1993年一份报告的估算,假如一条上百公斤重的孢子云在华盛顿顺风播撒,将造成500万以上的人畜死亡。事后,为地面消毒也是件规模庞大的工作。英国的那次实验之后,格鲁伊纳岛检疫隔离了整整五十年,期间任何人都不准涉足。但即便如此,岛上还是能找到可以发育的孢子,当局为此不得不移除了污染最严重的土壤,又在其他区域喷洒了280吨甲醛和2000吨海水,才将炭疽彻底消灭。小小一个岛屿,清理却花去了九年多的时间。

2001年,美国人的恐惧化作了现实:佛罗里达一家报社的图片编辑打开了一个信封,发现里面装着白色粉末。四天后,他因吸入炭疽而身亡。在过去的一百年中,全美的炭疽吸入事件只有寥寥18起,但佛罗里达事件之后,数天内又有几封炭疽邮件被送到了新闻主播和政治家的办公桌上。华盛顿邮件分拣总站的几位工作人员病倒，分拣站和众议院都关了门。

疾控中心（CDC）派遣了 80 位调查员赶赴现场。美国国家广播公司（NBC）的所有办公室都隔离"扫毒"。参议院的空调系统中发现了孢子，两个楼面被封锁清查，可能遭受感染的人数超过 400。这些人都接受了鼻腔采捡，由调查人员培养和检查样品中是否含有炭疽病菌。

一个发烧两周的妇女问疾控中心的一位负责人，自己如果感染了炭疽，是不是这会儿早就死了？负责人安慰她说是的，早该死了。另一个男人抱怨老婆因为疑心他感染炭疽而不让他上床。调查人员的建议是让他老婆编个新借口。

结果有 22 人被感染，其中有几个只是碰到了信封，因此感染的是不那么危险的皮肤炭疽。其中 5 人不幸丧生，但投毒者没抓到。

联邦调查局花了大约七年时间才锁定嫌疑犯。从死者身上取得的 DNA 显示，炭疽菌株的源头是马里兰州德瑞克堡的陆军传染病医学研究所。制备并维护这一菌株的是布鲁斯·艾文斯（Bruce Ivins）博士，他领导的小组负责研发炭疽疫苗。据说，艾文斯曾在卷入对炭疽信封的调查时给 FBI 寄去了"有缺陷的"样品。邮件袭击发生前几天，他还在电子邮件中说本·拉登手下的恐怖分子能够得到炭疽。在得知自己即将面临起诉后，艾文斯服用过量止痛药身亡。他的死给调查画上了句号，也自然为种种阴谋论拉开了序幕。用一位 FBI 特工的话说："阴谋一直像孢子一样在传播。"

德瑞克堡的这家研究所正是美国生物武器的研发中心，有着最高的安全级别。按照规定，研究致命微生物的科学家必须精神正常，情绪稳定，身体健康，值得信赖。而这与 FBI 对艾文斯的描述大相径庭。据称艾文斯曾向朋友坦白说自己有可怕的偏执狂。他的心理医生也将他归为"有自杀倾向的反社会人格"。他兄弟则说他觉得自己就是上帝。我在一家安全级别很高的实验室的门上见过这么一块标牌，上面写着：

注意！里面有疯子

而史蒂文·哈特菲尔（Steven Hatfill）的怪事让我们对德瑞克堡审核程序的有效性又有了更多了解。哈特菲尔在该研究所拥有很高的安全级别，能接触到致命的炭疽、埃博拉和鼠疫样本。他在炭疽袭击案中被指认为"利害关系人"，但没有遭到起诉。而后他控告美国司法部，并获赔首付 240 万美元以及此后 20 年每年 15 万美元。

事后纽约的《种子》杂志和英国的《观察家报》联手开展调查，结果发现哈特菲尔那份完美的简历其实没那么准确。他并非毕业于他自称的那所大学，既不是皇家医学会的成员，也不在 SAS（英国特种空勤团）和 NASA（美国国家航空航天局）的成员名单里，他那些知名教授的推荐也全是伪造的。显然，那些头脑灵活、善于虚构资质的人在职业上有着大好前程；而如果他对致命病菌感兴趣，那就更有优势了。

光是在美国，就有大概 400 家实验室的 15 000 人正在处理危险的生物样品。在德瑞克堡，已经有四名员工死于意外感染，其中两人死于炭疽。当地有三条街道以三位死者命名，以兹纪念。

一般人都想当然地认为，像这样危险的研究活动肯定有严格的监控。然而就在 2007 和 2008 两年，就有好几家研究机构没能采取充分的安全措施，有几家甚至让不具备资质的人员处理炭疽和埃博拉病毒。另几家则没有通报实验室中发生的感染事件。每家研究所都会设立内部委员会评估实验室安全，但其中一些形同虚设：某研究所对再造西班牙流感病毒的课题进行审核时，委员会竟认为没有必要开会讨论，尽管这种病毒曾杀死过全球人口的2%。美国加州的一家儿童医院的研究人员曾受到炭疽的威胁，原因是医院向供应商订购死的炭疽样本，而供应商却错送了活菌来。2005年，另一所实验室在发送4000套病毒测试试剂盒时，由于疏忽大意而在里头混入了一种亚洲型流感病毒；而这种病毒曾经导致上百万人死亡。

也许有人以为，英国的800所大学、研究所和商业实验室的安全措施情况总会好点儿。但2008年爆出的一条新闻却表明情况不容乐观：负责政府部门安保的那家公司甚至对自己的员工都不加审核。情报部门军情五处和军情六处宣称，他们已经截获了一百名可疑分子，这些人表面上是研究生，实际目的却是掌握生物毒素和化学毒素的有关技能。其中有一位丽哈卜·塔哈（Rihad Taha），在英国拿到的博士学位，别名"细菌博士"，她一手创办了萨达姆·侯赛因的生物武器项目。

管理得再好的实验室也不乏事故。安娜·帕布斯特（Anna Pabst）死于脑膜炎，起因是在她给实验动物注射时，扭来扭去的动物把血清溅入了她的眼睛。杰夫·普拉特（Jeff Platt）在给豚鼠注射埃博拉病毒时不慎扎到拇指，他立即脱下手套，挤出血液，并用漂白剂清洗伤口。虽然重病一场，但及时的处理总算让他保住了性命。2009年，又有一位德国研究者不慎用装满埃博拉病毒的针头扎到了自己。她给自己打了一剂尚在实验阶段的疫苗，幸免于难。

individual人造成的意外仅仅危害个人，但机构造成的危害就完全不同了。20世纪40年代有过这么一家美加合办的生物武器实验室，自成立起就麻烦不断。大概是因为选址太过偏远，实验室内始终士气低落，人心惶惶。那里的科学家一口咬定有苍蝇在餐厅的食物里散播炭疽。但真正的问题在于马马虎虎的安全措施以及频频发生的意外事故。还好，实验室在酿成大祸之前就关门大吉。但还有些地方就真的惨了。

1979年，苏联的乌拉尔地区爆发了炭疽疫情。事发地点斯维尔德洛夫斯基（现已改回原名"叶卡捷琳堡"）是座历史名城，1918年沙皇尼古拉二世及其家人就是在那里被杀；1943年，当地的兵工厂造出了T-34坦克，使苏联抵挡住了德军的入侵。而疫情爆发后，它又成了国外流行病学家的焦点。苏联官员宣称，之所以会爆发疫情是因为当地人吃了受到污染的肉制品。他们还声嘶力竭地强调，苏联绝不会因为此事违反有关禁用细菌武器和有毒武器的国际公约。国外的观察家可不信，但也一直要到十三年后，苏联搞起了"公开性"改革，美国的调查团队才有机会到斯维尔德洛夫斯基实地考察1979年的那场疫情。

调查团一到事发地点，就有前来迎接的官员告诫他们"切勿惊动橱柜里的骷髅"①。团员们听说真有等着大白于天下的"骷髅"，备受鼓舞。每有灾难来袭，政府的第一反应就是扯谎。当洪水在另一个俄罗斯城镇冲出了被处决的异议分子的尸骨，当局以一句"动物骨骼"糊弄过去。因为没人相信，当局又改口说成是逃兵的尸体。类似的，当年格鲁伊纳岛上一头死于炭疽的绵羊

---

① 此处指谚语"家家橱柜里都有一具骷髅"，意为不可张扬的家丑。

被海水冲上苏格兰大陆，感染了一群当地绵羊，致使羊群被全部杀灭。英国当局却编了个难以置信的故事，说那头病羊是从一艘希腊船只上扔进海里的。

在斯维尔德洛夫斯基的调查遭遇了重重阻碍，因为苏联内阁早已经命令克格勃把病人的记录全部销毁了。骷髅不仅仅是在拍打橱柜的大门了，而是手舞足蹈地想要破柜而出。一组病理学家勇敢地给42名遇害者做了尸检，唯一的"防护措施"就是一层纱布口罩。庆幸的是，他们获取了每一具遗体的组织样本与尸检照片，发现了吸入炭疽的典型症状。那么，这阵炭疽粉尘会是从哪儿来的呢？

美国调查团绘出了各个受害者在第一位受害者病倒前的几天里所处的确切位置。他们发现，几乎所有受害者都位于一条沿西北—东南向分布的狭长地带。当时有动物死于炭疽的六个村庄也都在这个地带。这个地带的北端是19号军事基地。出事的那天，该地带恰好完全位于基地的下风口。由此推断，是有一股炭疽孢子粉尘从基地某处释放了出来。有5个受害者原本住得很远，但事发当天，他们不巧在致命地带参加预备役训练。

在19号基地华丽的大铁门后面藏着一间实验室，表面上是在研发针对炭疽在内的致命疾病的疫苗。检测这些疫苗通常需要在动物体内注射疫苗，然后让动物接触"挑战"疫苗的疾病菌株。这类实验要在密闭的房间进行，实验结束后，受到污染的空气应当经过有效过滤，除去病菌。而过滤装置就得妥善保养。

基地中有9人死于炭疽感染，城里还死了60人。多数遇难者在首次出现症状后的三天内死亡。死亡的总人数算是很低很低的，也许可以说明泄露的炭疽量很少，但也有可能是当局的及时反应大大降低了受害者人数。事发后,八成的当地居民接种了炭疽疫苗和各种抗生素,建筑物用消毒药水彻底清洗,数百条流浪狗被击毙,遭受感染的家畜也被屠杀焚烧,健康的动物全都接种了疫苗。遇难者的尸体被塞进填满含氯石灰的棺材中草草埋葬,葬礼之类一概没有。

奇怪的是,这些善后工作中并没有军方的身影。他们始终躲在营房里没有露面。许多遇难者家属坚信疫情和19号基地围墙后面发生的事情有关。但军方一直既无解释也无道歉。《消息报》上倒是刊登了实验室一位匿名员工的来信,那人说自己的研究是"爱国的",而疫情则是一桩"意外事故"。

1992年,叶利钦总统在头脑清醒的状态下就那起炭疽疫情谴责了军方,还命令克格勃主席将19号基地中用于细菌战研究的设施尽数拆除。但结果无非是把这些设施挪了个地方继续运行。叶利钦还下令给炭疽事件受害者的家属下拨特殊国家津贴,但据说没人收到过一个子儿的卢布。

八　危险的光亮

The Unhealthy Glow

无形的东西伤不了你。

——我母亲有无数毫无道理的老话，这是其中之一

科学家个个是侦探，寻找线索解决谜团，盘查可疑的情报，探索未知的一切。这未知往往不为人所见，却有着无形的力量一直深深吸引着人类。

文艺复兴时期的内科医师帕拉塞尔苏斯[①]属于最早一批着迷于磁性的医界人士。他拿着磁石说是要把病人的病转移到发芽的种子上。他还催生了一批又一批追随他的"磁疗"术士。

那时候流传着一个愈合刀剑创伤的妙方：将刀刃磁化后浸在由伤者血液、两盎司（约 60 克）人油脂、小偷被绞死后其头顶上的苔藓三者的混合物中。要是吊人的穹窿顶上苔藓已被采光，那么最后一样东西省去也罢。至于疝气，有内科医师开过这样的处方：铁粉与磁石粉混合，吞服。让吃进去的磁铁与体外的铁器接近，就能把疝气拉回体内。

[①] Paracelsus，约 1493～1541，欧洲医生，也是炼金术士。

18世纪70年代，有位大名叫作麦克斯·海尔（Max Hell）的天文学教授因为能用磁铁在病人身上治疗各种毛病而名声大噪。于是无数庸医有样学样。不过也有人就方法学表示了怀疑，告诫蜂拥而上的从业者切勿在爱追根究底的人面前表演这套磁疗术。

18世纪最有名的磁疗师要数弗朗兹·安东·麦斯麦①。按照他的理论，扰乱人体神经系统的磁"流"只有用磁性来医治。他宣称自己只需挥动双手就能磁化任何一人。他把我们今日所说的催眠状态称为"动物磁性"。他的个人磁性与表演技巧吸引女士们纷纷前往他在巴黎开设的诊所。顾客们围坐在一只巨盆的四周，喝着磁化水，用磁棒轻抚自己。然后他们之间以绳子相连，手拉手互相按压膝盖以确保磁流贯通。

身穿淡紫色长袍的麦斯麦挥动着一根棒子飘然而至，好似磁性版梅林②。俊美的年轻人温柔地按摩着女士们对磁性最敏感的部位，直到"她们面颊飞红"并且"幻想燃烧"。许多人陷入"磁性的迷幻"。

麦斯麦渴望能得到科学界的认可，但由拉瓦锡和本杰明·富兰克林等科学家组成的委员会最终认定这是种互相感染的歇斯底里，揭露了磁性巫术的真相。一袭淡紫色长袍的麦斯麦落荒而逃。

在他的效仿者中，有一位利用"磁性（催眠）产生的梦游症"把病人们串在圣诞装饰一般的磁化树上。美国的珀金斯（El-

---

① Franz Anton Mesmer，1734～1815，奥地利精神科医师。
② Merlin，亚瑟王传奇中的魔法师。

isha Perkins）医生为他的"磁化牵引器"（拉长的磁铁）申请了专利，说是拿这东西在病人皮肤上进行牵引就可以抽取出病痛，甚至能纠正畸形。"治疗"可真够成功的，为此医疗注册机构将他除名。珀金斯为了证明自己的实力，在纽约爆发黄热病时冲去拯救市民，很快染病一命呜呼。

他儿子本·珀金斯（Ben Perkins）逃到伦敦，以5几尼①一个的价钱兜售磁性牵引器。他向顾客们承诺"风湿病一用即好"。一位持怀疑态度的医生发现，表面涂成金属色的木制牵引器与珀金斯的牵引器效果一样。他以《导致身体不适并作为治疗方法的想象：以假牵引器为例》为题发表了一篇报告。不过，一个无可争议的事实是，磁性能治疗穷困：本·珀金斯回到宾夕法尼亚时兜里揣着10 000英镑，而麦斯麦离开巴黎时拥有34万法郎。

倘若他们得知今日的我们能够利用电磁看清身体内部最细微的结构，还能辨别出癌变组织和健康组织，一定十分震惊吧。我们称其为磁共振成像技术（MRI）。摇钱树啊！他们怎么就没想到呢？好吧，得有磁场比地磁场大10万倍的磁铁才行。雷曼·达马迪安②是MRI扫描仪的发明者，因为不确定人体能不能经受得住这么强的磁场，这位勇士头一个接受了全身扫描。

这种扫描仪还需要极大的电力，而话说回来，正是电的发现让磁"疗"失去了吸引力。18世纪30年代时，研究人员了解到人体是可以通电的，只要和地面绝缘便安全无事。有幅当时的法国蚀刻画，描绘了一个被绳子吊起来的年轻人，悬空的双脚触碰

---

① 一种英国金币的名称，铸造于1663年至1813年，这种金币原来由几内亚出产的黄金铸造，1个几尼相当于21个先令。

② Raymond Damadian，1936年出生于美国。

着发电机——很可能是旋转着的硫磺球,指尖则对着实验者手执的棒冒出火花。男孩的面部呈现痛苦的表情。

据说痴迷于此的路易十五曾让修道士手拉手排成一串,并与一排庞大的电池组相连形成环路。效果"十分惊人"。受惊的修道士们被证明是优良的导体,虽说生活与世隔绝,手舞足蹈起来仍然有模有样。

古人很早就相信电应该有些疗效。罗马皇帝克劳狄(Claudius)的宫廷医生曾建议把电鳐放在头上来治疗头痛。这个建议实在不足取,因为别人会误以为那是顶傻不拉几的帽子,而这傻帽子又会放出220伏的电,让你从此对帽子敬而远之。

18世纪的英国人也开始迷上了电。一名颇有科学知识的议会成员让27名志愿者与一条电鳐串联在一起,他们感受到一阵毕生难忘的震颤。其结果"电力十足","不断发出耀眼的"电火花。庸医们来到了电的天堂。一个苏格兰内科医生鼓吹他的"电浴"优点多多——这种组合通常会置人死地。还有人利用显现出五种颜色的电流来治病。连著名的约翰·卫斯理神父①都有一部"电治疗仪"。

若论"庸医之王",按海马克特剧场(Haymarket Theatre)上演的时事讽刺剧来说,非詹姆斯·格雷厄姆(James Graham)莫属。他的"伦敦健康神殿"于1780年开张。神殿提供一种令人神魂颠倒的混合疗法,包括磁疗、泥浴和不同寻常的震颤,其中的震颤用诗人骚塞的话来说是"以一种无耻得令人难以启齿的

---

① John Wesley,1703~1791,英国18世纪著名的基督教牧师,卫斯理宗(Methodist Church)和卫理公会的创立者。

方式败坏电的用途"。有位衣着挑逗的"青春健康女神"值得一表。她无疑吸引了威廉·汉密尔顿爵士（William Hamilton）的目光，故而被他扶为汉密尔顿夫人①；而后独眼将领纳尔逊（Nelson）又对她青眼有加。

此处的另一道大菜（*pièce de least résistance*）是圣床（Celestial Bed）。圣床承诺让顾客"欲仙欲死"、"迷醉销魂"以及"快速受孕"。接通电源后，圣床发出一阵嗡嗡的电流声，程序开启。床是绝缘的，能避免"无谓的电器火灾"。床垫每振动一下都会激起一阵节奏越来越快的管风琴似的声音。

床本身据说成本高达 10 000 英镑，令人咋舌。要想收回成本，想必顾客每 50 美元爽一回的话要爽到床垫烂了一床又一床才行吧。后来神殿在伦敦成了伤风败俗之地，遂破产。格雷厄姆开始亲身试验"土浴"疗法：把自己埋进泥里，一直埋到脖子根。为寻求理想而丧失了理智的他以挨饿绝食来延年益寿。他曾向神殿的主顾们承诺活到一百不成问题，结果他自己五十岁也没活到。

电疗术士一直到了 20 世纪还在活动。20 年代有个叫威尔希尔（Gaylord Wilshire）的美国富人生产一种从电灯插座中充电的"磁化药水"。又过了二十年，另一个美国人威廉·赖希②开始从迷人的蓝色阴影中发放一种叫做"倭格昂能"（自然力，orgone energy）的电磁力。倭格昂能据说是用来充实生命力，提高性欲冲动的。他还向卧床不起的病人兜售产生自然力的"能量储存

---

① 见第 11 页注①。
② William Reich，1897~1957，出生于奥地利的美国心理学家，心理分析家。

器"。这玩意儿怎么看怎么像毯子。

但那时候确实已经有一种电疗成为了主流。这种电疗不会带来刺痛但会造成抽搐,一开始叫做"电休克治疗",因为听起来着实吓人,便改成了"电惊厥治疗",我觉得还是挺可怕的。所以大家一直都用简称 ECT。

此疗法是在头上放置电极,电极发放一阵很短的电流,但强度足以加速病人抽搐使之陷入昏迷。它往往会造成一定程度的失忆,常在其他方法对付抑郁症无效时登场。

等到 1980 年,电击病人大脑的做法已经持续了 50 年后,对 ECT 的使用和效果才有了全面的调查。医学期刊《柳叶刀》对该调查的态度十分鲜明:"英国每个精神病专家都应该阅读这篇报告并为此感到羞愧。"该调查揭露了一系列过失:仪器失修,缺少培训甚至从未接受过培训的技术员随意武断地控制电击持续时间。鉴于失忆程度与流经大脑的电量有关,后面这点尤其令人担忧。有些研究表明,只用一根电极比用两根电极造成神志不清和失忆的程度要轻。尽管如此,八成的临床诊疗却一直在用两根电极。ECT 甚至还被用于"治疗"同性恋。受访的精神病学医生中有 16% 的人承认,即使病人及其家属拒绝接受 ECT 治疗,他们还是会照用不误。此事的后续令人难安:二十年后针对 700 名病人的调查显示,59% 的病人是在自己并不同意的情况下接受的 ECT。

1979 年,就是第一篇综述发表的那年,英国有 20 万例 ECT,每个病人接受 4 至 8 次电击。绝大多数精神病学医生赞成该疗法,然而其何以竟会有效就不明白了。

按第一篇报告的描述,经受电击是种"有辱体面且令人恐惧"的体验,或许培养精神病学医生时应当让他们接受至少一次

ECT，任何一个非让别人承受这滋味的人都该尝尝。然而，假如说有些人是无意中拿病人做了实验，还有些人却是为了建立自己的声誉而有意为之。

19世纪40年代，法国人杜乡（Guillaume Duchenne）为了研究人类表情的生理学机制，让面部肌肉以不同方式收缩来反映各种情绪。他的方法是，说服一个傻老头在有电极触碰面部时采取一种平静的表情。

在他同时电击两组肌肉后，老头产生了"惊人逼真的面部表情，那是因恐惧而目瞪口呆……惧恨交杂"，好像一个人正等待着"无法逃脱的折磨"。接着，他刺激眼睛正上方的"痛苦肌"，恐惧的模样里糅合了痛苦的表情。杜乡拍下照片证明他确实如自己所言再创了"受诅咒的面孔"。

杜乡称自己的实验为"活解剖"，而不认为扭曲老头"粗糙面孔"的"单调表面"是对他的虐待。他明明可以在自己脸上做实验，但大概他觉得自己的面相太精致，不像那老头有着"平凡的特征"。杜乡曾说，"如同操弄一具还能发脾气的尸体"。杜乡试过让死尸再现表情，可是发现和在活人身上做实验比起来那太不愉快了。我很难相信，一个真心拿自己做实验的人会像杜乡那样瞧不起自己的实验对象。

过了九十年后，麦吉尔大学的埃文·卡梅伦（Ewen Cameron）医生注意到了ECT会引起失忆这一点。他想要清除并再建人的思想；而美国中情局也对洗脑的可能性大有兴趣，遂慷慨解囊提供经费。卡梅伦未经病人准许"清空"了53名精神分裂症患者。过程包括每周服用四次致幻剂LSD，每天两次电击治疗，最后每人达到30~150次治疗。这远远超出一个病人正常情况下能够承受的程度。

有些长期抑郁的病人陷入 ECT 引起的昏迷,在昏迷的 86 天中还受到无休无止重复播放的录音轰炸。卡梅伦称之为"精神驱动"。他录下病人自己说的话然后回放给他们听。大多数是些消极的想法,比如:

"我痛恨一切。这让我非常生气。我还不如走,去做点傻事。"重复 30 遍。

"我恨,我恨死了。"重复 35 遍。

"我好孤独啊。"重复 45 遍。

有些人同一句话要听 20 多万遍。在这种听觉攻击下,病人受到的干扰逐渐增大,这一部分结束后他们还会抽搐不止。

到最后病人的记忆被一扫而空,有些病人精神彻底崩溃。他们的自我感丧失,无法说话,也不能独力吃饭。这些受害者没有回忆,前途渺茫。

卡梅伦自己却是前途坦荡。他后来承认这十年走了歧途。他的病人记录被毁掉。1967 年卡梅伦逝世时还享有着学术荣誉。

无形的力量也会有危险。无数人触电身亡,原因往往是缺乏警惕。有一名男子曾在电视节目上把手指伸进电源插座以展示身体的绝缘性,最近却因为在检修发电机时懒得切断电源而被电死了。

我们都知道,大型派对和迪斯科舞会上的高音量正在破坏年轻人的听觉,但声波还可能造成比这大得多的危险。伽弗劳(Gavraud)教授工作时老觉得恶心,他把原因归结为附近一间空调机房的低频震动。为研究这个现象，他专门建造了一台由压缩空气驱动的庞大机器，能发出频率很低的"次声波"。

伽弗劳运气不错，助手第一次启动机器时，他正好站得远远的。那位助手当即倒地身亡，死因可能是高强度震动导致自主呼吸骤停；但也有人称，那位助手的内脏被震成了凝胶状。人都有好奇的天性，但没有人比科学家更好奇。

1895年，威廉·伦琴（Wilhelm Röntgen）在研究阴极射线时，注意到旁边的工作台上有发亮的绿光，光源是一张涂了含钡化合物的纸。他明白这不可能是阴极射线造成的，因为阴极射线只能在空气中传播一小段距离，而且阴极射线管始终包裹在厚厚的黑色卡纸内，目的就是防止射线外泄。所以绿光一定来自别的什么无形射线。他用一本厚书、两包卡片、一块金属薄片做了几个小实验，发现这些东西都无法阻挡射线。伦琴将这种新发现的强大力量命名为"X射线"。

无意间，他把手放到了射线管和纸张之间，投下一个影子。这个诡异的投影却不是他的手，而是他手上的骨骼。这超自然的景象让伦琴心慌意乱，他立刻停下了研究，一直等到圣诞休假、实验室里没有别人时才回来继续。他狂热地工作着，完全沉浸其中，让他的妻子不免担忧起他的精神状况来。但是，等她看到丈夫展示的一张相片时，终于理解了他如此兴奋的原因。那是一张X射线片，透过封闭的木盒子，能看到里面装的铅制砝码。这种射线的穿透性之强，超过了过去发现的任何一种光线，但伦琴夫人还是自告奋勇成了第一个接受X射线照射的人。拍出的相片上有一只手的骨骼，上面还戴着一枚戒指。骨骼和金属之类的致密物体能在X射线中显形，这是因为它们能够阻挡部分射线，但只有铅能完全阻挡住它。

翌年1月，伦琴发表了一篇论文，题目翻译过来就是《一种新光线》。这种透视光线立刻登上了各大报刊的头条。舆论闹得沸沸扬扬，最后，伦敦的《帕尔摩报》甚至宣称"厌倦了伦琴射线"。公众担心这种射线会穿过衣服，使自己一览无余。有家勇于创新的企业顺势推出"防X射线内裤"。

> 伦琴光线，
>
> 神奇出现，
>
> 目眩神驰，
>
> 惊呼连连，
>
> 现今眼下，
>
> 街议巷言：
>
> 管你穿的是长袍短褂还是丝绸毛线，
>
> 难遮难挡的伦琴射线让你原形毕现。

伦琴的论文发表后，X射线机在几个月内迅速问世，并用于骨折和胆结石的诊断。不久之后，病人开始吞铋，后来变成吞钡，为的是让肠道内壁在X射线下显影。生产速溶乳制饮品的好立克公司（Horlicks）做起了钡餐生意。

人们很快就发现，X射线能灼伤皮肤，但更糟的还在后头。X射线是一种电离辐射，能对身体造成根本性的伤害。它会杀死细胞，或造成细胞的不可逆变化。而这又会导致不育、癌症以及DNA损伤，对后代造成严重影响。损伤程度和剂量有关——暴露越久，危险越大。早在1897年5月就出现了69例X射线造成的伤害事件，受害者全是操作X射线机的技术人员。不管他们知不知道，他们都是在自己身上开展了致命的实验。

爱迪生（Thomas Edison）曾在工作中使用过 X 射线机，后来不用了，因为"差点丧失了视力"。他的一位助手克拉伦斯·达利（Clarence Dally）的情况更加糟糕。他双臂溃烂，但医生居然接着给他照 X 射线，说是能"愈合"伤口。结果他不得不接受截肢手术，一年后去世，年仅三十九岁。

这可不是痛快的死法，考克斯（Cox）就是个例。考克斯在南非战争中负责保养军队外科的 X 射线机，后来病倒。一个探望过他的朋友这么说："我从未在人世间见过如此悲惨的情景。"用他的话来说："考克斯过去六年里都忍受着剧痛。他的惨状已经无法用语言描述……可怜的考克斯，他的健康每况愈下，已绝对没有康复的可能；他失去了右臂，左手也已萎缩，几个手指都已坏死，完全丧失了行动能力。"此外，他还得了"蚕食性溃疡"，"面颊和下巴被癌症大肆侵袭"。他的妻子要花上两小时才能包扎他"严重变形的面部"。

医学期刊开始为"献身科学"的放射科医生和 X 射线照相师留名。其中包括沃尔特·坎农（Walter Cannon），就是他第一个用不能被射线穿透的化学物质和珍珠扣研究了喉咙和胃的内部机能。伦琴没有上榜，也许是因为他始终将 X 射线管放在金属盒中。

在献身者名单中，技术员首当其冲。一来是因为他们没有防护衣可穿，二来早期的 X 射线管很少有遮挡。病人也冒着承受过量辐射的危险。1912 年，有人把 X 射线管描述成"一台变化无常的装置，不可能估算出放射剂量的大小"。为了确保成像清晰，病人暴露在射线中的时间长得不可思议。首次利用 X 射线找出人体内异物（一颗子弹）的记录发表于 1896 年，那位伤员在 X 射线中暴露了 2 个多小时。有个五岁女孩因体毛过盛接受了 X 射线治疗，每天照射 2 小时，持续 16 天。她背上的毛发的确脱落了，但取而代之的是一大片溃疡，并且无疑是恶性的。这类治疗让数以万计的女性身上留疤，或者患上癌症。直到 1949 年，最后一台用于脱毛的 X 射线机才宣告退役。

毫无必要地接受了 X 射线辐射的人不知道有几千。早年的照相馆提供过拍"骨像"照的服务。甚至在我小时候，许多鞋店还有所谓的"望脚镜"，就是用 X 射线透过鞋子来看鞋子合不合顾客的脚。孩子们都喜欢把眼睛贴在目镜上，观看自己脚趾的骨头。

1906 年，有个男人要求自己的未婚妻在婚礼前接受 X 射线照射，以确认她的身体内部是健康的——兴许是因为谈恋爱的时候没能获准进入她的身体内部吧。未婚妻拒绝了，男子取消婚约。她到法庭上告他违约，赢了一笔不菲的补偿金。

X 射线问世后不久就在法庭上大显身手，它可以用来确定滑稽戏女演员的工伤赔偿，证明医生的玩忽职守，裁决丈夫的杀妻之罪，还能揭发恐怖分子藏匿在可疑包裹中的炸弹。

甚至还有侦探建议用它在离婚案中确定不忠行为，一本电器杂志还仔细研究了这到底要怎么用法："我们猜想，他是想用 X 射线寻找俗话说的'家家橱柜里都有骷髅'。[①]"

有一位法官拒绝将 X 射线片列入证物，因为"没有证据表明这种东西是合适的证物，就好比出示幽灵的照片，是不可接受的"。1896 年 12 月，丹佛市的一位律师在庭上一连发言 3 小时，

[①] 见第 107 页注①。

力陈 X 射线之不可信。对方律师则带了台 X 射线机上庭，扫描了几位陪审员的手掌，以证明这种技术真实不虚。最后法官裁决如下："现代科学让我们得以透视人体组织……本庭认为有责任首开先河……将这种确定的科学技术列为本庭可接受的证据。"

居里夫妇对这些法律没兴趣，他们关心的是物理、化学的法则和定律。就在伦琴发现 X 射线的那一年，皮埃尔·居里（Pierre Curie）因磁学的研究获得博士学位，并与玛丽·斯可罗多夫斯卡（Marie Sklodowska）结婚。玛丽是波兰留学生，曾在巴黎的一间为艺术家准备的阁楼里艰难度日。他们的结合造就了科学史上一对伟大的合作伙伴。

当时，亨利·贝克勒尔（Henri Becquerel）刚刚从铀中发现了一种新的辐射。居里夫妇决定来研究这种新的射线。玛丽干的工作拿不到工资，唯一能找到的一间屋子是医学院学生不要的，在那里解剖尸体都嫌寒酸。有访客说它是"马厩和土豆棚的杂交"。

玛丽发现，铀的不同化合物都会放出辐射，因此很显然辐射和其化学组成无关，而是原子本身的属性。她将这种属性称作"放射性"。

铀元素是在一种名叫"沥青铀矿"的矿石中发现的。几个世纪以来，这种矿石都在暗中杀死矿工。当玛丽的实验室迎来第一吨沥青铀矿时，她激动地将双手插进这堆棕色的矿石中，让石块从指间滑落。

玛丽设计出一种测算辐射量的方法。她惊讶地发现，沥青铀矿有非常强的放射性，按照其中含有的铀成分是根本说不通的。于是，她开始在矿石中寻找其他具有强放射性的成分。这项工作比她预想得还要艰难，因为这种元素在矿石中的含量仅为十亿分之五。但她最终还是分离出了这种元素，并用祖国波兰给它取名为"钋"①。但就算是钋，也还是无法解释矿石的高放射性。她确信其中还有第三个放射源，她在没找到之前就给这种元素命名为"镭"。

要分离出镭，就需要将矿石在大桶里不断煮沸、冷却，以此获得越来越纯的晶体。玛丽说，她常常"整天举着根和我一般粗大的铁棒在一大锅沸腾物里搅拌，直到累垮为止"。8吨沥青铀矿里，最后只分离出了0.1克镭。

玛丽发现了两种新元素，也是法国历史上首位获得博士学位的女性。像伦琴一样，她没有给自己的发现申请任何专利，因为那样就"违背了科学精神"。

一到夜里，装着镭的试管就在架子上发出荧光，"就像是精灵发出的微光"。根据皮埃尔的描述，这种蓝色光"如果放到书页边上，还能就着它阅读，当然了，试管里只有很少一点镭"。镭这种元素，既迷人，又致命。它既能发光，也会发热，放射性比铀强上了100万倍。

玛丽把装有放射物质的小瓶放进衣袋后，皮肤就被灼伤了。皮埃尔也在手臂上绑了一小块，结果那一片发展成了顽强的溃疡，这说明镭就是灼伤玛丽的元凶。他还在大鼠和豚鼠身上做了几次实验，让它们暴露在镭散发出的氡气当中，结果这些动物全死了。夫妇俩这下意识到了危险性，哪怕是呼吸了实验室中的空

---

① 钋的英文名为"polonium"，拼法近似波兰"Poland"。

气也是危险的。但科学发现的兴奋推动着两人继续前行。玛丽曾说:"生命中没有可怕的东西,只有等着我们理解的东西。"

1903 年,居里夫妇共同赢得了诺贝尔物理学奖,但他们无法到斯德哥尔摩领奖,因为玛丽得了贫血症。这可能是镭辐射引发的第一个症状。另外,她还流产了。

后来,在皮埃尔把一试管镭加热至高温时,试管爆炸,将里面的危险物质溅得到处都是。随后他的眼睛出了问题,双腿也为剧痛所困,根本无法工作。1906 年,他摔倒在一辆板车之下,被一只轮子压碎了脑袋,当场身亡。

玛丽伤心欲狂,但最终还是在研究中找回了平静:"离开了实验室我就活不下去。"她受邀接替皮埃尔担任索邦大学的放射物理学教授。在当时,由女性执掌学术尚无先例,于是在任教的前几年,她的头衔是"讲师",后来才升为教授。1911 年,玛丽再度荣获诺贝尔奖,这次是化学奖,因此她也成为了在不同领域获得诺奖的第一人。但即便如此,她也还是没能入选法国科学院——她毕竟是个女人嘛。

第一次世界大战期间,玛丽在为军队配备便携式 X 射线设备中起到了关键作用。她甚至亲自操作了其中的一台,并培训了几名操作工。到 1918 年,每家战地医院里都有了一台 X 射线机,它们治疗的伤员人数估计有百万之多。

20 世纪 20 年代,玛丽的健康状况逐渐恶化。她的双手被辐射烧伤,疼痛无比,视力也不行了,做了几次手术才避免失明。最后,由于辐射破坏了制造血细胞的骨髓,导致严重贫血,将她彻底击倒了。她留下了"居里",衡量放射性的主要单位。如果她知道镭会用于放射疗法,成为抗击癌症的重要武器,她一定会觉得欣慰的。但是，如果她知道了钋被用来触发原子弹，并且在2006年被人用来在伦敦暗杀一位俄国异议分子，想必会觉得沮丧吧。

1995年，当局下令将居里夫妇的棺木迁至巴黎先贤祠。法国总统密特朗（Mitterrand）和波兰总统莱赫·瓦文萨（Lech Walesa）双双出席仪式。有胆识出众的科学家趁这个机会用盖革计数器扫描了两具遗体，结果发现它们都还带着放射性，尤其是皮埃尔的遗体。当年的那场交通事故使他逃过了漫长可怖的弥留时期。

玛丽的女儿依伦（Irene Curie）追随母亲的足迹，也成了一位科学家。她和丈夫分享诺贝尔奖，最后死于白血病，病因很可能是研究时所接触的放射性物质。

美国放射学家乔治·史多弗（George Stover）花了六年时间，用自己的身体测试镭造成的影响，结果造成大面积截肢，以及一百多处皮肤移植。弥留之际他这么说："为了一条能派上用场的事实，死伤几个科学家无足轻重。"

和镭能治疗癌症的消息相比，这些科研过程中的恐怖故事并没能在公众中造成什么影响。镭射线成了"生命之光"。镭元素成了几十种产品的魔力配方：巧克力、牙膏、"让皮肤痒痒"的含镭软膏、给身体保暖的放射服、装了莫名其妙的"听镭"（heariem）的助听设备，以及含镭浴盐、含镭生发剂——尽管放射会使人掉发。当时还出现了放射性洗液、放射性灌洗器、放射性栓剂等等，身上凡是开口的地方，没有一处是安全的。有人发明了放射性大补丸，号称添加了能"增强性欲"的"腺体抽提物"；另有放射性避孕胶，在大补丸生效时使用。

这些产品应该大多无害，因为镭比黄金还贵，不是什么产品里都能加的。但镭会持续放出氡气，时间可长达一千年，而且几小颗就会制造大量氡气。斯巴克利（Sparklets）出的一款压杆式汽水瓶，用混合的二氧化碳和氡气制作放射性苏打水。市场上还有各式各样的"放射壶"和"放射杯"，畅销程度不亚于铀。只要放上一晚，瓶里的水就会充满氡气。"隔天一早，全家人就能享受两加仑的健康放射水了……真是自然的健康之道。"

威廉·柏利（William Bailey）是个推销"高价噱头"的系列诈骗犯。20世纪20年代，他靠兜售富含镭元素的"镭水"大发横财，一年之内就售出10万瓶。他宣称，这种饮料乃"体内放射性疗法"之集大成者。这是他说过的最正确的话。

他的顾客中不乏社会名流，其中有位名叫伊本·拜尔斯（Eben Byers）的运动员，他当时年近半百，想重获青春，而秘诀就是"镭水"。拜尔斯对镭水喜欢得不得了，自己喝不算，还一箱箱地寄给朋友。后来他就老觉得头痛，他的牙齿一颗颗掉落，骨头也变脆了。

一说到"放射性"，我们就想到伽马射线如子弹般穿透身体，将沿途的脏器悉数破坏，唯一的防范之道就是铸起铅墙。但实际上，辐射还包括只能穿透身体表面几公分厚度的贝塔射线。此外还有阿尔法射线，它速度较慢（每秒仅1500万米），皮肤或纸片就能挡住它，但一旦摄入体内就会致命。镭元素偏爱骨骼，常聚集在骨骼四周放出阿尔法射线，将周围的骨组织轰成蜂窝。它的弹药无穷无尽，人体内的这几根骨头根本不够打。

有个律师准备控告柏利。他登门拜访了拜尔斯，亲眼见到他的惨状："你很难想象出比这更恐怖的情形。拜尔斯的身体状况简直难以形容……他已经不能说话……整个上颚连同大半个下颚都已摘除，体内剩余的骨组织全都在缓慢解体，头骨上还出现了几个窟窿。"最后，拜尔斯在剧痛中死去。

律师成功起诉柏利，但法庭只给柏利定了虚假广告罪。他很快重返市场，卖起了"富含活力射线"的"健康泉"，以及"富含无形的伽马射线，含量超过阳光"的"生命之光"牌镇纸。他还兜售起了所谓的"永恒阳光"，没有什么法律可以阻止他。最后，他因为接受过量辐射而患上膀胱癌，就此送命。

镭元素最有市场价值的属性就是它的荧光。祛暗公司（Undark）用镭开发了一种涂料，用来给门铃按钮、枪支瞄准器、鱼饵，乃至"女士毛毡拖鞋"等各式物件上色。在公司创始人的构想中，未来的家宅应该由天花板上的镭漆提供照明，但客户的需求是能在黑暗中发出光亮的重要东西，比如洋娃娃的眼珠、胭脂，还有鸡尾酒。

一战来临，无数将士需要在昏黄的灯光下查看表盘。据估算，美国在这段时间生产的镭，有95%都拿去造了荧光涂料，造成了镭在医疗上的短缺。这种情况下，还有医生卖掉自己的配额。到1917年，每个美国军人都有了一块带荧光表盘的手表。

这种荧光涂料的成分是镭、小块水晶，以及有甜味的阿拉伯树胶。给数字和指针上涂料是项精细的工作，所用的刷子只有三四根毛。为了将刷毛"弄尖"，或是去掉刷子上多余的涂料，工匠常会把刷子在唇间抿一抿。按一天给250块表盘上涂料来算，他们吞下了大量放射性物质。有一家工厂在七年时间里雇佣了800名女工来给表盘上涂料。整个20世纪20年代，全美有120家这样的工厂。

最早是一位牙医发现几个在工厂里干活的女孩下巴出了问

题。到 1925 年，又有一家工厂的厂医患病身亡，尸检显示他的肺和肝都已严重坏死。他的骨骼也带有强烈的放射性，夜间放上感光板时甚至能在上面留下影像。过了没多久，一名给表盘上涂料的女工被送进医院。医生发现，连她呼出的气体都具有放射性。由于骨髓被破坏殆尽，她最后死于严重贫血。在这家工厂工作过一年或更久的妇女，每个人的血液都出了问题。还有人恐惧地发现，自己的身体会在夜间发出荧光。

工厂管理层称，厂里不存在"所谓的镭中毒……病人身上也没有出现类似症状"。但他们隐瞒了一份非常关键的健康报告，而且死去的员工都是放在铅制棺材中下葬的。公司总裁给当地的健康官员写了封装模作样的信，说厂里之所以有工人死亡，是因为公司政策规定要雇佣那些别处认为不宜雇佣的人员。"我们这是好心反遭恶报"。患病的工人将公司告上法庭，并赢得了赔偿金，但在之后的几年中，那些下巴溃烂、骨骼穿孔的妇女还是一个个死去了。

涂了荧光涂料的钟表继续存在于世间。据估计，在手腕和床头柜上逗留的年月里，这些钟表发出的辐射比全美的镭加工站和核设施加在一起还多。

万幸的是，放射产品的潮流过了一阵就寿终正寝了。可它的受害者们却没那么好命。然而一直到 20 世纪 80 年代，听说还有些苏联医生每天开出 2500 份氡气浴处方。卡尔思巴德（Karlsbad）附近的镭宫酒店配备了 300 间客房，还有几处天然放射性温泉，到今天仍在开门迎客。幸好英国的巴克斯顿水疗宾馆已经不再进口带有放射性的水了，这样一来，它就不能像以前那样吹嘘自己的浴池"在放射性上比国外最火的地方强 50 倍"了。

放射性能够持续很久。直到今天，居里夫人的笔记本还带有放射性。2008 年,英国曼彻斯特大学的一些员工患上了致命的癌症,校方立刻将疑点对准了他们工作的楼房,因为近一个世纪之前,欧内斯特·卢瑟福(Ernest Rutherford)就是在这里首次描述了阿尔法射线。校方封死了可能受到污染的房间,并建议所有过去二十年内在那里工作过的职员都去接受体检。

还有一个人的健康状况也长期受到监控,他就是英国核化学家埃里克·弗艾斯(Eric Voice)。90 年代中期,弗艾斯和 11 名同事一同注射了放射性元素钚的一种短寿命同位素,以确定它能在人体内逗留的位置和时间。这次实验是为了估算风险:如果人体在事故中摄入了更大量的钚同位素,会造成什么危害?2000 年,已经退休的弗艾斯将钚吸入肺部,以观察它在肺叶内的吸收情况,并估算它传遍全身所需的时间。吸入之后,他夸口说自己现在是世界上放射性最强的人了。此后,一辆装甲货车定期上门收集他的排泄物,尽管他身上没出现什么不良反应。

年过七旬,弗艾斯博士已经对自身的命运十分淡定:"我觉得不必担心余生会出什么问题了。"有一小部分人是无意成为寿星的,艾弗斯就是其中的一员。2004 年,弗艾斯因运动神经疾病去世,享年八十岁。他的遗体被装进铅制棺材下葬。

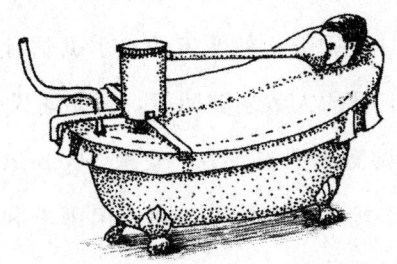

享受健康水疗。配备了氡气吸入器的镭浴盆。

九　缺之不可

Found to be wanting

> 关于地狱的所在，人们争论不休。而如今我们找到了它。
> ——路易斯·布干维尔①在一艘坏血病肆虐的船上说的话

我们欣然领教了病毒、药物、辐射带来的危险，而另一些恶疾却是由于我们缺乏某些东西而产生。

几个世纪以来，水手的日子一直不好过。当船员很可能就不是出于本意；在远洋船中航行有如坐牢，想要逃脱困境却只有葬身大海死路一条。然而对于海员来说，所有的风暴、失事、战争和传染病加起来，都不及坏血病夺去的生命来得多。七年战争时期，死于疾病的人数是死于战斗的近90倍，并且绝大多数是因为坏血病。帆船时代死于这种恶疾的水手据估计超过200万。一艘船上若是健康船员的人数还够回航，真要谢天谢地。

1740年，英国海军中校乔治·安森（George Anson）奉命前往太平洋"打击干扰"西班牙人。此番出师不利。因为船上人手

---

① Louis Antoine de Bougainville，1729～1811，法国航海家。

不够，英国海军部下令切尔西皇家医院①的退伍老兵倾巢而出填补短缺。安森接收了这批蹒跚而来的"体虚多病……更适合去疗养而不是执行任何军事任务的……衰弱的可怜人"。但哪怕是身体最强健的人这次出征也只能侥幸求活。战斗丧命的不过区区三人。然而，出航者将近两千，归来者不足二百——几乎所有人都败在了坏血病的手上。

船只向来一边航行一边抛尸，一路上只见尸身在船后起伏的波浪中上下翻滚。不过，对于奉行天主教的西班牙人和法国人而言，事情要更麻烦些。因为天主教徒死后必须要安葬在圣洁之地，不能一抛了之，所以遗体都和压舱物装在一起，变成一大摊摇来晃去的腐烂物。从船底渗出的恶臭让一些船员掩鼻闭气。

坏血病十分可怕，患者皮下的毛细血管破裂，牙龈肿胀有如海绵，还会流出腐臭的血水，牙齿松动脱落，原本早已愈合的骨折处再度开裂。用安森的话说，"有些人疯了……有些人烂了"。

安森此行的惨况让政府震惊之下开始寻求治疗坏血病的方法。实际上，一个多世纪以前就有人找到了对策。东印度公司曾在远航时用"柠檬汁"有效预防了坏血病。该公司甚至在主要航道的补给站种上柑橘树丛。然而，三十年里，自负的船长们并不愿意为了彼时并不常见的疾病爽快地花高价买水果。有位"专家"声称，外国引进的水果正是坏血病之类的热病的病因。因此这种治疗方法被人淡忘，取而代之的是庸医假药。恶疾卷土重来。

1753年，年轻的苏格兰海军医官詹姆士·林德（James

---

① 切尔西皇家医院位于伦敦，始建于查理二世时期，专门收容退伍老兵。

Lind）对现有的坏血病治疗理论提出异议，认为它们是"各人根据当时流行的哲学思想和个人一时的突发奇想而发明出来的（理论）"。他并没有提出什么理论，而是在出航的皇家舰艇"索尔兹伯里号"（HMS *Salisbury*）上展开了试验。林德的试验是最早设置对照组的临床试验之一。他选了 24 个症状相似的坏血病病人，让其中半数病人以两人为一组，每组服用一种"治疗药物"。这些骇人的药方包括：硫酸盐酏剂（酒精和硫酸混合起来的清凉药水）、先吃泡过醋的食物再喝一小口纯醋、每天一小杯海水，等等。另外 12 个人则什么多余的东西也不吃，作为不经治疗的"对照"组。这些人吃同样的食物，还与其他船员分开起居，这样林德就可以仔细观察他们。尽管每个样本组只有两人，林德还是从试验中得出了结论："橙子和柠檬是治疗这种海洋病症最有效的药。"今日林德被尊为"航海医学之父"，然而当时，虽然他把自己的发现写成了详细的报告，却未能引起丝毫注意。

1768 年，詹姆士·库克（James Cook）首次远航前往太平洋和南极海。此行任务之一是检验治疗坏血病的各种方法。他强制船员服用膳食补充品，但船员很不喜欢那些"新奇"食品。他们一路上欢快地大嚼爬满象鼻虫的饼干和长满蛆的咸肉，有些人却拒不食用从马德拉群岛弄来的新鲜的肉，为此还挨了鞭子。看到船员不肯吃德国泡菜，库克出了个妙招：每天都把泡菜端上军官们的晚餐桌。他知道，这样一来当船员们看到"长官看重这东西，（会认为）那它一定是世界上最好的东西"。船员还抱怨柠檬汁苦，但这苦吃得完全值。多亏库克严格的膳食制度以及每次靠岸都采集的新鲜蔬菜（包括英文名字意思是"坏血病草"的辣根菜），库克出海三年，返家时手下无一丧命坏血病。

海军部对库克的探险考察十分满意,对他的膳食相关发现却将信将疑。因为他用了好几种传说有疗效的东西,比如胡萝卜果酱和麦芽汁,究竟是哪种遏制住了坏血病却不清楚。海军部把船长们的建议置之一旁——尽管他们每次远航都要与坏血病拼死拼活,取而代之的是去咨询皇家科学院的学究们——尽管他们可能一例坏血病都没亲眼见过。基于对该病特性的错误认识,这些学士开出的灵丹妙药毫无用处。

海军部解释说,在"若干环球远航的船上试验后……医生一致认为,柠檬和柑橘的'榨取物'(果汁)对预防和治疗该病是无效的"。问题就在于,林德以及其他人曾建议食用"榨取物"。那是柑橘或柠檬果汁经加热蒸发后得到的浓缩液,因此效力大打折扣;若经过储存,效力更是会进一步迅速减弱。只有新鲜的水果才起作用,因为有效成分会在加热或干燥的过程中失去活性。

由于唯一有效的方法被弃置不用,坏血病在英国海军中横行肆虐。他国海军同样饱受该病折磨。1770年,一支西班牙-法国联军本欲向英国发动侵袭。西班牙船队只不过晚到了七个礼拜,赶到时法国船员就已有三分之二被坏血病夺去了战斗力。最后,抵达英国的入侵者只有抛出船外后被冲上南海岸的大批尸体。

过了十年,一艘英国护卫舰上的船员因为坏血病悉数躺倒,路过的美国船只给了他们新鲜的肉和蔬菜救下了他们。这艘护卫舰的舰长是时年22岁的霍拉肖·纳尔逊①。要不是这次大难不死,英国后来如何还会有他们伟大的海军指挥官,历史又会怎么

---

① Horatio Nelson,1758~1805,带领皇家海军在1798年尼罗河战役、1801年哥本哈根战役等重大战役中获胜。上一章中提到的青睐汉密尔顿夫人的独眼将领指的也是这位霍拉肖·纳尔逊。

写呢？

同年，海军上将乔治·罗德尼爵士（Sir George Rodney）的私人医生吉尔伯特·布兰（Gilbert Blane）表示十分担忧英国海员的健康。他深信，"对于维护船员的健康和生命能做很多事情，超过我们的想象"。他看了林德和库克的报告后，提议给罗德尼舰队的所有船员配发橙汁。死于坏血病的人数比例立马从每年25%降到了5%。后来布兰被派去海军部医疗委员会（Sick and Hurt Board），他又利用自己的影响力改善陆上的医疗服务，确保全体海军人人喝到柑橘汁。于是，英国很快拥有了全世界最健康的船员，而这一点不久之后就会让拿破仑察觉到了。

英法七年战争与美国独立战争期间，位于英国南部戈斯波特的哈斯勒皇家海军医院每天常规诊治的坏血病病人有350～1000例，在1780年更是多达单日2400例，病员来自停靠朴次茅斯的船只。而到1815年，医院四年里只见到2例坏血病。自林德试验算起的四十年里，白白多死了数十万船员。

牺牲者也不全是水手。有个叫做威廉·史达克（William Stark）的年轻医生结交了彼时住在伦敦的本杰明·富兰克林。富兰克林提到自己曾经两个礼拜只吃面包和水照样健康。史达克决定试试，看看简单的普通食品中，哪些对人最有好处哪些则没有。他以"鲁莽的热忱"投入了为期九个月的膳食限制：十周面包和水，跟着是定量面粉、面包和油，然后又对比了瘦肉和肥肉的效果。接下来他本打算检验水果和绿色蔬菜，却不幸地改成了奶酪和蜂蜜。

史达克很快落入坏血病的魔掌。一位熟悉坏血病的名医却只是建议他减少盐的摄入。没过多久史达克便一命呜呼，年仅二十九。

尽管人们开始相信柑橘类的水果里有什么东西能治坏血病，但大多数先驱还没能想到病因是体内缺乏了某种东西。水手（和穷人）因为饮食而遭受不幸。如果只能吃到足够的蛋白质、脂肪、碳水化合物和水，那是活不下去的。还有一类我们如今称为维生素的化合物对身体健康至关重要。

抗坏血酸，也叫维生素 C，正是让我们不得坏血病所需要的东西。除了柑橘类的水果，维生素 C 也大量存在于玫瑰果实、黑醋栗、木瓜、猕猴桃、西兰花、抱子甘蓝、西芹和水田芥中，但并不是所有的水果蔬菜中都有。肉类含有很少或不含维生素 C，但肝和肾除外。抗坏血酸是形成胶原的关键成分，胶原则是人体内含量最丰富的蛋白质，是把细胞黏在一起的"胶合剂"的纤维基础。缺少了胶原蛋白的黏合，身体会变得七零八落。

乳汁也富含维生素 C，这是从母亲体内"偷"来的。英国维多利亚时代①有很多中产阶级以人工喂养替代母乳喂养，而他们的宝宝开始出现坏血病的早期症状，原因在于当时给孩子喂的奶中没有添加维生素 C。

实际上坏血病的诅咒基本只针对人类，因为几乎所有其他动物，包括大部分猿类都能自身合成维生素 C 而不用靠食物补充。1907 年，研究人员发现，假如只给豚鼠喂谷物（缺少维生素 C），豚鼠会出现类似坏血病的症状，而补充维生素 C 后那些症状又会消失。研究人员真是幸运，因为豚鼠是为数不多的和我们一样需要外源补充维生素 C 的一种动物。

---

① Victorian times，被认为是英国工业革命和大英帝国的峰端。通常定义的维多利亚时代为 1837 年至 1901 年，即维多利亚女王（Alexandrina Victoria）统治的时期。

对维生素功能的了解，主要是依靠在动物和人类志愿者身上做膳食实验——尽管他们有时并不知道自己成了实验志愿者。过去，拜膳食不均衡所赐，坏血病在监狱、孤儿院等机构十分普遍。在条件好一些的孤儿院里，孩子们会喝上橙汁。1913 年，儿科医生阿尔弗雷德·赫斯（Alfred Hess）和米尔德里德·菲什（Mildred Fish）故意不给孤儿院的婴儿喝橙汁，让那些孩子出现坏血病特有的局部组织出血损伤。他们是想拿这些婴儿试验一种创伤性诊断测试，其中包括腹部穿刺。然后为了确定能否再次诱发该病，他们俩还重复了一次实验。利用类似的实验方案，他们还研究了缺乏维生素 D 导致的骨科疾病——佝偻病。

这些研究人员对实验并不抱有愧疚之心。按当时的说法，孤儿们是"为了公众奉献给他们的关爱而付出巨大回报"。大家都对孤儿向社会还债表示满意。在幼儿（尤其是孤儿和"心智缺陷"的孩子）身上做实验直到 20 世纪上半叶还是司空见惯的事情。这些被称为"幼儿志愿者"的孩子有其"使用"上的便利性，只要孤儿院院长准许即可。由于孩子们年纪尚小，体内对很多疾病还未产生免疫抗性，所以用来测试新疫苗再理想不过。通常的做法是，先给他们注射实验疫苗，然后让他们接触相应疾病，以观察疫苗是否诱发出了免疫抗性。这些人类小豚鼠接受了百日咳、麻疹、肝炎、天花和疱疹的活性媒介的"考验"。约翰·科尔默（John Kolmer）医生在试验脊髓灰质炎的活疫苗时，为了让大家放心，先在自己和自己的两个儿子身上做了测试，再给 300 名儿童接种。造成 9 人死亡后，该疫苗被撤回。1930 年，德国有 76 名婴儿死于肺结核疫苗试验。

约翰·克兰登（John Crandon）是波士顿城市医院一名年轻

的外科住院医生，他不是那种拿孩子做实验的人。1939 年，他对为什么营养不良的人伤口愈合比较慢这个问题产生了兴趣。联想到坏血病病人的旧伤疤会裂开，这给上述问题提供了什么线索呢？他设计的实验是：先为被试"预备"缺乏维生素 C 的饮食，然后人为施加伤口，再确定伤口的愈合时间。克兰登执意"在自己身上试过之前决不考虑拿别人做实验"。另两个志愿者被抓到在实验期间猛喝橙汁，这是违背实验设计的，因此他俩中途退出。

实验开始三个月后，克兰登让人在他后背的一侧切出一道 6 厘米长、很深的伤口，过了段时间后在另一侧也切出一道。施加伤口后，克兰登依然几乎只吃奶酪、饼干和咖啡。他的体重下降了 14 公斤，几乎油尽灯枯。实验室主任担忧地说他那是在找死。没错，他险些丧命。

为了让身体保持健康，克兰登去健身房锻炼。正练着，猛然间他感觉心跳加快。以为自己死定了的克兰登晕了过去——得了坏血病的人的确会因为血液流入心壁而猝死，不过克兰登身上出问题的是阑尾。因为坏血病越来越严重，他阑尾手术的旧伤再度开裂——那是他八岁时接受的手术。实验部分的伤口则是等他接受了连续一周的维生素 C 注射后才开始愈合的。他还发现，穷人因为伤口愈合能力差而易受感染，在膳食中补充维生素 C 后，情况会大为改善。

克兰登的母亲玛乔芮（Margery）是个很出名的灵媒师，哈利·胡迪尼①曾揭穿过她的骗局。但玛乔芮的儿子则货真价实，

---

① Harry Houdini, 1874～1926，魔术师、脱逃术师及特技表演者，揭穿过许多自称能通灵的灵媒。

是英勇无畏的自体实验者。

克兰登并不是唯一一个故意让自己缺乏维生素的研究人员。就在同一家医院，22年后，有个年轻的血液学家差点因此死去。维克多·赫伯特（Victor Herbert）和他家著名的作曲家伯伯①同名，科学家赫伯特第一个设计出了检测血液里叶酸（维生素B复合体成分之一）含量的方法。叶酸存在于很多食物尤其是绿叶蔬菜中，但和维生素C一样会被加热破坏。过去有种观点认为，肠道内的细菌可以合成叶酸，既然如此，人就不太可能缺乏叶酸，除非是严重消化不良，或者是贪杯无度造成叶酸被酒精破坏。

赫伯特的一个病人不仅有坏血病，还有巨幼红细胞性贫血——一种红细胞异常的重症。这位病人有个偏好，起码有五年时间，他只吃15美分一个的汉堡包还有甜甜圈和咖啡，不吃蔬菜。汉堡包都是从快餐店买的，而快餐店的汉堡包是预先统一蒸热，分送到店里后继续加热，最后卖给顾客的。使用汉堡包慢性自杀的最成功方式莫过于此。

由于叶酸与红细胞的生成脱不开干系，赫伯特便推测，也许是蒸热汉堡包的过程把其中的叶酸完全破坏掉了，所以造成了该病人贫血。是不是有这种可能呢？他要以实验来证明缺乏叶酸的确会导致巨幼红细胞性贫血。按照传统，他邀请一位手下来尝试这个实验。尽管有点儿受宠若惊，那位后生还是明智地谢绝了。赫伯特只好拿自己实验，还解释说："别人身上要是出了什么差错，我可不想让自己良心上过不去。"

---

① 音乐家维克多·赫伯特，1859~1924，20世纪初美国音乐喜剧取代轻歌剧的过渡时期的一位重要作曲家。

实验的第一步是预备不含叶酸的饮食，做法是把所有食物大煮特煮，煮得叶酸连同风味、口感全部消失。就算加满酱油、味精之类的调味料，彻底煮烂的鸡肉也还是味同嚼蜡。

赫伯特如此这般坚持吃了七个月。为了补充蒸煮过程中被破坏的其他维生素而吃的药片是他唯一的"补品"。由于食物极其乏味，他胃口大败，体重下降了12公斤。他太太说他变得"皮包骨头，而且一触即怒，十分暴躁"。他还变得相当健忘，常常为了找自己的车在停车场兜上好几圈。

实验中需要反复检查他的血细胞，还要用粗大的针头从胸骨抽取骨髓样品（因为骨髓是制造血细胞的组织）。这个过程委实痛苦，头一次抽骨髓时，赫伯特恐慌极了，生怕助手推针过猛把针头扎进他的心脏——这样的疏忽引起的并发症已经夺去好些人的性命，还好赫伯特要遭的罪倒也不算多，只要再熬八针考验就结束了。

贫血的症状还未显现，比贫血更可怕的情况却意外出现了。圣诞节一早，赫伯特醒来时发现自己起不了床。缺少叶酸会让他的腿终生瘫痪么？也是凑巧，赫伯特前不久刚在一篇论文中看到缺钾会引起麻痹，原因是钾有很多重要功能，其一在于调节神经活动。莫非蒸煮过程也损耗了其中的钾？没错。他体内的钾含量已经非常低，他随时可能倒毙。

添补了钾之后，麻痹消除，紧接着赫伯特又遇到了一项折磨。因为要取一片肠黏膜组织放到显微镜下检查，医生得用一根长管通过他的喉咙穿入他的小肠。按说管子末端的刀片只会切下很小一片组织，可就在医生动手往回拉管子时，赫伯特尖叫起来。听起来好像是他的肠子全都要被拉出来了；事实也的确如此。刀片不知怎的夹在了肠壁拿不下来，那一瞬间似乎整条小肠都将成为实验样品。

最终，七个月过去，赫伯特如愿患上巨幼红细胞性贫血。他的假说被证明是正确的，而他本人也可以丢开饮食限制，放开肚皮好好补上一盘叶酸了。一位权威药物学家在会议上听了赫伯特报告的实验结果后盛赞到："这不仅是科学的智慧，也是科学的勇气。"

叶酸缺乏的问题曾被忽视了几十年，如今已引起全世界关注。多亏赫伯特对疾病发展作了详细的监测，现在只消简单验个血便能确定病人贫血的程度。

叶酸对形成红细胞和合成遗传物质来说都是必不可少的。因此它在胎儿的发育过程中发挥了非常重要的作用。胎儿会大量消耗母亲体内的叶酸。时下的孕妇都会服用叶酸补品来补充叶酸。

无疑，我们会觉得维生素是种"好东西"，但好东西也过犹不及。维生素A帮助我们抵抗感染，但人体每天需要的量只有0.003克——一小点儿足矣。人体无法排出多余的维生素A，过量的维生素A留在体内会引起中毒。

胡萝卜富含维生素A。我记得曾经验过一具男尸，他的身上起了很怪异的疹子，头发脱落，皮肤呈橙黄色。后来知道了真相，这人几乎只吃胡萝卜，各种胡萝卜汤、胡萝卜煲、胡萝卜蛋糕。每天喝的则是——你猜得没错——胡萝卜汁。他死于维生素A过量。

验尸官问这家伙干哪行的，答曰"生物研究人员"。

"哦……"验尸官一副不用再解释的样子，实际上可能也就是这么回事。

我当年念书时，对教科书上那些得了恶心怪病的人的照片有种变态的痴迷，像寄生虫引起的象皮病啦，克兰费尔特综合征（男性性染色体为 XXY）啦，还有一种维生素缺乏性疾病——糙皮病。照片上的糙皮病男孩和当时的我差不多年纪。偶尔冒出来的青春痘就叫我发愁，而他的胸、手、脸上的皮肤全都因为粗糙的硬皮变得皱皱巴巴。

糙皮病比表面看起来的情况还要糟糕。先是皮炎，然后是因为肠道溃疡出现血性腹泻，再后来人会变得痴呆，最终死亡。照片中的男孩只能等死，然而他所需要的不过是喝点牛奶，吃点奶酪、半熟的鱼等富含烟酸的食物。他缺乏的维生素正是烟酸。可是在他活着的时候，人们对维生素还一无所知。如今这么多年过去，我甚至还记得他那双茫然的大眼睛。

1906 年，美国亚拉巴马州的一家疯人院爆发糙皮病，因此狂性大发的精神病人杀害了 101 个同院病人。糙皮病在穷困的乡下本来就很常见，而那时整个美国南部都开始流行此病。糙皮病之所以在城市流行开来，起因是城里人开始吃精皮白面而不再吃全麦制品，但没想到在精细碾磨谷物时造成了烟酸的流失。食物加工往往会让维生素失活。

1914 年，约瑟夫·戈德伯格医生接受任命，出任糙皮病委员会的主席，开始为遏制这种疾病而努力。糙皮病当时被当作传染病，只是传染方式独特少见。当时英国有对兄弟刚刚死于糙皮病，两人基本上一起生活，但弟弟是在去世的四个月前才出现病症，而哥哥至少六年前就患上了慢性糙皮病。此外，尽管关在监狱、精神病院、孤儿院里的人往往会得糙皮病，可这些地方的看护却平安无事。

这在戈德伯格看来并不像是传染病。另外,研究人员也无法把糙皮病传染给猴子。但是,是不是也不能传染给人呢?戈德伯格与太太以及数十位志愿者在自己身上尝试了各种各样的方法。他们不开研讨会而开"污秽派对",聚会上,戈德伯格太太把死于糙皮病的妇女的血液往自己体内注射,男人们则把病人鼻子里的黏液涂在自己的口鼻之中。小孩子总是什么都爱往嘴巴里塞——拿自己做实验的人也是这样。他们竭尽全力,反复尝试感染。但这群人谁也没有因此得上糙皮病。

戈德伯格在一所监狱做了项临床试验。参与试验的 12 个健康志愿者中还包括一位谋杀罪犯人。提供给他们的膳食虽有营养但也有所限制。六个月后,还在狱中的 11 个人中有 6 人得了糙皮病。而第 12 位,一个莽汉,爬墙越狱成了通缉犯。太激动了吧,他怎么就忘了完成试验的奖励就是被赦出狱呢。等到试验结束,那几个得了糙皮病的人一律拒绝了免费的医疗护理,纷纷"惊弓之鸟一般地逃走了"。

这几名囚犯获得了不错的回报,但是,其他地方的囚犯遭受的压榨则十分残酷。用一名医生的话说,囚犯"比黑猩猩便宜得多"。确实。拿囚犯做实验有利可图。一所美国监狱中,医生做一项临床试验能从制药公司获得 30 万美元的经费。实际上他们的收入还要更高,因为差不多每周他们都会给重罪犯抽血然后把血液卖掉。

戈德伯格后来又治愈了一整个病区的糙皮病患儿,方法很简单,就是让他们的膳食更为多样化。而毗邻病区因为未做治疗,糙皮病继续发威。

后来戈德伯格的团队发现啤酒酵母(富含烟酸)能治疗糙皮

病。甚至有几个病人，本来病情已经严重到人变得痴呆，经治疗后也恢复了智力。和诸多维生素缺乏症一样，糙皮病也是病因未明而疗法先知。

戈德伯格的发现挽救了成千上万的生命，解除了无数人的痛苦。他五次获诺贝尔奖的提名，只是最终未能抱奖而归。

自从发现了维生素，我们摄取维生素以及其他膳食补充物的量越来越多。而且我们不再依赖丰富多样的饮食而开始大嚼各种药片。单单英国就有 2000 万"常规服用维生素的人"。我听闻一女青年每周花 100 英镑在各种膳食补充品上。她坦言："我每天早上要吃一大把维生素，搞得我对早餐一点兴趣都没有。"

抗坏血酸（维生素 C）的化学结构式。

十　血液的故事

Something in the Blood

> 血液是最奇特的液体，我的朋友。
>
> ——歌德

血液是人体的生命线。血液把氧气和食物中的营养成分送至全身各处，满足器官和组织的需求，还会把激素运往特定的位置，使其发挥作用。血液还是我们抵御疾病的补给线，一小滴血液中有7000个跃跃欲试的白细胞，正等着吞噬外来入侵物。

最早的外科医生是由理发师兼任的，就连这些江湖郎中也对血液重视有加，不过他们不是尽量把血液留在体内，而是一心一意要让血液流出体外。这一点我们大概得怪盖伦（Galen），这位公元2世纪的罗马医生有一门修补角斗士的好手艺，后来成了罗马皇帝的宫廷医生。他还是个医学方面的全才，影响力长达千年。盖伦认为，头痛、发热、中风盖因血液积聚而起。自然，治疗之法就是排放血液。打那时起，放血时专门用来盛血的小碗就成了郎中不离手的用具。甚至进入19世纪，从梅毒到癫狂，放血术依旧被人们当作治疗各种疾病的主要手段。除此之外，催吐和灌肠也是医生的法宝。所以穷人去看病，见到的要么是把割静脉的刀，要么是个插屁股的漏斗，有时两者都有。

最简单的放血法是在胳膊上绑根带子，然后用柳叶刀切开鼓起的静脉，拿碗接着涌出的血液。此法叫做"静脉呼吸法"。水蛭也是医生们的小帮手。水蛭上身后会咬住皮肤大吸特吸，等到吸饱离开时身子会胀成原来的 4 倍大。要是不等它们吸饱跌落就强行把它们拿开，水蛭的尖齿会留在伤口里，造成伤口溃烂。水蛭会释放一种抗凝血的物质加速血液的流动，并使伤口接连几个小时出血不止。水蛭疗法大受欢迎，人们把这些带着黏糊糊吸盘的家伙从成百上千个池塘里尽数捞走。1837 年，法国曾进口 3300 万条水蛭以满足人们的需求。

"杯吸法"也很流行，做法是将加热的玻璃罐放置在皮肤的切口上。罐内空气慢慢冷却时，气体体积缩小，形成的真空会把血液从伤口吸出来。在 20 世纪 50 年代以前，杯吸法一直是治疗高血压的常用手法。

让人惊讶的是，竟然有不少病人期盼着定期放血。有幅 18 世纪的绘画作品描绘了医生给一位贵妇人模样的女子放血，上面的说明文字正诠释了该女子的感觉："鼓起勇气，先生，我会勇敢的……充满信心地刺下去。这口子开得漂亮。哎呀，鲜血喷出来吓到你了……哦上帝，这手多么温柔，这一刀多么舒服……出点血让我觉得好多了……我感到精气神都恢复了。"

麻烦的是这种"英勇的"放血法还成了治疗规范。法国作家阿兰·勒萨日（Alaine le Sage）在 18 世纪早期的一篇小说中描述过外科医生如何给患痛风的教士治疗。医生先是抽了"足足六碗血"，然后关照助手"接着再给他放三个钟头，明日和今日一样。血液对身体有好处的说法完全是个低级错误。血放得越快对身体越好……"。此番治疗"不到两天就送那位老教士进了鬼门关"。

这虽然是虚构的,说得却毫不夸张。"美国医学之父"本杰明·拉什①曾笃信"动脉高血压"是疾病的关键,解决方法是大量出血。19世纪的法国医师布鲁塞(F. J. V. Broussais)是史上最厉害的放血法医生。为了高效率放血,他在病人全身放上了50条水蛭。按历史学家的说法,布鲁塞放走的血比他那个时代全部战争流的血还多。估算下来,布鲁塞毕生大概吸掉了2000万~3000万升血液。他的徒儿布伊洛德(J. B. Bouillaud)同样把病人的血液连同家财抽了个精光。布伊洛德给病人反复放血,非要放满3升不可,让病人受尽折磨。六个月时间内,路易十三接受了47次放血,每次1升。要知道,一个中等身材的男子全身血液加起来也不过只有5~6升。

有很多人是被医生治死的。查理二世②在一次次放血的过程中快步走向了末路。只不过染上了感冒的乔治·华盛顿③被抽掉了3升血,最终因不间断的放血送了性命。一战期间,一些士兵受伤后又被医生放走了更多的血液。

一方面,自由流淌的血液是内科医师的朋友;另一方面,血液却是外科医生的敌人。要是哪个冒失的外科医生胆敢给病人开膛破肚,那么手术刀触及之处,各个组织会纷纷涌出甚至喷出稠厚的鲜血,模糊了医生的视线,也预告了病人的死讯。外科手术

---

① Benjamin Rush,1745?~1813,美国人革命运动的首领,独立宣言的签署者。
② Charles II,1630~1685,苏格兰及英格兰国王,1660~1685年在任。
③ George Washington,1732~1799,1789年成为美国第一任总统。

发展道路上最大的障碍便是无法控制的失血。

外科医生在做完截肢手术后，会用烧热的铁器按压残肢的截面给皮肤、肌肉和血管封口，可实际上病人的血液在此之前就已经差不多流干了。更何况，这种烧灼法，以及遇到大面积枪伤时把滚烫的油倒入弹洞的做法，往往只会给病人带来难以承受的巨大痛苦。

要是能补充手术的失血，就能挽救病人的生命了吧。于是，自然有人想到，把病人和健康志愿者连在一起，然后让血液从一个人体内流入另一个人体内。1650年，一个叫弗兰西斯·波特（Francis Potter）的英国人尝试了直接输血法，他用动物气管做成有弹性的输血管，并在其末端接上羽毛管，用来刺入病人的静脉。结果失败了。头一例在动物身上成功输血的实验由理查德·洛厄（Richard Lower）在1666年完成。另一位在狗与狗之间实施血液交换的输血先锋是英国的天文学家、建筑学家克里斯多佛·雷恩（Christopher Wren）。塞缪尔·皮普斯[①]为此记述道："教士的血液若得以流入大主教体内，乃良愿也……果真如此，则对健康大有裨益，借助善人之躯便可改良坏人之血。"动物输血成为科学界联欢会上的新节目。1667年，在英国皇家学会，让-巴蒂斯特·德尼[②]把绵羊的血液输给一个"堕落的家伙"亚瑟·科根（Arthur Cogan）。没想到科根竟然没死，但变得"有点头脑不清"。后来德尼的一个病人输血之后死了，此事闹成丑

---

① Samuel Pepys，1633～1703，英国作家和政治家，他的《皮普斯日记》（*The Dairy of Samuel Pepys*），详细描述了伦敦大火（1665年）和大瘟疫（1666年）等事件，成为17世纪最丰富的生活文献。曾任英国皇家学会会长。

② Jean-Baptiste Denys，1643～1704，法国医生，路易十四的御医。

闻，等到最后发现病人是被其妻子毒死才告完结。

1829年，布伦德尔医生（James Blundell）发表了一篇文章，描述他发明的人体输血设备"吸引机"。按他的说明，坚忍的献血者要立正站好，伸出被扎的手臂，把血液射入仪器顶上的漏斗。然后血液通过垂直的管道向下流入病人胳膊上的插管。血流速率由一个小塞子调节，有时也取决于献血者的哭喊声："够了够了，我自己没剩多少了！"

布伦德尔（错误地）声称，输血从未"出现任何一例致命危险"，但他警告说，如果病人面部"抽搐，要检查血液流量……只要没发现有面部间歇性震颤或其他让人不安的症状，我们就可以放心继续"。但是，"心血管系统会衰弱，由此可以想见……也许会发生……猝死"。

好在他明智地劝告同行"只有一种情况下适合输血，那就是除了往病人静脉里灌血之外，看来没有其他法子可以救得活病人"。近来美国麻醉医师协会公布了一项类似的规定，因为有研究显示，手术后输血的病人在术后一个月内中风、心脏病和肾衰的发生率较高，感染的情况也比较严重。相比之下，接受了相同手术但未输血的病人情况要好得多。

布伦德尔意识到输血或许有着"潜在的不明危险"。他是何等英明！因为"血型"要再过七十多年才由卡尔·兰德施泰纳（Karl Landsteiner）发现。兰德施泰纳想弄清楚的是，为什么会有那么多病人死于输血。他取了一点同事们的血液，与自己的血液混合在一起，有几次红细胞会变得黏黏的，凝结成团，而这种情况若是发生在体内就会致命。但从同一个人身上分几次抽出的血液混在一起时从不会有成团的现象。按兰德施泰纳的设想，细胞聚团说明混合的血液中有一种样品对另一种样品所含有的抗原发生了反应。抗原是一种刺激机体防御系统产生抗体的物质，因为机体把抗原认作是"外来物"，会产生抗体来中和、抵消抗原。血液当然不会对自己产生的抗原有这种反应，那么一定存在含不同抗原的不同血液类型。

兰德施泰纳找到了两种抗原，分别是 A 抗原和 B 抗原。这样就可能有四种血型：有的是含其中一种抗原（A 型，B 型），有的是两种抗原都有（AB 型），有的是两种抗原都没有（O 型）。由此他便能预测哪种血型会和其他血型发生反应。供血者和受血者的血型相同自然没问题，但其他组合也并非都不能匹配兼容。O 型血不含有针对其他血型起反应的抗原，所以不管输给哪种血型的人都是安全的。O 型血属于万能供血者。AB 型血本来就有两种抗原，所以不会把新来的抗原当作外来物。因此 AB 型血属于万能受血者。考虑到还有些其他因素会造成血型不匹配的问题，实际情况会更复杂一点。不过，时下在输血前都会提前作配合试验，特别是 20 世纪 30 年代出现血库之后，检验血型已属常规。如今全世界有三分之一的人一生中会接受一次输血。

就输血而言，最理想的情况是万能供血者 O 型血多多益善。但在西方国家，O 型血人只占四成多。为了解决这一问题，1981 年，生物化学家杰克·戈尔茨坦（Jack Goldstein）与小组成员故意给自己输入血型和自己不同的成员的血液。

此前，他们找到了一种酶，能去除 B 型血血细胞上的抗原，如此一来 B 型血便成了 O 型血。在猴子身上完成的实验显示，原本免疫系统无法接受 B 型血的猴子在接受了少量经过"改装"的血液后安然无恙。那么，把这种血液输入人体也一样安全么？只有一种方法可以获得答案：科学家必须在自己身上试一把。

实验的每个参与者都经过了特别挑选，为的是保证大家血型各不相同。假如 B 型血已全部转换成 O 型血，那么大家都没事。否则，团队里就会有人性命难保，包括戈尔茨坦自己。

所幸人人安好。戈尔茨坦证实了他们中没有人针对转换之后的血细胞产生抗体。进一步在志愿者身上进行的尝试也证明，转换后的血细胞能作为 O 型血用于输血。

研究人员在需要血液样品时很少会专程拜访一趟血库，只要扎一下自己或同事的手指即可。而且由于很多血液疾病是人类独有的，把动物作为实验对象不大行得通。因此许多实验室里都有人热火朝天地在自己身上做实验。将这一传统保持得最好的莫过于美国圣路易斯的华盛顿大学医学院，这家医院通常又被人亲切地唤作"神风敢死队"医学院。

此地拿自己做实验的传统在威廉·哈灵顿（William Harrington）来校前早已有之。1945 年，哈灵顿到波士顿念书，夜间在当地一所医院干活。一天晚上，医院里送来一个子宫出血不止的十七岁女孩。女孩的父母听到医生斥责孩子非法堕胎，十分害怕。哈灵顿被叫来给姑娘验血，结果发现她的血小板（凝血必需的一种血细胞）缺少。这可不是什么胡乱堕胎会有的后果。姑娘病得不轻，哈灵顿却想不明白她究竟得的是什么病。

这种病的简称为 ITP。我们经常埋怨医生写的字跟鬼画符似的，不过恐怕书法最好的医生也很难把"特发性血小板减少性紫癜"写清楚吧。所谓"特发性"，意思是"原因不明"。其症状之一是紫癜，即紫色淤斑，轻轻一碰甚至是羽毛拂过皮肤就会产生淤斑。成年人发病时身体各个开口都会出血，病人死于内出血或脑出血引起的中风。

血样挽救了姑娘的名誉,却未能挽救她的生命。她死在了手术台上。哈灵顿决意找出一种治疗ITP的方法。

于是他去了华盛顿大学医学院,拜院长卡尔·摩尔(Carl Moore)为师。哈灵顿认为ITP的发生有可能是因为机体对自身的血小板发起攻击。这种想法让摩尔眼前一亮。血细胞由骨髓产生,最后在脾内被分解,其中部分成分会循环利用。血小板严重缺失显然有两种途径:要么是骨髓停产血小板;要么是脾脏工作过度,破坏血小板的速度快于补充血小板的速度。

依哈灵顿的想法,要弄清究竟是哪种原因,最简易的法子是把ITP病人的血液注射进健康志愿者的体内。假如问题出在生产血细胞的骨髓,可以想见实验对象的血小板数目会慢慢地减少,而如果病人的血液里有什么东西会破坏血小板,血小板数目便会骤然下降。那么,当小白鼠的人,当然就是哈灵顿自己了。

输血实验开始前,哈灵顿先让同事用一根粗针头从他胸骨抽取了一些骨髓样本。维克多·赫伯特就说过,这玩意儿实际上比看起来还要可怕得多,并且可能有性命危险。

起初,哈灵顿血液里的血小板含量比提供血液的ITP病人高50多倍。但情况很快发生了变化。在输入了500毫升的病人血液后,哈灵顿马上就不行了,几个小时之内他的血小板所剩无几。一天不到,他的皮肤出现血点——ITP的最初症状。

提供血液的病人也接受了500毫升哈灵顿的血液,但她的血小板数量并未提高,并且流血不止。这对她和哈灵顿而言都不是好兆头。

担心会突发中风的哈灵顿还特地站着睡觉,因为这样可以减少流向头部的血液。他的血小板数目还没有见涨，同事却意识到他的情况很不妙。因为现在只要轻轻一碰，哈灵顿就会出现瘀伤，医生粗手粗脚的检查很有可能会碰伤他的脾使他出血而死。

几天之后，哈灵顿的血小板数目开始恢复正常，他欣喜若狂。不过他高兴的主要是实验得出了结论，说明尽管骨髓在整个过程中保持正常，他还是会得ITP，因为病人的血液中有破坏血小板的因子；并且他的健康血液并不能帮助病人恢复正常，因为病人的血液会破坏他贡献的血小板。后来经过千辛万苦，接受了56次输血后，这位病人也完全康复了。

威廉·哈灵顿用了能想到的最令人信服的方法，表明机体也会倒戈相向，对自己的细胞发起攻击。这是我们如今所说的自体免疫疾病的第一个明确例证。

哈灵顿及其同事和技术员又在随后的多次实验中充当了小白鼠，揭示了有关ITP的更多秘密。老板卡尔·摩尔也被他用来做了好几次实验，摩尔有一回还因此生了病。在医院养病之际，摩尔面试了一位来找教职的年轻小伙，托马斯·布里廷厄姆（Thomas Brittingham）。摩尔一边淌鼻血一边和小伙子讨论，为什么有时候明明血型匹配却还是输血失败。受血者会不会像针对红细胞那样也针对外来的白细胞产生抗体呢？假如会的话，这些抗体兴许能成为对抗白血病的有力援军。因为白血病的一大特征就是白细胞极度过量。

布里廷厄姆认定最好的试验方法便是给自己输入白血病病人的血液，看看究竟会有什么后果。这个试验可能的后果是，他会让自己得上白血病。当时已有其他地方的实验说白血病会传给老鼠和鸟，而且只需一个癌细胞就可传染。澳大利亚阿德莱德的蒂尔施（J. B. Thiersch）试着用慢性白血病病人的血液与淋巴液做实验，希望看到那些细胞在其他病人体内"安居乐业"。可惜希望破灭，那些病人并没有染上白血病。实验对象是罹患糖尿病、梅毒、恶性贫血或其他癌症并且已经到了疾病晚期的病人。这些病人往往还没有给他的实验提供起效的机会，就因为原有的疾病一死了之，因此他觉得这不够理想。更何况，病人的机体或许因为对抗他们自个儿的疾病已经产生了足够多的抗体，从而阻碍了白血病的兴起。既然这些病人这么不适宜用于做实验，还要让他们在生命的最后几个月额外受罪怪令人同情的。

布里廷厄姆拿自己做自体实验十分卖力。他觉得要是能证明白血病是种传染病那就太妙了。对科学而言或许很妙，对托马斯·布里廷厄姆本人来说并不妙，因为三十岁的他可是一个三岁娃的爹啊。

白血病病人提供给布里廷厄姆的血液中，白细胞含量是正常血液中的40倍。为了顺利感染，布里廷厄姆兢兢业业为自己提供了最好的感染条件。20多个星期内，他反复给自己注射，共达10次，每次两大针管充满癌细胞的血液。每次注射完他都会头部抽痛，感到恶心，连续12小时甚至更长时间发热和恶寒。可是他的白细胞数目并未像白血病病人那样显著增多。注射到第9次时，他体内已经产生大量针对病人白细胞的抗体。他证明了自己的观点。发表实验结果时，他谨慎地写道：自己暂时还未出现白血病症状。

接着，布里廷厄姆扩展了研究范围，他找来患不同血液疾病（包括癌症）的病人，将他们的血液注入自己体内。其一是再生障碍性贫血，这种疾病会同时破坏红细胞和白细胞。注射这种

"腐烂血液"后没一会儿，他就感到虚弱无力，呼吸困难，紧接着出现了呕吐腹泻。布里廷厄姆血压骤降，肺部积液。虽然可以靠输氧来帮助呼吸，要转危为安却似乎没有办法。

过了很久，布里廷厄姆才恢复过来，期间他还得了乙型肝炎，颈静脉被血块阻塞，最糟糕的是，他从此变得酒精过敏。

实际情况已经算好的了。有人曾发现一个护士正往他的滴注器里加某种可的松，而这种药只能皮下注射。要不是及时发现，可就要了他的命了。还有更险的：实验一开始，布里廷厄姆在朋友的劝说下只给自己打了 50 毫升血液——而他的原计划是这个剂量的 5 倍。

神风敢死队医院的自体实验者也不是个个都会有性命之忧，有一些不过是近乎怪诞。1920 年，塞缪尔·格兰特（Samuel Grant）和艾尔弗雷德·高曼（Alfred Goldman）研究一种叫做手足抽搐的病症，病人的身体会不由自主地抽搐，时间久了会越发严重。抽搐还会扩散到咽喉和脊椎肌肉，让病人痛不欲生。

虽然病因不明，但有说法认为惊恐发作和呼吸过速能引发手足抽搐。这下召来了一波自体实验。格兰特和高曼做起了深呼吸。实际情况是，他们一分钟深呼吸 14 次，还是跟着节拍器打的拍子做的呢。没过多久，他们手指出现刺痛感，面部肌肉僵硬，无法开口说话。有一次实验中途，高曼突然尖叫起来，全身抽搐，背弯成了一张弓。如此这般折腾了约莫 20 次后，两人得出结论：呼吸过度的确会引起手足抽搐。

与此同时，4000 千米开外的剑桥大学内，年轻的杰克·霍尔丹也在兴致勃勃地过度换气。英语俗语里管门门懂样样通的人叫

"什么都会点的杰克",而这位杰克却是真正的多面手。他正在试着改变人体化学过程,想确认二氧化碳会刺激呼吸。他发现,过度呼吸一小时或更久会把肺部的二氧化碳尽数排空,然后会有种根本不用急着呼吸的感觉。他脸色发青,两手像被无数针扎般的刺痛。一直过了两个星期他的神经末梢还在放电。而他最显著的症状是,双手和面部抽搐了一个半小时,这估计可以拿去申报世界纪录了。

排出的二氧化碳过多导致血液中的碳酸量减少,血液碱性增加。向来喜欢挑战的杰克决定研究研究血液酸性增加的后果。他尝试了最直接的方法:喝盐酸。但他发现这会腐蚀自己的牙齿。就算是只有1%浓度的盐酸溶液也会腐蚀喉咙,所以他每次喝的量都不敢多于500毫升。根据他的计算结果,要让血液的酸碱度发生明显变化得喝7升盐酸。于是他改成喝氯化铵,因为氯化铵会分解释放盐酸,用这个方法让酸液"乔装改扮"溜进体内。酸液与体内的其他化学物质结合,放出二氧化碳。很快,一小时工夫他产生了7升二氧化碳。由于连吞了好几天的氯化铵,他简直连路都走不了了。同事看到他"醉倒"在楼梯上,冲过去扶他。"我没事儿。"霍尔丹说,"只不过眼下我只有80%的'霍尔丹'化钠。"

为了中和血液的酸性,提高碱性,他再次做了过度呼吸,并吞下85克碳酸氢钠(小苏打)。肝脏因此像塞德利茨粉①似的嗞嗞作响,每次要先做足准备才能呼吸。

孕妇和婴儿因为血液碱性过高有时会手足抽搐,用了稀释的

---

① Seidlitz powder,一种缓泻剂。

氯化铵很快就能恢复正常。这可要感谢霍尔丹的好胃口。正如我们所见,他拿自己做实验时的胃口真是好得出奇。

1828年时的输血情景。但愿受血者和献血者的血型匹配。

十一　转变心意

A Change of Heart

多谢你来换班……我心里怪难受的。

——莎士比亚

心脏是身体运送血液的发动机。在人们明白这一点之前，心脏曾被赋予过各种头衔。它曾是勇气的发端，爱的源泉，同情的基础。古埃及人很重视心脏，他们在制作木乃伊时会将其他内脏掏挖干净，只把心脏留在原位，因为心脏是用来给神明称量一个人道德的器官。相反，阿兹特克人会狠狠地挖出献祭者的心脏以此敬献神明。为爱不顾一切的恋人们则会对对方敞开心扉互掏心窝。

心脏跳动出了生命的节奏，然而直到19世纪早期，医生才开始倾听心脏的律动。有位名叫勒内·雷奈克（René Laënnec）的年轻法国医生遇到了一名过于丰满的女病人，他听不到病人胸膛的声音，又没有胆量把耳朵贴上该女士的胸口。于是他拿了一刀纸，卷成筒状，一端放在病人的胸口一端凑在自己的耳旁。这下，病人呼吸的回声和怦怦的心跳声听得一清二楚。手艺活干得不错的雷奈克在此基础上制作了一个合适的听音管，将其命名为听诊器（在希腊语中意思为"胸部侦查器"）。

有了听诊器，雷奈克发现胸腔好比上演体内音乐的大礼堂。他把在重症病人身上听到的声音与他们死后尸检得到的结果对应联系起来，因此通过听音就能辨别出某些疾病。十分简单的听诊器成了雷奈克诊断的好帮手。

可也不是人人买它的账。热爱水蛭疗法的布鲁塞医生认为听诊器是"无用的发明"，甚至20世纪还有少数老派的医生仍然情愿把耳朵往病人身上贴。这种做法很难讲对医生和病人谁更有好处。若不是发明了听诊器，你说医科学生要拿什么挂在脖子上以此显摆自己是医生呢？

雷奈克是位天才的病理学家和内科医师。他描述并命名了腹膜炎和肝硬化。他还出了本有关听诊器使用方法的指导手册，读者如果额外多付一点钱能随书获赠听诊器一个。

雷奈克后来得了肺结核——在诊断这种疾病上听诊器大为有用。他还患有急性心绞痛，他把自己的症状冷静地描述成就像"铁指甲或动物爪子在撕扯我的前胸"。病重后他还是一心扑在书稿的修改工作上，其勇气与献身精神与那些在自己身上实验的人别无二致。"我知道自己是在拼命，"他这样写道，"但我将要出版的这部书……比个人的生命更有价值……无论我会遭遇什么困难，完成此书就是我的使命。"成书后不久，雷奈克病故。年仅四十五岁。

我们体内的绝大多数器官都是安安静静不动声色地干着活儿，但心脏不同，它是个活跃的主儿。它恨不得大声宣告"我活着呢，我跳着呢"，它一天跳动10万下，生命不息跳动不止。怀孕时心跳会加速三分之一，运动或紧张时心跳会变得更快。心脏产生的动力足以让血液在泵出后流过近 20 万千米长的血管。或许我们也该容它偶尔出个差错。

无怪乎心脏让外科医生又爱又怕，被他们视为不可触犯之物。要在一个不停跳动的器官上完成手术，还不能造成外伤——哪怕是最细微的外伤都会造成飙血不止，并且一旦发生这种情况，病人的生命便进入 4 分钟倒计时，敢问医生要怎么做？

别去惹心脏才是最佳的做法。是的，当年一位声望极高的外科医生曾发出这样的告诫："任何一个试图缝合心脏破损的人都将落得身败名裂的下场。"

有位著名的英国外科医生在 1896 年表示，外科手术已经"达到天然极限……处理心脏外伤的各种自然困难，是没有任何新方法新发明能够克服的"。不出七年时间，一个叫绍尔布鲁赫（Ferdinand Sauerbruch）的德国医生证明了事实并非如此，尽管事出偶然。当时他收治了一位心脏病病人，依他的判断，病因是病人心脏外裹着的那层膜收缩过紧。他成功地把膜剥开。接着，兴许是为了让围观群众饱饱眼福，他又切除了心脏表面一块鼓起的东西。他错了。那块东西实际上是突起的一块心壁。心脏被他一下子剪破，顿时血流如注。绍尔布鲁赫淡定地伸出手指戳进洞口，然后缝合了伤口救活了病人。

心脏让人难以接近的一个原因是，肋骨像笼子似的围护着心脏。但难题倒不在于要剪断肋骨，而是一旦打开胸腔，肺会立马瘪下去。一种解决方法是给肺进行人工充气。约翰·亨特在 150 年前想到的是风箱。在风箱的助力下，他打开狗的胸腔观察它的心跳。绍尔布鲁赫的方案则是将病人、手术台以及外科手术小组的所有成员一起封闭在一个很大的隔间里，隔间内保持与病人肺部相等的低气压，只剩下病人的头和麻醉师留在隔间外。这种又笨重又昂贵的设备没能在胸腔外科手术中流行。但以此为雏形，数十年后出现了一种叫"铁肺"的人工呼吸设备，用于维持脊髓灰质炎病人的呼吸。

问题在于，这些外科医生在力图接近心脏时都选错了路。通往心脏的途径还有一条，那就是全身主要的静脉。法国生理学家克劳德·伯尔纳（Claude Bernard）曾在动物的血管内放置导管，其他研究人员利用这一技术测量了马的血压、氧和二氧化碳浓度。马的血管又粗又结实，做起实验来十分方便。但没有人胆敢在人的身上做这么危险的事情。

20世纪20年代，维尔纳·福斯曼（Werner Forssmann）正在柏林学医。一战蒙羞之后，德国上上下下爱国主义情绪高涨。德国开始重视"德国科学"。当时还有大学讲师下决心为每种疾病生造出德文名字，比如一种梅毒引起的动脉瘤叫做 *Hauptkörperschlagaderlustseuchenerweiterung*。

福斯曼的业务经历颇多坎坷。有一次，他协助医生看护一位堕胎不当的姑娘。他们在摇摇欲坠的餐桌上给姑娘动手术，姑娘的室友在一旁举着煤油灯。室友突然晕倒，打破的煤油灯烧着了地板。福斯曼立马从病人身下揪出一块毛毯扑灭了火焰。孰料，桌子坍塌，病人摔到地上。他们便在近乎黑暗的情况下在地板上完成了手术。好在姑娘的性命保住了。还有一次，福斯曼和同事刚用氯仿麻醉好产妇，做丈夫的突然纵身上来扑在老婆身上，非说他们杀了自己老婆。为了分娩能继续进行，福斯曼只好把那男的锁进厕所。那人大呼小叫着"杀人啊，他们杀了我老婆啊！"后来看到老婆儿子一起出现在面前才住口。

福斯曼对心脏的难题产生了兴趣。彼时外科医学已发展出很多新技术,可以解决几乎每一个人体器官的问题。可是,假如你想知道自己的心脏出了什么差错,只有等死后剖析了。

福斯曼还是实习医生时见过一幅画,画中马的脖子里有一根导管。他认定这种技术能用来探索人类心脏的内部。可他的上级并不会乐意听到他在病人身上做实验的消息,对他拿自己做实验的打算也不予理会。

福斯曼却铁了心要试上一试,说动一个叫格尔达(Gerda)的外科护士给他搞来了所需的器材设备。他向格尔达打包票不会有危险,但其实他自己也不确定脆弱的心脏内壁是否能承受这种刺探。心脏规律性的跳动会因为小小的干扰变成不稳定的震颤,而这在当时无疑是致命的。

某天午休时分,他们偷偷溜进了手术室。福斯曼切开胳膊上的静脉,把导管向着心脏方向慢慢插进了血管,插入了 65 厘米。接着他们去了拍 X 射线片的地方,他在那儿借助屏幕把导管插进了心脏。从技术人员给他拍的 X 射线片上可以看到,导管在他体内蜿蜒穿行,最后进入心脏,看起来十分吓人。这时候很可能会发生心脏骤停。

隔天一早他便因为有违规定而挨了批评,不过上司却被他的实验打动,还请他吃了顿大餐。接下来的几个星期,福斯曼又在自己身上重复了五次,丝毫差错也无。他还得到允许,通过静脉内导管给药的方式给一位重症晚期病人注射药物。

他把自己的实验结果整理成文准备发表时,上司建议他最好添上一句"在尸体上做过预实验",免得让别人觉得他的实验是不负责任的危险之举。就在这段时期,福斯曼回到柏林,去著名外科医生绍尔布鲁赫的手下工作。

登有 X 射线片作为证据的这篇论文在 1929 年一发表就造成了轰动，医院外围满了新闻记者，还有人拿出一大笔钱要求得到授权刊登论文中的照片。论文在学术圈同样引起了骚动。有些医界人士表示自己在几年前就做过完全一样的实验，但他们空口无凭谁也拿不出什么证据。绍尔布鲁赫对打嘴仗没有兴趣，明白无误地跟福斯曼讲："你这套把戏，要去马戏团讲，可以；要想在体面的德国大学讲，没戏。"福斯曼被解雇了。

他回到原来的医院打算继续研究。其时 X 射线被用于诊断消化道问题，病人吞服下特定的物质，就可以让肠道内壁显影在 X 射线屏上。而他的心导管插入技术兴许也能让心脏的内壁呈现在人们眼前。

这一次，福斯曼根据建议先做了动物实验。一开始用的是兔子，可导管刚碰到心脏内壁就让兔子心跳停止。于是他又改用狗。由于医院里没有养狗的条件，福斯曼的妈妈就在自己公寓里给他养狗，需要实验时就叫辆出租马车把狗送去医院。狗的表现比兔子好一些。可是当他把一种透不过 X 射线的物质注入狗的心脏后，狗还是死了。然后他又换了一种显影物质，碘化钠。这次，狗活得好好的。他成功拍摄了大量 X 射线片，并把照片按一定顺序排列好，可以显示出心脏的收缩。

但问题是，这种做法用到人身上同样安全吗？如果说兔子和狗的反应会不同，那么狗和人的反应也可能会不同。这可比最初的实验危险多了。上回实验假如出了差错，福斯曼还能把导管撤回来；但这一回，一旦把碘化钠注射进心脏，那便是覆水难收。碘化钠会流经全身，谁知道会有什么作用呢？虽然福斯曼先在自己皮肤上试着涂了点碘化钠，还用它漱了漱口，都没有不良反应。但这又能说明多大问题呢？心脏、肝脏和肾会有什么反应？

福斯曼决定再碰碰运气。他将导管插进颈部的静脉，沿血管向下插入心脏，然后释放出碘化钠。一开始导管走了岔路，好在试第二次时找着了心脏。他感觉到不太妙，但也不像先前害怕的那么糟。后来他又做了9次插入心脏的实验，但都没有让导管经由最简便的途径。由于先前用过的血管已经缝合起来，他便改用了大腿上的静脉，先把导管推进腹部主要的静脉，然后向上进入心脏。因为看不到导管的导向，做这些实验时全凭感觉。

实际情况要比他预计的更为凶险。几年之后，有不愿舍身的外科医生让病人替自己冒险，把导管插入病人的主动脉，随后进入通向肾脏的血管分岔。被这位医生拿来做实验的病人中，有半数遇到了"麻烦的小事故"；其中一位还被以"蛮力"对付，结果动脉血管壁被刺破，造成大量失血。

此时的福斯曼还没有彻底告别实验，他正尝试直接往主动脉（血液从心脏流出所经过的大血管）注射不透X射线的物质，借助的实验材料只有局部麻醉剂和一根长针。针戳进去的第一下让他感觉像遭到了电击，针头戳中了一根神经，差一点碰到脊髓，离终身瘫痪只有一针之遥。又连续失败了三次后，福斯曼精疲力竭卧床不起。于是太太发话，说这就是他的最后一次自体实验。

先前将他解雇的绍尔布鲁赫转变心意，邀福斯曼回去重新加入他的团队。顶头上司的屈尊问候给他的回归定了基调："那么，您这位外省来的绅士是要来教教我们有关科学的一切，是吧？好吧，我们等着瞧。首先我们会好好调教调教你的。"这种话，连"绅士"一词听着也无疑是侮辱。

绍尔布鲁赫并不是福斯曼期盼的那类导师。福斯曼难得见到绍尔布鲁赫一面，也很少能见到病人，得不到任何做手术的机会。那位自己也曾是开路先锋的大人物，对于福斯曼的研究抱负却没有任何鼓励。在森严的等级制度中，每个人都安守自己的位置。创新没有必要，顺从和刻苦却是义务。福斯曼每天不到深夜不睡，早上六点便开工。一个毫无同情心的外科医生却说什么"每晚要睡六个小时可是很容易得褥疮的哦"。

绍尔布鲁赫激励士气的方式是定期把工作人员召集起来逐一挑刺。有些人被他骂成是"十足的白痴"。但至少他的"白痴"队伍中有两人后来还赢得了诺贝尔奖。绍尔布鲁赫有些超凡的工作方式，比如同时麻醉当天要动手术的全部病人。也就是说，排在后面的那些病人可能要等上好几个小时才被送进手术室。福斯曼指出，可能正因为这样，术后呼吸系统并发症的比例才会那么高。因为需要密切注意病人的康复过程，绍尔布鲁赫开创了重症监护护理，这也是不得已而为之。

第二次世界大战打响后，从一开始德国入侵波兰到后来进犯俄国，福斯曼一直在野战医院当外科医生。我们对他战时经历的了解大多出自他的自传。他提到，党卫队的一家疗养院承诺为他的心脏病实验提供所需的各种设备。自然，也可以无限量供应实验所需的病人。而党卫军的这一委任与其他几项一样遭到了他的拒绝。当他工作的野战医院快被俄军占领时，他便打道回府了。

战后找工作成了难题。在战时表现被彻查清楚之前，福斯曼一度被禁止行医。最后他去了宁静的乡下，当了一名默默无闻的医生。

福斯曼的成就在德国遭到了蓄意忽视。在他完成实验后又过了四十年，他的技术已被广泛接受，可就算到了这个时候，一部公开发表的冠心病历史书还只字不提福斯曼及其心导管。

然而，德国以外的外科医生没有忘记福斯曼的研究。福斯曼有天无意中在《新心病学》上看到一篇文章是这样开头的"德国人福斯曼是第一个……"一看之下挺高兴，读下去却不禁悲从中来，"……第一个播种的，别人却收获了果实"。

1956年，有赞助者想在福斯曼原来的大学为他捐个荣誉教授职位，但遭到了学校的拒绝，理由明明白白：德国高校是不接受"外行人"作为教员的。同年晚些时候，学校回心转意，邀请福斯曼接受教职。可能和他刚拿到了诺贝尔奖有关吧。

福斯曼的实验为探明、诊断和治疗心脏病提供了革命性的技术方法，让心脏外科手术实现了飞跃。心脏外科医生因而不用动刀便能一窥心脏内部，过去认为无计可施的心脏病如今有了治疗的法子。在过去，药物通过注射再经由血液传至心脏，这一过程中药物浓度被血液所稀释；而现在，药物能够直接送达心脏。心导管的端口经过改良，可以用来清除冠状动脉壁上会造成危险的积垢，预防阻塞——冠状动脉阻塞正是心脏病的主要病因。现在还有种心导管带有微型气囊，扩充后能拓宽受阻变窄的血管（血管成形术）。

这些技术如今已是司空见惯，每个心脏病患者都做过血管造影检查，也就是像福斯曼第二次实验那样，让血管和心脏各腔室在X射线下呈现出来。此时此刻，数百根心导管正在病人们的体内蜿蜒而行，有的进入心脏，有的穿过心脏，去往各自的目的地。血管所到之处，无一不曾被心导管探访。无数生命得到拯救。而这一切，都是因为一个勇敢的人，一个曾被开除和遗忘，最后又被世人再度发现和颁发奖赏的人，但荣誉来得太晚了。

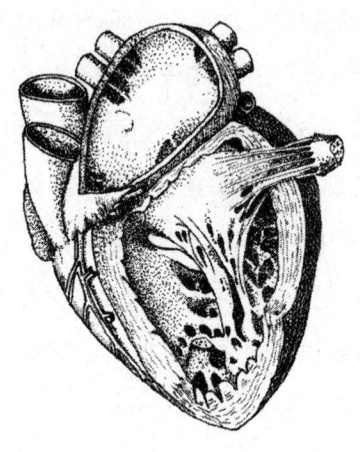

错综复杂的心脏内部结构。

十二　隐秘战线

Behind the Lines

　　如果周围人心神不宁时英雄还能镇定自若，是因为英雄其实蒙在鼓里么？

　　　　　　　　　　　——戏仿吉卜林①的诗作《如果》

　　福斯曼的研究生涯因战争而中断，这点颇具讽刺意味。因为战时是科研活动的高潮期，各国政府都不惜重金想要提高战斗力和拯救病员生命。

　　福斯曼的诺奖提名词表彰了他敢于尝试危险实验的勇气。事实上，他的勇气还体现在战争期间：当他在野战医院给伤员做手术时，俄军炮兵部队的炮弹就在不远处炸响，而他不为所动继续工作。然而，勇气也会带来麻烦，会让人陷入他人避之不及的境地。中国有句老话说得好：三十六计，走为上策。

　　人们无疑会歌颂战场上冲锋陷阵的猛士，但往往会忽略在大后方默默展现胆识的勇者。第二次世界大战期间，英国有数千名

---

　　① Rudyard Kipling，1865～1936，英国小说家、诗人，1907 年获得诺贝尔文学奖。

国民志愿担任消防、防空、军需以及拆弹等工作，正是他们支持着国家取得了胜利。

二战时期，直到英国多个城市发生炸弹爆炸事件，战争部才意识到还没有人能处理尚未爆炸的炸弹。那时候还根本没有什么拆弹小组。于是当局广而告之招揽愿意尝试拆弹的人士。不畏挑战的工程师和科学家便挺身而出携手合作。一位设计师志愿报名时铿锵地表示希特勒"正在变成一个残暴的威胁"。有一个新组建受训的拆弹小组，全部的成员包括一位伯爵以及他的秘书官和专车司机。这些人接受的训练十分粗浅。有位受训者回忆说，教官倒是给他们展示了各种各样的英国炸弹，可德国炸弹他只拿得出唯一的一颗。当他们问外壳上的标记是什么意思时，他也完全说不出来。受训者看过引信长什么样后，就分组出发开始处理未爆炸的炸弹了。

任务实际上十分艰巨。整整八个月，恐怖难挨的八个月，伦敦及其他城市遭到德军大批轰炸机的狂轰滥炸。用一名中队队长的话来说，"德军一望无际"。单单在伦敦，德军每晚投下的炸弹就有1000吨。防空警报一响，市民或逃到地下，或躲进花园中半埋的金属桶内。有时一次空袭要持续12个小时甚至更久，而且，夜复一夜。若是去问操着伦敦土话的妇人她丈夫在哪里，她的回答是："那个懦夫哇，躲在军队里呐。"

某日清晨，经过一夜轰炸的街巷照例又是遍地狼藉，而散落在某大街的残骸却都敷着一层蜡——原来，杜莎夫人蜡像馆也遭到了炮击。令人惊奇的是，造成这些伤亡的主要原因却不是炸弹爆炸，而是伦敦的高射炮。这些高射炮以最大仰角朝着天空砰砰发射。炮手坦白根本打不中敌机，但震耳欲聋的炮声对提高士气大有好处。不巧的是,士气偏偏因此遭受到了打击。那些冲上天爆炸开来然后又纷纷散落的是榴霰弹。发烫的金属弹片将屋顶和路面打得啪啪作响。据估计,死在这些弹片下的人可比死于炸弹的多得多。

"警报解除"的声音响起时,只不过意味着敌机已停止空投,但并不表示炸弹不再爆炸。每天一早,拆弹小组和送奶工一样准时开工。你可别怪他们的工具复杂得过了分:包括一把扳手,一把手摇曲柄钻,一根带钩的绳子,一个照明镜,一捆细线以及一把铲子。那些尚未爆炸的炸弹大多深深地嵌在地里,需要挖上一个大坑才能发现炸弹的外壳和固定引信的螺帽。

很不幸的是,拆弹小组并不知道自己会碰到什么。十个炸弹里有一个发射后并不爆炸,可拆弹小组区分得了真正的"哑弹"和未到点的定时炸弹么?但不管是哪种,都没有好事。不确定的"哑弹"也许看到扳手就一个激灵爆发了,而真正的定时引信到底设定了多长时间也让人难以捉摸,操作人员根本不知道这些炸弹是设定在两天以后爆炸还是两分钟内就会爆炸。某军官草草查看了一个UXB(落地后没有爆炸的炸弹)后就去召集组员。就在他们朝炸弹所在地走去时,轰的一响。幸好他们没开车,到得稍许晚了一会儿,不然全被炸个正着。

除了常规炸弹外,纳粹德国空军还空投一种长约2.5米、粗有60厘米的鱼雷形水雷。这种炸弹带有降落伞,像槭树的翅果那样慢悠悠打着转下落。炸弹内装有三硝基甲苯(TNT),爆炸产生的气浪足以把人抛至400米开外。这种炸弹大部分装着定时引信,有一部分是磁引信,甚至能被附近的铁铲引爆。

理论上,只要拆掉了引爆装置,就算是拆掉了炸弹。实际操作起来，这个工作往往既耗时又危险。到 1940 年 10 月时，全英国已经积压了 3000 枚等候拆除的 UXB。

当年有一枚炸弹落到了伦敦圣保罗大教堂的地基旁边，被人快速地挖了出来，然后装上货车飞快地穿过伦敦东区，最后来到哈尼克尼沼泽（Hackney Marshes）。炸弹在那儿爆炸，留下一个直径 30 米的弹坑。

正因为拆弹的风险极高，程序上要求保证每次只能有一名拆弹人员处在危险中。进行拆除作业的人员要把每一个动作报告给安全范围以外的后备队员，由后备队员一一记录。这样，一旦有什么"差错"，后备队员就能知道之前的正确做法是什么，哪一步则是错误的，换他上阵时就可以避免同样的错误。

通常弹药检查人员（Ammunition Examiner，人们一开始这么称呼拆弹专家）是跪在深坑的泥地里工作的。设想一下，巨大的炸弹隐约呈现在他的上方，他要拉紧螺帽用力把它旋松，一旦引信失去固定，他就开始将其轻轻地拆离。只有把引信差不多全部拆出来后，他才知道另一头连着的是什么。敌军还可能给炸弹添加第二根引信，或者将引信与灵敏的传感器相连，这都让拆弹工作难上加难。有时拆弹专家并不是把引信完全拆除，而是采用给炸弹"钻孔"的方法：用手摇曲柄钻在炸弹外壳上打一个洞，然后利用手电筒和小镜子观察黑黝黝的炸弹内部。拆弹专家就像一个过于谨慎的牙医，从不会失手触碰任何不敢碰的地方。他会全面观察引爆装置，然后形成一个拆弹计划。此时，他的双手在颤抖，全身在发热，汗水流入双眼模糊了视线。此刻，他正孤身一人处在这个世界最孤独的地方。

英国首相丘吉尔（Winston Churchill）把拆弹称作"最为凶

险的任务"。而当德军开始用炸弹外壳上的数字来误导拆弹人员，拆弹工作更是险上加险。那些数字本来是用于识别引信类型的，德军故意标错数字，让拆弹人员误以为手中正待拆除的引信就是过去成功破解过好几次的类型。而事实上，两者完全不同，并且新的引信更加危险。后来，拆弹小组的一名检查人员在拆除新引信时，引信因为受了潮，噗的一下熄了火，这个幸运的检查人员因此仔细检查了还保持完整的引信。直到此时，英军才识破德军的诡计。这下解决了一个难题。另一位拆弹专家发明的新方法是，利用液氮冻结炸弹电池，从而切断引爆装置的电源。

还有一个拆弹专家记起，十年之前德国一家公司曾经想把自己的引信设计卖给英国空军部。于是他去伦敦专利局翻记录，一查之下，果然发现该公司的专利，里面包含双联电容电路的图纸，而这种可怕的引信当时正让英国的拆弹小组无比头痛。设在布莱切利公园（Bletchley Park）里的英国密码局怎么没人去翻翻加密设备（编译密码的机器）的专利呢，说不定就碰巧查到了转轮密码机 ENIGMA 的设计细节，从此破译德军密码还不就是一宿的功夫么。

20 世纪 40 年代的拆弹小组，组长的平均工作寿命为七到十周。前面提到的那位志愿者伯爵，在成功拆毁了 34 枚炸弹后，被第 35 枚炸弹拆毁。大难不死者背负的重压可想而知。丘吉尔前去劳军鼓舞士气，发现拆弹小组的成员们看上去与其他勇士很不一样："他们满身疲惫，形神憔悴，面色苍白……我们总是滥用'顽强不屈'这个词，但只有 UXB 拆弹小组才真正配得上它。"

炸弹爆炸时，假如检查人员就在近旁，那么爆炸产生的气浪会冲入他全身上下每一个开口，将整个人炸开。与此同时，炸弹外壳也在瞬间炸成碎片，变成一把把超音速剃刀，使人粉身碎骨。想要埋头俯身，但根本无处可避。

但是，最让人害怕的并不是这种一瞬间的灰飞烟灭，而是不那么严重却让人重伤致残的事故。

与维多利亚十字勋章（Victoria Cross）级别相当的乔治十字勋章（George Cross），是用于表彰在大后方为国防勇猛拼命的英雄。这一勋章的获得者大部分是拆弹人员。他们并非不知害怕为何物。有一位曾经在工作时发出惊恐的叫声，最后被人拖出弹坑，原因是他看到坑里有一大群老鼠。

二战结束时，英国有大约200万吨弹药，包括13万吨毒气罐、60万吨德国炮弹，而这些全都需要销毁。德国的军火当时有一部分已被同盟军破坏，弹壳被击碎损坏，因此有难以预料的危险性。烈性炸药全部炸光；推进剂和轻武器弹药60吨一次分批烧毁，烧毁时好像有上千架机关枪在同时开火。那些毒气武器则由17艘船载着，尽数倾入大西洋。

这期间大大小小的事故不计其数。在引爆37吨内装硝化甘油的手榴弹时，3千米外的特劳斯菲尼兹（Trawsfynndd）也有无数屋顶被炸塌。1946年，德国的一列火车正在等待人们往上装运炸药，其中一包炸药突然爆炸，继而引爆了周围的炸药。满载弹药的两辆卡车与29节车厢全部化作炮灰。为了扑灭火焰避免继续爆炸，处理小组奋战了整整一夜。这场事故只有8人身亡，倒是出乎所有人的意料。在40年代，去世的所有拆弹人员中，有三分之一是在大战结束之后的弹药处理工作中殉职的。

如今我们还是时不时会发现UXB，有时是在花园里，有时是在壁炉上。70年代英国拍了部电视剧，《拆弹组》（Danger UXB），让观众赫然意识到，祖父母留下的传家宝可能是货真价实的杀伤性蝶式炸弹，里面装的是榴霰弹。一名房地产经纪人给陆军军械队打来电话，要求他们把他在清理已故主顾的财产时收集到的一堆东西统统搬走，包括手榴弹、炮弹、雷管、弹药和地雷。还有一位退役多年的空军中队长，在得了痔疮脱肛后一直拿一枚炮弹当成按摩工具使（按他的说法差不多是这个意思），直到有一天那东西突然消失在眼前。他在急诊处不仅受到了护士们的照顾，边上还有憋不住笑的拆弹人员。

和爆炸装置交过手的人都知道，无论你有多么熟练多么谨慎，运气迟早是会消耗完的。能够毫发无损地活着退休绝对是巨大的解脱，可以从此享受平和的生活，遇到的最剧烈的爆发不过是一个喷嚏。然而他们中有些人退伍后还需要继续与致命装置打交道，战后又为伦敦警察厅干起了拆除爆炸装置的工作。

军队里的拆弹人员现在叫弹药技术官（ATO），不过拆弹小组的组长通常被人叫做"菲力猫"（Felix），就是同名动画片中一只九条命的猫。干这一行想必九条命也不够用。

和前辈比起来，如今的拆弹人员可谓训练有素装备精良。并且他们还配备了用于侦察的机器人，有些情况下可以远程破解炸弹。需要亲自动手的部分越少，保住双手的几率也就越大。

一旦有 ATO 因公殉职，造成事故的装置需要按原样再造，以待确定爆炸原因。之后会公布调查结果，避免再次发生同样的事故。这个工作要说是后人踏着前人的尸体前进，真是没半点夸张。

恐怖分子会把爆炸装置伪装成汽车、信件或购物袋等等。在北爱尔兰的一家军械库，士兵们正在院子里踢球锻炼，看到专门嗅探爆炸物的几只警犬也跑来追着球并表现出极大的不安,他们便把球拆了开来,结果发现里面塞满了绝缘泡沫板和一种叫塞姆汀(Semtex)的塑料炸药。幸好泡沫材料堵住了引火装置。也不是每个嫌疑包裹都有相同的使命。曾有一个扔在布里斯托兵营外的包裹,在一定范围内爆炸后飞出了满天的传单,传单上介绍的是"如何处理嫌疑包裹"。

由于现在的恐怖爆炸装置有很多是临时组装的,因此更加难以预料,这让处理任务变得更危险。有些可以用闹钟或运动传感器引爆,还可以用手机或汽车钥匙远程引爆。有时,恐怖分子的炮弹手会在远处盯梢拆弹人员,一等他在装置前俯下身子便引爆炸弹。有时,恐怖分子会先在显眼处放置一颗炸弹,再在半路上埋下第二颗炸弹,独自走向第一颗炸弹的拆弹人员若是未能留意到路边垃圾筒里另有险情,往往难逃一死。

每一个ATO都知道,恐怖分子只消得手一次,而他自己却不得失手一次。冷静而勇敢的人为此需得背负相当的压力。北爱尔兰冲突二十余年,弹药技术官凭借过人的胆识共获175个奖项和勋章。

他们中有些人之所以热爱这份工作,是因为可以感受到运用前沿技术所带来的刺激感,以及与放置炮弹者斗智斗勇的成就感。他们明白自己所做的工作是在拯救人们的生命。沙场征战的士兵们这样表示他们对拆弹人员的敬佩:"真他妈要命!我可不干他们那种工作!"

拆弹人员想方设法避免爆炸,有位医生却千方百计制造爆炸。他就是卡梅隆·莱特(Cameron Wright)。

被朋友们唤作卡姆（Cam）的他，加入了一支由秘密科学家组成的地下队伍，以其才智胆识与敌人作战。他供职于汉普郡戈斯波特郊外的皇家海军生理实验室，那是一排破烂的木屋，后来成了他们的货仓。

卡姆开展的实验是关于 X 射线对人体组织——他自己的身体——的影响。后来二战打响，国防部的科学顾问来找他，问他能否在"一些非常非常机密的事情"上帮点儿忙。

巴恩斯·沃利斯（Barnes Wallis）那时设计了一种炸弹，理论上这种炸弹空投下去后能在水面上跳跃然后落到水坝基部爆炸。卡姆的任务是在炸弹试验期间坐在飞机里进行观察。试验可不顺利。一枚炸弹炸裂后弹片击穿了飞机的发动机，另一枚炸弹在投放下水后激起的巨大水柱打坏了机翼。两次试验，飞机都仅能安全着陆。

经过训练，炸弹终于能在水面上弹跳了。但它能不能在水坝上炸出洞来呢？"拉德诺郡有个废弃的小型水坝，"沃利斯提议说，"绝对没有用处了……也没人还会想到那儿。我们可以试着把它炸了。"

于是卡姆就跟着飞去了威尔士。他在飞机上启动马达后，炸弹在转轴上飞速旋转起来。这种圆形炸弹之所以能在水面跳跃，靠的正是旋转。可是，炸弹却没能离开发射装置。它越转越快，越转越快，转轴上冒出了烟。眼见炸弹要在飞机上爆炸，卡姆一把抓住悬在头顶的支杆，把自己吊在炸弹舱上面，朝炸弹踢去。他一脚接着一脚踢着那个旋转的圆球，身子向前倾覆。事后他承认自己当时在想："这种找死的方法不光是危险，还荒谬得很啊。"猛然间，炸弹被踢飞了，留下卡姆悬在空空的炸弹舱上面，底下的水坝轰然炸响。

爆炸属于卡姆的专长。他的一大乐事是带领新进人员参观研究所，然后带大家参与研究。有一次，他带着一群人来到一个装满水的环形钢槽旁边。

"现在，我要向大家展示水下爆炸的效果。"他像预言灾难似的宣布道，"卷起你们右手的袖子，把胳膊伸到水里。"大家饶有兴致地照做了。"预备，开火！"

砰的一声，水槽中间溅起一大片水花。参与的人还以为自己肘部以下的手臂已经被炸断。

"这，就是区区1.5克炸药引起的效果。"卡姆兴致勃勃地说道，"现在，这里有些套管，拿一个套在另一只胳膊上，然后再把胳膊伸进水槽。"

大家不太情愿地照做了，有的套上了金属管，有的套上了橡胶袖套。

"开火！"

这下，那些戴上金属管的人感觉自己的两个胳膊都像是被炸飞了。可戴着橡胶袖套的实验者却若无其事。"告诉诸位，"卡姆说，"刚才的压力是每平方英寸1000磅，假如你戴了橡胶就不会对你造成伤害。为了证明这里没有什么猫腻，下面请刚才戴橡胶袖套的人再改戴金属管，然后我们就证明完成了。"

卡姆为执行水下突袭任务的潜水人员设计的防护服，可以保护人体免受爆炸的伤害。他成了水下爆炸伤的权威。由于水的可压缩性比较小，水下爆炸形成的冲击波比在空气中传得更远，因此水下爆炸非常危险。

预测深水炸弹对沉船逃生者会有什么样的影响，是当时一项紧迫的任务。卡姆和一位名叫贝比（A. H. Bebb）的物理学家一起，合作检查了水下爆炸所产生的两个致命效应，一是冲击波（会把潜水员打得粉碎），二是紧接着的"水锤"效应（会挤压潜水员）。卡姆询问了多名水下爆炸的生还者，一遍遍听他们讲同伴是怎么样一瞬间丧失了动弹四肢的力量，发出急促的喘气声，然后被波浪吞噬。他还去参观了爆炸身亡的士兵的尸检。因为那些严重的内伤往往在外表不着痕迹。

卡姆亲身经历了多次爆炸。为了测试空气垫可能具有的隔绝性能，他穿着充气的救生衣在水中全身放松，同时在身下引发剧烈的爆炸。据说他被冲出去了很远。他的研究课题中，有很大一部分是让实验者——包括志愿的海军潜水员，当然还有他自己——悬浮在海水中，然后引爆 TNT 炸药。炸药量一次比一次大，炸药距实验者的距离一次比一次近。有位潜水员私下里说"就像被当头打了一棒"。在每人经受了 30 次爆炸后，卡姆冷静地记录下了大家的症状："潜水员肺损伤加重，鉴于胸部和耳部的临床表现（肋骨骨折和鼓膜破裂），结论是，勿让受试潜水员在该深度承受爆炸。"

有一个难题困扰着卡姆：有时候距离较远的爆炸反而比一些较近的爆炸造成的损伤更大。"那些显然爆破参数较小但从临床表现上看后果很严重的爆炸，让卡梅隆·莱特医生有点心烦。他在距离 200 磅炸药 2100 英尺范围内的地方下潜了 50 英尺。爆炸后，水下的他遭到冲击波的撞击，无法动弹，后背剧痛，失去知觉，被推上水面。"卡姆被人捞起时身体已经麻痹，口鼻耳血如泉涌。

卡姆一边在医院养伤，一边琢磨起受伤的原因来。从前的几次爆炸，计算得出的冲击波强度要比这次大得多，可是这次受的伤却要严重得多。思来想去，他认为，自己悬浮在海水中时并不是只受到了爆炸本身的一次冲击，而是几乎同时受到了多次冲击。在相对较浅（30米）而海底多岩石的海域，冲击波不仅会直接通过海水，还会在海底和海面之间反射。倒霉的卡姆正好悬浮在不同方向的冲击波汇集之处。身体刚有所好转，他就立刻又投身进了上次的实验，爆炸的其他参数不变，但根据计算结果改变了下潜的深度，可以偏离多次爆炸冲击波的影响。谢天谢地，这一次，他"没有感到任何不舒服"。

几年之后，卡姆计划做场关于水下爆炸的报告，但因为有别的事要忙，就叫一位同事替他去讲。报告中展示了一张胸腔X射线片，不知是哪个可怜人的，X射线片显示肺被炸碎了。同事好奇心起，揭开X射线片角落的标签，看到上面的病人名字：卡姆·莱特。

海军部还想知道，是否有可能在不携带呼吸设备的情况下从深水的潜水艇逃生。但是去尝试这样的任务极其危险：身处深水时，肺容纳的氧气是否够用？上浮过程中人会不会窒息？

莱特的老板认为要完成的实验过于危险，但卡姆还是趁老板外出度假之机干了起来。他把自己浸没在实验室封闭间的冷水里，水压大小调至相当于91米水深，然后一边迅速降压一边吐气。哪怕是闭口一小会儿，肺都会有胀气和爆炸的危险；而吸气的本能更是难以抑制。接着他又重复了一次实验，从100米水深，以更慢的速率（0.6米/秒）上升。按同事的话说，这是"十分勇敢而非凡的行为"。实验的结果是，皇家海军采纳了卡姆的技术方法，从深达180米的水下自由漂浮脱险，而卡姆本人也因为勇敢地亲身实验获得了大英帝国勋章（Order of the British Empire）的表彰。

除了卡梅隆·莱特，还有许多因为良心拒服兵役的人同样是二战期间默默无闻的英雄。在英国，那些因拒绝参军而在特别法庭接受审判的人，如果是出于真正的人道主义原因或由于宗教信仰而拒绝杀戮，就可以选择非战斗性的工作，比如卫生员和救护车司机。这些工作并不是就没有危险。历史上仅有三人曾两次获得维多利亚十字勋章，其中就有两人不是战斗英雄，其一是医务人员，其一是救护车司机。

少数"拒服兵役者"志愿充当医学研究的人类小白鼠。布莱恩·梅格雷思（Brian Maegraith）教授在做检测抗疟疾药物毒性的试验时，试验对象就是他自己、他的同事以及教友会公谊服务会（Quaker Friends' Ambulance Unit）的志愿者。物色志愿者的还有肯尼斯·梅兰比（Kenneth Mellanby），他是位昆虫学者，对疥疮产生了兴趣。疥疮是种由小小的疥螨引起的皮肤瘙痒症。疥螨啃咬皮肤，在皮下钻打隧道，引起难忍的奇痒。它们排放在隧道的排泄物会造成脓疱感染，导致风湿热以及淋巴管与肾的严重问题。有些人会得一种异常骇人、几乎无药可救的并发症，叫做"痂皮性疥疮"，双手双脚还有胳膊的皮肤会被厚厚的痂皮完全覆盖。

20世纪三四十年代，英国疥疮成灾。很多孩子在整个童年和青春期都饱受疥疮之苦，还因此遭学校拒收。城镇设立了专门给人消毒的"清洁站"。战争爆发时，疥疮病情在军队中已经十分严重，发病率达到了流行病的标准。据估计，有相当于整整两个师的士兵因为疥疮住院，更别提还有多少平民劳工遭受感染。

梅兰比着手研究疥螨的生物学特性，决心弄清楚疥螨如何在人与人之间传播疾病。他在谢菲尔德的一座维多利亚式别墅中建起自己的研究机构，召集了12位拒服兵役者作为常驻试验对象。这些人中有做送奶工的，有当数学老师的，有艺术家，有美发师，还有煮海螺的工人。他们心甘情愿参与试验，没有一个早退，全部坚持做完各项试验，甚至还劝说自己的朋友前来加入。尽管报纸上常常把拒服兵役者刻画成懦弱愚昧的人，梅兰比的队伍却证明了自己的智慧和勇敢，以及特有的幽默感。在他们决定给自己设计一个纹章时，有人提议说，也许可以画上黄色条纹（yellow streak）——代表懦弱胆怯之意。至于纹章上的铭文，就把威尔士亲王纹章上的"我服务"（Ich dien）添上一个字母变成了"痒服务"（Itch dien）。

为了说明人很容易就沾上螨虫，他们睡在病人的床上用品上，还穿上病人的内衣。可是，谁也没有染病。他们觉得上当了。

梅兰比给军官们做报告时提到，刚成熟的雌性会让人得疥疮，听众闻言哄堂大笑。这话指的当然是雌性疥螨，但是回头再想时，他思忖或许另一种雌性也能传播疾病。说不定疥疮还真是一种性传播疾病。疥螨显然会高高兴兴地钻进生殖器的皮肤在里面打起隧道。梅兰比琢磨着是不是可以花钱请染病的女人来和志愿者睡觉。可志愿者会对长满疥疮的肉体发生兴趣吗？出于实验目的的通奸能见容于科学报告么？

幸运的是，还没招募到什么女人，就先发现有两名志愿者染上疥疮了。他们在感染疥螨后的开始几天没有表现出症状，原来疥疮的潜伏期可达两个月之久。

随后，染上疥疮的志愿者开始与未得病的志愿者同床共枕。就算没有实质性的亲密接触，温暖的床本身就提供了理想的感染环境。为了让疾病继续发展，志愿者忍受着病痛，坚持了9～18个月。由于奇痒难忍，他们把睡衣裤都挠成了碎片。尽管如此，没有一个人要求把试验时间缩短。为了检验个人卫生是否影响疥疮的治愈，半数志愿者被要求定期沐浴，另一半则完全不给沐浴。虽然不洗澡不会恶化症状，不过倒是能大大打击医生给志愿者检查身体的热情。

志愿者的工作破除了当时有关疥疮传播的好几项谣传。有一种人们信以为真的说法是，身上带了螨虫的士兵在休假回家时把病传给了家里人。而事实刚好相反。士兵们会定期接受检查和治疗，但在回家省亲时却再度受到感染。志愿者写了首诗来澄清这一点：

> 小小螨虫，大有研究
> 何以得病，起因有谬
> 返乡归家，搂妻抱儿
> 温香软玉，伴于床榻
> 殊不知，旧病待重发
> 唯有牧师，以德服螨
> 疥螨虫虱，何以沾身？
> 于门于车，于厕于坐

他们组建了一支医疗队，测试"治疗"疥疮的各种方法，每周待治的病人有150人之多。

疥疮在志愿者经历的诸多磨难中只不过是其中一项。有了这群乐意帮忙的小白鼠，梅兰比又问他们是否还愿意参加其他试验。他们全部自告奋勇参加了饮食实验。无论食物有多么难以忍受，他们都谨守原则，绝对严格遵守饮食限制。二战期间英国推行一种"爱国粗麦面包"，这种新面包的成分是否会有损人体吸收钙质的能力还不确定，于是志愿者参与了消化吸收性测试。最后没发现这种面包有影响。

他们还参与研究维生素缺乏症。将近两年时间，志愿者忍受着乏味而营养不足的饮食。被剥夺维生素 C 的实验者得了坏血病，还要参加伤口愈合实验：在大腿上划出伤口，等伤口愈合后用砝码来测量需要多大的力可以使伤口再度开裂。

其他实验还包括"外科休克"。外科休克并非在受伤后立刻休克，而是指受伤之后造成的精神创伤，表现为流汗、血压骤降、脉率加快和昏迷。实验中，先是给志愿者注射化学物质，诱发出上述症状后再在他们身上做许多"心惊胆战的实验"。这些志愿者个个备受折磨。

为了评测新的抗疟疾药物，研究人员给志愿者接种了一种剧毒且有潜在致命危险的病原体。所有志愿者都得了"怪病"。考虑到潜在的危险，研究人员决定提前结束实验，可志愿者却坚持说，因为实验的目的是为人类解除痛苦，所以他们理当挺过实验所要求的那么长时间。

不想参军的话，也不是非得要当拒服兵役者。那些参与机要战备工作的人同样获得了赦免，比如为企业研制新药的科学家。战时对新的抗生素以及其他药物的需求十分紧迫。丹麦一家制药公司 Medicinalco 的职员因为受到研究工作领头人的鼓舞，成了热情高涨的自体实验者。他们就像兄弟连，拿自己的健康冒险，推动新药进入市场的步伐。他们称自己为"死亡营"。

这样做既不是出于强制，也不是因为有多少回报。他们因为提供血液样品而得到的报酬或许只是一杯红葡萄酒。在年终尾牙时，那些冒了最大风险的人和经受了最可怕副作用的人获得的奖赏是：一具小小的塑料骷髅——死亡的象征。其中的自豪不亚于任何军事勋章。

此前几年，佩腾科费尔曾把自己痛饮霍乱菌液的举动与战士的行为联系在一起："我本应视死如归……我应当像战场上的勇士那样为科学而牺牲。"

十三　受苦受难

Suffer

肯定会被毒气放倒,但也许能大难不死。

——约翰·斯科特·霍尔丹鼓动志愿者参加毒气实验时说

在热血沸腾、雄性激素飙升的战场上,很多人做出勇猛的举动也许出于一时冲动;而拿自己做实验的人所表现出的冷静以及适当的勇气,却体现了更深思熟虑的胆识。

杰克·霍尔丹的勇气中既充满热血又不乏冷静。他热爱战争。1915年的4月炮火纷飞,轰炸不断,这是他人生中最快活的一段时光。他会在夜间突袭两军交战的无人地带,或是窃听敌军动静,或是将炸弹投进敌军营帐。陆军元帅黑格(Douglas Haig)说他是"军中最勇敢也最卑鄙的军官"。

他还经常做些逞能的举动来展示勇气。比如光天化日在德国人眼皮底下骑车穿越一片空地。他打赌对方会惊讶得忘了开枪,等他们反应过来之前,自己可以骑完一个来回。幸好正如他所言。他把这种举动称为"新冒险,不是被迫去完成的冒险……玩得很愉快"。

杰克写信回家说自己获得了一份"绝好的工作",是当炸弹军官。他让受训者用牙齿把引爆装置接到雷管上,还警告他们说,一旦触发引爆装置,他们的嘴会变得相当大。另一项操练内容,是拿点了火的炸弹玩传球游戏,最后把炸弹扔出去。他给下级军官做报告,一边讲事故是多么容易发生,一边用雷管往烧红的烟斗里填烟丝,把听众吓得不轻。

杰克大无畏的气概受训于父亲约翰·斯科特·霍尔丹(John Scott Haldane)的"勇气练习"。老霍尔丹是位著名的生理学家,在儿子还是个小男孩时就带着他下矿井,这自然让小霍尔丹很害怕。一路上,小杰克不得不摸黑顺着主井下降,从一架升降梯换到另一架升降梯。在迷宫也似的巷道中,两人迷了路,爬进一条有沼气的坑道。老霍尔丹叫儿子站起身来背诵安东尼在恺撒葬礼上的演讲《朋友,罗马,同胞》。不一会儿,杰克晕厥跌坐在地,呼吸到下方的空气方才好转。这让他了解到,甲烷比空气轻,并且短时间内不足以致命。

空气质量对人体健康有何影响,这一问题让老霍尔丹很是着迷。他分析了贫民窟、工厂和下水道的空气,通过比较,发现学校的空气还不及下水道的好。这个工作也不是没有风险。为了收集空气样本,他曾爬下污水处理场的坑道,而就在那里,几小时前有五名工人刚被硫化氢气体夺去了生命。

之后他又潜行进入了伦敦地铁,通过一根管子吸取空气样品。正因为他发现地铁空气中有毒的一氧化碳气体含量十分之高,才催生了伦敦地铁的电气化改革。

寻找夺命气体的最佳场所要数煤矿。当时,地下爆炸司空见惯,而每有灾难发生,霍尔丹总是一把抓起矿工帽拔腿就往现场冲。他给太太发电报让她放心,可电报上的话前言不搭后语,无非让家人看后更加确定他正在接触这样或那样的毒气。

老霍尔丹能凭气味识别出大多数气体。某矿井爆炸后,他凑在排放矿内有毒气体的通气管管口辨认毒气。排出的气体未经空气稀释,他一吸之下便喘气不止,脸色发青。"是碳酸。"他宣布道。接着,他又凑上管口吸了两次来确认刚才的判断。

老霍尔丹发现,矿井事故的受难者大多并非如人们猜想的那样死于爆炸,而是因为缺氧或吸入一氧化碳窒息而亡。为了检验一氧化碳的毒性,他一边吸入一氧化碳一边记录自己的症状,同时给自己抽血分析血样。等到他难以支撑时,试验停止,他的心跳也差点停止。此时他血液中一氧化碳的饱和程度仅比受难矿工低 4%。

他之所以能这样冒险是因为他的实验同伴——小鼠。老霍尔丹曾向别人建议,能用人做实验时就别用动物做实验,但就他的这一实验而言,小鼠相当有用。这种小动物的呼吸频率很高,肺部气体和血液的交换速率很快,比人类快近 20 倍。因此,鼠类对有毒气体的敏感性也差不多是人类的 20 倍。

在他的实验中,人鼠共享空气与一氧化碳混合的有毒气体。不到一分半钟,小鼠就撑不住了,呼吸正常空气后才恢复过来。而老霍尔丹支撑了半小时后终于表现出与小鼠一样的症状,出现症状的时间比小鼠晚了 20 倍。而代谢率更高的小鸟对毒气的敏感程度会更甚于小鼠。

在这一研究结果的指导下,矿工们开始把金丝雀带到矿下,用作指示空气质量的早期示警。金丝雀的爪子经过特殊的修剪,可以让鸟儿失去知觉后还悬在栖木上,成为显眼的警示。老霍尔丹还为金丝雀设计了专门的鸟笼,一旦鸟儿昏厥,笼子四周会密封起来形成盒状，鸟笼的提把中则装有一小筒氧气，可以让鸟儿恢复知觉。金丝雀恢复知觉的速度也比人类要快 20 多倍。

为证明煤尘是绝大多数地下爆炸的罪魁祸首，老霍尔丹将若干大锅炉首尾相连焊接起来，在地面模拟出一条 30 米长的"水平巷道"进行实验，巷道内的横档上涂以煤尘。他在巷道一头引爆一小包炸药。沿管道方向的爆炸冲击力将最后两节锅炉炸得粉碎，一大块金属板从站在 300 米开外的霍尔丹父子头上呼啸而过。爆炸的巨响一直传到 10 千米以外。其后的几次实验证明，石灰石粉尘能遏制爆炸。

老霍尔丹还总结性地指出，肺尘病是由吸入尘埃导致。很多时候，诸如此类的实际问题正是老霍尔丹开展生理学研究的出发点，而他的工作成果也极大地降低了那些高危职业要遭遇的风险。

老霍尔丹的哥哥理查德（Richard Haldane）当时在陆军部的爆炸物委员会（Explosives Committee）任职。有一次要做演讲，海报这样写道："关于爆炸物的公共演讲，演讲者 R. B. 霍尔丹先生，实验演示者 J. S. 霍尔丹教授。"警局看到海报后派人在开场前把前三排座位先清了出来，以免霍尔丹教授待会儿用更刺激的方式来把这三排清空。

在自己家，老霍尔丹把阁楼改建成了带有气密室的实验室，在那儿研究各种气体的作用。有时候他会叫来自己的女儿内欧米[①]，关照她留神注意爸爸的情况，一旦见爸爸晕倒，要把毒气

---

① 婚后叫内欧米·密歇森（Naomi Mitchison），1897～1999，是位著名的作家、诗人。

排出，把人拖出气密室，做人工呼吸。内欧米那时只有十二岁。

老霍尔丹的髭须长得乱麻一般，样貌颇为古怪。他是那种典型的生活上心不在焉的教授。他会通宵干一夜，到了中午起床吃早饭。有一回，他邀请了客人来家共进晚餐，结果他忘了这事，晚饭迟到了。他冲上楼去换衣服，可是迟迟没有下楼。他太太去看是怎么回事，结果发现他已经睡了。他解释说："我突然发现自己在脱衣服，所以我以为到了睡觉的时间。"

1906年，老霍尔丹受命研究深水潜水的生理学，于是他转而关注高压对人体的影响。当时海军部很关心的一个问题是：很多潜水员在上升时会出现减压症，失去知觉或四肢瘫痪。在经过计算并用山羊做了一些试验后，老霍尔丹把海军潜水员志愿者送到了水下。当时允许的最大水深是30米，而他们几乎到达了这一深度的两倍。此后，潜水的水深世界纪录被一次次不断刷新。老霍尔丹建立了第一份指导潜水员安全返回水面的减压表。他还创建了"霍尔丹原则"，所有的减压表都以该原则为基础。经他确定，潜水员可以安全上升到最大水深的一半距离。之后必须一级级朝水面上升，在规定的水深处停留一段时间，把高压条件下累积在体内的有害氮气呼出体外后才能继续上升。

1915年4月，德军发动了第一次毒气战。他们释放出168吨氯气，致命的毒气形成绿色云团朝同盟国军队飘去，速度之快让人难以逃脱。在毒气的笼罩下，许多士兵双眼变瞎，脸色发青，身体扭曲，痛苦地挣扎。他们口中吐出胶水般的黏液。在氯气的刺激下，肺的内膜脱落下来变成痰液，堵住了气管，阻塞了肺叶。有些士兵就死在了战壕里。枯黄的草地上横七竖八躺满了牛尸。

此时已任大法官的理查德·霍尔丹要求弟弟查明德军用的是

什么毒气，并为军队设计防护装备。于是约翰·霍尔丹教授奔赴法国，参加在第一次毒气袭击中受难的士兵的尸检。他立马判断出死因是吸入氯气，因为他自己曾经"在连接漂白工厂的下水道中有过一次可怕的个人经历"。

英国陆军大臣基钦纳（Kitchener）呼吁本国妇女用弹力织物和棉布为军队制作面罩。这只不过是转移民众焦虑感的策略，让老百姓觉得自己在给国家帮忙？9万个这样的自制"防毒面罩"被分发到了前线。当第二兰开夏燧发枪手团（2nd Lancashire Fusiliers）遭遇毒气袭击时，他们就带着那些面罩。根据记录，自此兰开夏燧发枪手团"不再以军事目的存在"。

与此同时，就在霍尔丹的家中，阁楼里传出阵阵咳嗽声和干呕声，表明实验正在顺利进行。老霍尔丹正与两位化学家在充满致命氯气的气密室合作，测试刚有了雏形的防毒面具。空气中哪怕只有0.1%的氯气，都会让人难以呼吸，还会强烈地刺激眼睛。老霍尔丹的女儿内欧米与他家房客奥尔德斯·赫胥黎[①]把羊毛织物扯碎，填充进防毒面具内，给他们测试吸收毒气的效果。他们还试了袜子、西装背心、内欧米的睡帽以及赫胥黎的围巾。为了寻找合适的化学吸收剂，他们把厨房翻了个遍。

另一方面，由于不断有士兵死于毒气袭击，老霍尔丹想出了一个应急的法子，让士兵们在战场上临时制作简易的防毒装置：用手帕裹住泥土，或是把湿布塞进敲掉了底部的瓶子里，这些简陋的滤器可以一定程度地保护肺部。浸了亚麻籽油的纱布则可以

---

① Aldous Huxley，1894～1963，英国作家，1935年前后移居美国，作品有《美丽新世界》等。

用来防护眼睛，让士兵们不至于完全看不清。

老霍尔丹在法国也建了一间带气密室的实验室。小白鼠有霍尔丹本人、一位因为拒服兵役而从矿井研究时期就跟随霍尔丹的助手，以及暂时从自己部队过来帮助老爸的杰克。他们几人测试了不同浓度的氯气在戴或不戴防毒面具时的影响。气密室里还有一个健身用的转轮，为的是让他们确认戴着防毒面具逃跑也不会有问题。杰克后来这样描述他们的演习："每当我们中有人因为吸入太多毒气而使肺部充分过敏，另一个人再顶替上阵……有的人因此不得不卧床数天，我则是呼吸变得十分短促，有大约一个月时间无法跑动。"尽管身体虚弱，杰克还是被召回部队执行任务。在赶赴前线的途中，他因为爆炸受了重伤。这反而让他逃过一劫，因为就在接下来的几天时间，他所在的营几乎全军覆没。

最终，霍尔丹他们设计出了有效的防毒面具。而所有相关人员获得的唯一奖赏是一枚军功十字勋章，表彰在将军前来参观实验室时为将军开车门的那位勇敢的年轻副官。

没过多久，防毒面具以一天 7 万只的速度生产出来。而在生产伊始，工厂还弄错了吸收剂，误把腐蚀性的氢氧化钠当成了洗涤用的碳酸钠。

内欧米认为，父亲的肺在那段时间品尝毒气后一直不曾完全康复。老霍尔丹在七十五岁时垮下来，得了肺炎。他被罩在氧气帐下，这也是他过去的一项发明，他倡导了利用氧气减轻受损肺部痛苦的方法。约翰·斯科特·霍尔丹与世长辞时，脸上还带着饶有兴趣的表情，仿佛仍在监测重要的生理学实验。

在他去世的三个月后，《泰晤士报》登出了他要做公共演讲的通告，题目是《奇迹》。

就像战士要"为取得胜利不畏牺牲不怕受伤"一样,老霍尔丹宁可拿自己做实验。还有一些人,他们出于对研究的强烈兴趣而无视痛苦和恐惧,老霍尔丹也乐意拿他们实验。霍尔丹家族的座右铭是"受苦受难"。内欧米幼时重重摔了一跤后哇哇大哭,她父亲明确告诉她这是"勇气守则所严格禁止的"。老霍尔丹也并非胆量无限。他恐高,也不敢学游泳。但科学家的好奇心与帮助同胞的愿望结合在一起催生了勇气。他又把勇气传给了儿子。

杰克还是小男孩时就曾为父亲的实验献血,还哄骗学校里的哥们儿跟他一起去。他自小智力出众。有一次外出考察,老霍尔丹发现大家忘带对数表后说:"没关系,杰克能给我们算出张对数表来。"

杰克成为了他那个时代深具影响的生物学家。他为人类遗传学和群体遗传学奠定了基础。他还将遗传学与达尔文的自然选择结合在一起,创立了现代演化生物学。1938年,杰克追随父亲的脚步当选为皇家科学学会的会员。这一年他四十六岁,头顶光秃秃,眼睛炯炯有神,像头调皮的海象。

此后,他那颗精力充沛的头脑又思考起即将与纳粹德国展开的冲突。西班牙内战期间,他在马德里事无巨靡地记录下空袭结果,备注哪些东西能提供保护哪些则不能。他发表了一篇有关空袭防御的数学文章,还写了一本畅销的防空实用手册。他向英国政府力陈深挖洞的好处,但建议未被采纳。为了证明建在地面上的家庭防空洞[①]有欠缺,他提出要坐在家庭防空洞内并在附近引

[①] Anderson shelter,以约翰·安德森(John Anderson)的名字命名,二战初期很多英国家庭在花园建有这种家庭防空洞。

爆炸药。杰克还谴责当局的政策，说它让伦敦成为不设防的城市。当空袭来临，幸好伦敦市民发挥主观能动性砸开了地铁站的大门，让地铁站充当地下防空洞。

甚至在战争还未打响时，杰克就曾警告过英国政府要注意原子弹的破坏力，后来在评估核辐射造成的遗传损害时，他成为这项工作的主力。他还提出了一项充满想象力的奇特设想：用数千条身上带小磁铁的鱼来触发磁性水雷。

战争爆发的三个月前，他的机会来了。当时，英国海军的皇家潜艇"西提斯号"（HMS Thetis）在利物浦湾做潜水试验，因为误把鱼雷发射管的前后盖子都打开而失事沉船。尽管船体完整，艇尾翘起伸出水面，108名船员中却只有4人生还。船员们生怕海面上并无救援（事实也的确如此），所以没有及时弃船，未能成功脱险。遇难者中近半数是机械工，是普通老百姓，因此工会请求杰克在公开听证时代表他们的利益。

杰克和几个同事一起，把自己锁在钢制的加压舱内，模拟被禁闭在失事潜艇内的效果。他们在里面待了14.5个小时，随着二氧化碳浓度升高，他们越来越虚弱无力，无法带上戴维斯潜艇脱险呼吸器。

这让杰克深刻体会到被困水下是多么可怕。他向妹妹吐露说，那些被困在西提斯号救生舱的人们，在海水涌入时却无法打开舱门，那是何等的恐怖。他认为生理学家最好去研究研究人在致死的异常环境下死前会受到什么影响。

他向海军部力陈，为了提高失事潜艇船员的生还可能，他需要研究人在高压下呼吸逐渐恶化的空气时会作何反应。海军部被他说动，因此他成为少数几个为陆军部执行秘密研究的正式共产党员之一。

他招募来国际纵队的四名成员（因为他们在受到压力时能保持冷静）、自己的秘书以及一名研究生（研究生后来成了他妻子）。他们个个都要参加实验，纵然没有被毁灭，至少也会失去知觉。基本上每次实验结束时都有人发病、流血或呕吐。杰克则会说："好。为图表贡献了一个数据。"流鼻血是家常便饭，所以通常你要想搜寻他的话，顺着带血迹的棉球走就行。

他们做实验的地方被称为"压力锅"，这是一个钢制的密闭舱，看上去像侧倒的锅炉，长2.4米，直径1.2米。里面能挤进两三个人，但人在里面直不起身来。一开始，实验受试者既没有灯也没有电话，以特定节拍敲打外壁或从小舷窗传递信息的方式交流。

杰克这样描述在舱内的情景：

> 我呼吸深快，脉搏110次……写字时略颤。但是，同伴何以不能规矩些？他正在讲傻笑话，并试图唱歌。他双唇紫得发黑……我感觉相当正常；事实上我刚好在构思一个十分滑稽的故事。我确实不能自行站立。同伴提到汽缸里有些氧气……迁就他起见，我呼吸了几下。其结果令人惊诧。电灯变得亮多了，我甚至担心保险丝会熔断。泵的噪音升高了4倍。我的记事本本应该记录我的脉率，结果写满了经常重复但字迹难辨的叙述。上面写着我感觉好**多**了，还有对同伴的评论，其中最为轻微的诽谤是说他醉了。我取下氧气管，再度陷入一种说不上讨厌的精神错乱状态。

另一间密闭舱要大得多，可以往里灌水，水深可超过2米，以便人们在里面开展繁难的水下测试。高压和冷水是一对恶劣的组合。只穿衬衫单裤，泡在冰水中，在比正常气压高10倍的气压下呼吸，能立马晕厥反而是种解脱。身处如此这般的水箱，就连坚强的潜水员也会有严重的幽闭恐惧。杰克承认："这是个古怪的实验，要浸在黑暗的水箱里等着，你知道自己任何时刻都可能失去知觉，可能醒来时背部骨折，也可以想象再也不会醒来。"

他父亲把压力锅叫做"恐怖舱"。原因显而易见。当气体压缩，舱内会变热，这跟你给自行车轮胎打气时气筒会发热是一样的。杰克拿折起的报纸当扇子扇，报纸却被扯碎了，因为空气的密度很大，在这么大密度的空气中连绿头苍蝇也飞不起来。而在减压时，潮湿的冷空气让舱内充满雾气。几个礼拜后，杰克的腕表慢慢停走了，原来表内的主发条已不堪铁锈的重负。妻子又给他买了块气密手表。他戴上后第一次做加压实验时，表面就被压坏了。

变换气压的速度有时也会造成问题。杰克的最快"潜水"速度是90秒钟从1个大气压到7个大气压，压力变化相当于引航员以两倍音速垂直下潜。快速"上浮"更加危险。在他快速上浮时，一颗补过的牙齿发出了尖锐刺耳的声音，并爆炸开来，原因是气泡跟不上这么快的上升速度。在几次快速减压实验中，一位同事的右肺发生萎陷。幸好没有两肺都发生萎陷，否则他就没命了。托肺的福，他没能当成军医，同事打趣他因此能"舒舒服服"地在恐怖舱里旁观战争。

轻微的减压症则是家常便饭。杰克的左半边臀部有局部麻痹。不过，让他感到很幸运的是"麻痹没有发生在其他更重要的感觉区域"。他的两耳鼓膜也被炸破。鼓膜愈合后还留着几个小孔，因此他耳力受到些影响，好处则是耳朵里也能吹出烟圈来。

在当时，要在相当于 60 米水深的压力下工作，需要具备技术能力和专业技巧。杰克团队的模拟潜水达到了 120 米之深，接近当时可以想象的最深水深。他们的研究改变了潜艇脱险的步骤，并把 66 米确立为脱险、下潜时安全使用压缩空气的深度下限。

战时各种新问题层出不穷，而且这些问题亟待解决。蛙人和水下骑士（人操鱼雷的驾驶员）用的是循环式氧气呼吸器，因为这种设备不会产生暴露形迹的气泡。于是，霍尔丹的队伍又研究了高压下氧气对人体的影响。这项研究需要完成有史以来最累人的潜水实验方案——在毒性环境中潜水千次以上。氧气，是支撑这个星球几乎所有生命的气体，但它在受压时对人体有毒性，会引起恶心、麻痹和抽搐，抽搐严重时还会造成骨折。杰克因为肌肉突然收缩而发生椎骨粉碎性骨折、髋骨脱位。氧中毒有其特有的危险，其一是发作时间难以预料。同一个志愿者，在 3 个大气压的压力下，这一次能撑 85 分钟，下一次却只能撑 13 分钟。经杰克他们确认，深于 18 米时呼吸纯氧是危险的。

做了约莫一百次实验后，杰克变得十分敏感，只要在氧气中暴露 5 分钟就开始剧烈颤抖。在棺材也似的密封加压舱做的这些实验，甚至让大胆的杰克都做起了噩梦，梦见自己被关在舱内逃不出来。但这并没有阻止他继续实验。

英国海军部当时引进了小型潜艇，要让潜水员待在这么小的船体内长距离潜行，并且出舱潜到敌船外安置水雷然后重回潜艇内，有可能吗？海军部请杰克对此展开研究。尽管厌恶潜艇，杰克和他的忠实搭档马丁·凯斯（Martin Case）还是把自己关进了钢制的小型潜艇模型中，沉到了朴次茅斯港的海底，两人就像是

"装在罐头里的虾酱"。就在罐头朝水面降落时,空袭警报突然响起,吊车司机随之逃走,把他们丢在了半空中,四周炮弹纷落。他们在沉入水下的"潜艇"里关了两天,电灯和电话通路都是时断时续。有一艘船从他们头顶驶过,因为距离太近,把罐子上系泊用的绳索扯断了,让囚禁其中的两人受惊不小。这一次他们得出的结论是:一筒氧气可以让小型潜艇的全体船员舒服地活上三天,不换空气的情况下也能潜水 12 小时。当然啦,杰克所谓"舒服"的概念和你我是很不一样的。后来,他为争取去北冰洋水下行走,还在 10 个大气压的条件下潜入零摄氏度的水中作为预演。这些实验为英军后来成功突袭德军战列舰"提披茨号"(*Tirpitz*)铺平了道路。

1943 年,英国陆军部提出登陆日(D-Day)要先由"蛙人"扫清水雷和海岸工事。为了避开水下爆炸,潜水员需要快速浮出水面。要想能较快地浮到安全位置,潜水员最好呼吸由空气和氧气组成的混合气。其中的诀窍在于混合气体的比例:空气太多,会得减压症;氧气太多,则会受痉挛之苦。于是杰克和妻子两人在自己身上施加了相当于水下 21 米深的压力,测试不同的气体混合比例。两人中谁出现了减压症,他们就给自己放一天假。他们俩的测试显示,原本根据减压表需要花 47 分钟才能完成的上浮,按他们的程序只要 2 分钟就能安全完成。1944 年,就在诺曼底登陆的前一天,有 120 名排除水下障碍的"蛙人"带着杰克他们测试成功的混合气体。

除此之外,为取得战争胜利,杰克所做的贡献还包括核查德国人近期发表的全部科学论文,为英国皇家空军提供有关炸弹瞄准设备的建议。杰克还开展了许多统计学研究,涉及的内容包括对伤亡人数的解读、击落德国 V-1 飞弹的最佳策略等等。而他为作战做出的所有工作获得的唯一荣誉,是被纳粹列入入侵英国后欲逮捕人员的名单之中。

战争期间,有一次他和水下爆炸专家卡姆·莱特一起逛进戈斯波特的一家酒吧。他穿着纳粹军官的衣服,卡姆则穿着全套潜水装备,包括铅制的靴子和铜质的头盔。两人泰然自若。

1964 年,他被诊断出长有恶性肿瘤。他写了一首诗,题曰《癌的小趣事》。头两句是:

> 我想用荷马的声音
> 歌颂那直肠癌
> ……

我第一次读到这首诗是在医院里,当时我自己得了直肠癌正在等待手术。杰克会把这叫做"奇特而有趣的体验"。我比他幸运。他动了手术后没过几个月,科学界失去了一位极具天赋与勇气的成员。霍尔丹父子都把遗体献给了医学教学研究。说来,为了这个目标,他们都在有生之年尽情使用了自己的身体。

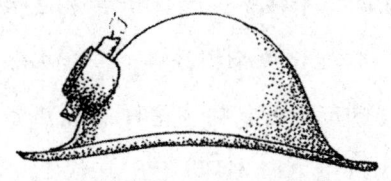

约翰·斯科特·霍尔丹的蜡烛帽——是用来检测爆炸性气体的吗?

十四　漂泊与孤独

Adrift and Alone

水啊水，到处都是水，却没有一滴可以入口。①

——塞缪尔·泰勒·柯勒律治

杰克·霍尔丹绝不是唯一被拖下水执行特殊战时任务的生物学家。他甚至也不是唯一的多面手杰克。20 世纪 30 年代早期，年轻的杰克·基钦（Jack Kitching）刚从剑桥毕业，抱着锻炼自己的目的，他来到苏格兰阿盖尔郡的海面，开始研究水下生态学。一个装有玻璃窗的奶桶、一条花园浇水用的橡胶软管、两只轮胎打气泵就是他的潜水装备。这样子看上去很容易被人错当成卖五金的流动小贩。他比芦柴棒还瘦，"潜水服"是由橄榄球 T 恤、中裤和橡皮底帆布鞋组成的。这样的隔热条件让他难以在冰冷的大西洋里一次待上 20 分钟以上。基钦上岸后不住哆嗦。但半小时之后，他又在苏格兰暖洋洋的雨中再次下水。如此这般一次次短时间的尝试，为他日后考察整个大西洋打下了基础。

1942 年，一支由科学家和工程师组成的队伍在加拿大成立，

---

① 引自叙事长诗《古舟子咏》。

目标是解决空军面临的一些生理学问题。基钦被派到多伦多大学的医学研究部门，在航空医学研究委员会的赞助下开展工作。在随后的三年中，他撰写了 65 篇报告，涵盖 15 个不同的专题。这些课题的出发点都是皇家加拿大空军遭遇的问题。其中部分研究与隶属于英国皇家空军（RAF）或美国空军的科学家合作。

研究人员接到的一个项目是防止飞行员在从俯冲拉起时出现暂时性昏迷。在进行这种演习操作时，飞行员的血液会直向下冲造成脑部缺血。为此研究队伍开发出一种充水的飞行服，让往下冲的水在飞行员腿部产生压力，从而维持飞行员头部的供血。

执行侦察任务的飞机要么飞得特别低，要么飞得虽然高但身后会留下形迹。两种情况下，飞机都能被轻易瞄准击落。倘若能飞得再高些，就能飞到对空炮火的射程以外。但不幸的是，到了 12 000 米的高空，空气十分稀薄，机组人员会严重缺氧。珠穆朗玛峰海拔高度只不过 8845 米，但人要是被一下子甩上去，登时就会因缺氧而晕厥；如果不能立刻被抬下山，将性命不保。挑战主峰的登山运动员一定会在途中适应海拔高度，让血液的携氧能力提高，登上顶峰时还会用上氧气呼吸器。8000 米以上被认为是登山者的"死亡地带"。

军用飞机的机身没有进行密封或增压处理。因为增压的话，哪怕是有一小片弹片击穿机身，都会造成瞬间释压。出了机票钱坐飞机的我们不太留意空姐的广播通告："万一机舱失压，氧气面罩会从座位上方自动脱落。"她们从来不会仔细描述这个"万一"，也不会告诉我们乘客若是被气流从打破的窗户吸出去可以获得赔款。她们不会提到，释压开始后如果不能在 30 秒钟内呼入氧气，我们会昏迷，失去知觉。飞行员只有 15 秒钟的"有效意识时间"，在这段时间内要采取正确的措施，比如，大角度俯冲从而降低飞机高度。

战斗机和轰炸机的机组人员需要配备个人呼吸供氧装备，因此多伦多团队研究了氧气呼吸器的问题。我们正常呼吸时，吸气必须靠胸腔的扩张，呼气则是被动的动作。与此相反的是，呼吸器中的加压氧会自动充盈肺部，但将其呼出体外却需要飞行员费很大力气。所以，新的氧气呼吸器要求，既要有足够的氧压来维持飞行员的生存，又不能让气压大到让飞行员费九牛二虎之力才能呼气。

杰克·基钦与 RAF 的科学家还合作研究了呼吸纯氧的脑功能与生理效应，比如恶心、视力受损等，并尝试了一种可以暂时缓解部分症状的药物。以上实验，他都以自己为实验对象，地点在气密舱内，与杰克·霍尔丹做实验的地方别无二致。不出数月，高空飞行的侦察机机组人员就带上了经过大幅改良的呼吸器。

在机舱内戴着呼吸器没有问题，可是，当机组人员不得不跳伞时，又会发生什么情况呢？RAF 在伦敦附近的范保罗（Farnborough）设立的生理研究中心，作用与前述加拿大团队相当。他们接受的一项任务是，确定人在不带呼吸装置的条件下能够安全伞降的最大高度。曾在牛津当麻醉师的埃德加·帕斯克（Edgar Pask）志愿参与了这项工作。实验过程中，他需要背着降落伞背带悬挂在支架下，同时，他呼吸的混合空气中氧含量逐渐减少。在氧气浓度下降到所测的最低值（相当于 12 000 米高度的空气）时，帕斯克的肌肉剧烈抽搐，而且呼吸变得十分困难，最后他晕了过去。为了避免他窒息，实验只好提前结束。根据这组危险的实验所得到的结果，飞行员从不高于 10 500 米的高度伞降时生还尚且可能，高于这一高度时，供氧装备绝不可少。

轰炸机的飞行高度在 7600 米到 10 700 米之间，外部温度为 $-30 \sim -40$ 摄氏度。B-17 和 B-24 的"腰部炮手"坐在机身两侧的炮塔，机枪从敞开的机枪窗口伸出，刺骨的冷风打着旋嗖嗖地往里钻。炮手戴着厚厚的手套，难以操作机枪。但若是把手套脱掉，手就会冻结在冰冷的金属上，用力将手拉开会把皮肤都扯下来。

在冷库"令人极度不适的环境下"完成的自体实验表明，这样的环境会减少人在单位时间内的反应次数，对操纵飞机的人员来说可能造成严重的后果。保持操作灵活性的临界温度是 12 摄氏度。

基钦还解决了飞行员的保暖问题。高空中，用来抵御低温的衣物十分厚重，无法兼顾操作的灵活性。飞行员不是被冻得难以作战就是受到衣物阻碍操作不便。一些简单的改良包括，手套做成手掌和手指略向内弯的形式，飞行服的膝盖处改成弯曲的。如此一来，服装更匹配机上人员常采取的姿势，穿着就舒服多了。经基钦的大力倡导，研究人员还开发了更保暖也更轻便的电热手套、飞行服和内靴。

如果说寒冷是飞机座舱的一个难题，那么它更是飞行员海上迫降时的一个大难题，当然前提是飞行员没有被淹死。随着日本参战，木棉的供应被切断。木棉是用于填充救生衣的浮力材料，为了寻找替代品，多伦多团队测试了不计其数的材料，一一检测其浮力性质，最后选定了"马利筋绒"。

救生衣的作用在于防止人员溺水身亡，至少理论上是这样。

然而，当看到有那么多身穿救生衣、面朝下浮在水里的死尸时，在救生艇上当观察员的埃德加·帕斯克被吓到了。设计者提出了好几种新型救生背心的设想，这些救生背心俗称"梅·惠斯"（Mae West），得名于一位妖娆的电影女星，因为她的紧身衣里好似藏着什么充气物。按理说，所有的新型救生衣都应该能够强制穿着者保持面朝上的姿势。

检测这些救生背心的自动翻转能力原本不难。让志愿者面朝下浮在池水中，然后看救生衣能否完成翻身工作即可。但事实上，出于心理原因，要在这样的情况下保持不翻身是不可能的。因此不弄晕这些当小白鼠的人可不行。于是，帕斯克披挂上飞行服俯卧在水中。他通过一根软管呼吸，软管一端插入他的气管，一端与池边的麻醉机相连。气管周围有气囊，以防他把水喝进肚里。预实验的结果显示，不穿"梅·惠斯"他就会沉到池底。然后他们需要做数十次实验来确认新救生背心的设计能够保证"生还者"面朝上浮起。为了测试这些救生背心是否也能在波涛汹涌的大海中自动翻转，实验团队转战埃尔斯特里电影制片厂，因为那儿有个带造浪机的大水箱，是拍电影时让模型船在狂风暴雨的"大海"中航行用的。在几米高的浪涛中，救生衣也相当管用。在做这些实验时，水完全可能渗过气囊、流进肺部把昏迷中的帕斯克淹死。

1943年那时，还没有统一规范的技术来抢救停止呼吸的溺水者。四家机构各有各的一套做法。于是，范保罗中心将它们一并拿来检测。

由于缺少新近溺水的志愿者，帕斯克又挑起了大梁。这个实验十分惊险，要在气管内插管，测算人工呼吸吹进肺部的气体量。而在帕斯克被抢救回来（但愿如此）之前，先要让他呼吸停止。他被反复麻醉，直到呼吸停止。如果不能很快重新开始呼吸，他就会没命。实验分为两个阶段，每个阶段超过 4 个小时，最终研究人员确认了最佳的抢救方法。帕斯克心脏暂停了 16 次。我不知道还有谁会为了同胞的利益这么多次故意往鬼门关里闯。而帕斯克只是说，自己睡着觉完成了所有研究。

海上迫降的飞行员就算逃过了溺水，又会很快被低温症攥住。人体对寒冷很敏感。我最近还听说有位妇女在超市里因为体温过低而晕厥。原因是她偷了只冰冻的鸡，并把它藏在自己的皮帽底下。

热量从身体传导到海水的速度比传给空气快 25 倍。浸没在低于 20 摄氏度的海水中会不可避免地导致低温症和死亡。在冬天的北大西洋，"生还者"只能撑 30 分钟。就算是暖洋洋的夏夜坐在佛罗里达离岸不远的救生筏上，身处海浪间也会被冻得瑟瑟发抖。飞行服的绝热层一旦被水打湿就不起作用了。

1943 年 10 月，设计一种不怕浸水的防水"海上迫降服"迫在眉睫。不出一个月，以丁基橡胶材料制成、貌似飞艇的海上救生服进入测试阶段。测试的环境是冰水水池，气温 0 摄氏度。基钦穿着"相对舒服"的海上救生服坚持了 4 个小时。

基钦还作为志愿者之一参与了海上试验。任务包括在 11 月份从加拿大新斯科舍省坐小橡皮艇出海。补给品则是一个"救助"箱，里头有钩、绳、沉块以及织补用的针线。显然，周围有许多足以把船戳破的尖角。此外还有一只模样讨喜的"防蚊帽"以及一把火柴——万一基钦需要点火就能用上了。救济口粮有"引不起食欲的"豌豆汤粉与"极其恶心的"巧克力。要知道，这样严肃的批评乃是出自一个什么都不惧吃的人口中。我曾亲眼见基钦大嚼一块有蛆虫蠕动的巧克力，而他对此的评语仅仅是"富含蛋白质"。

后来几次海上试验证明，穿上改良的救生服在海水里泡15分钟，泡完后再在救生艇上暴晒7个小时，这个过程中确实没有渗水。试验最后，那些没有穿救生服的人"情况糟透了"。之后救生服大规模投产，很快分发到了轰炸机机组人员的手中。1947年，杰克荣获大英帝国勋章（OBE）——"非勋章，寻常也。"① 他这么对我说。

不消说，埃德加·帕斯克也测试过救生服。他从英国领土最北端的设得兰（Shetland）离岸，纵身跃入大西洋。刺骨的寒风给试验雪上加霜。最后不得不在观察人员被冻死前中止试验。帕斯克还故意说什么"热死了"，以此嘲笑同伴。

假如幸存者后来因为无水可喝而渴死，上述帮助幸存者免遭寒冷侵袭的努力便也付之东流。水，是我们膳食中最重要的成分。然而我们又在大肆挥霍着水，仅呼吸一项，我们每天呼出的水就有半升之多。挨饿可以挨上数周，缺水却只能坚持不足10天。

梅兰比手下那帮尽责的被试者证明，一个人在吃"救生船口粮"——最干的干粮时，为维持水分一天需喝1升水。小小一口水虽然提供不了多少生理上的作用，但在心理上却有很积极的影响。那些不用下水的设计师们，在设计食品袋和饮水瓶时显然针

---

① 大英帝国勋章是Order of the British Empire，缩写为OBE，杰克的原话是For Ordinary Bloody Effort，头字母缩写也是OBE。

对的只是在海上待一两天的情况，可海上遇难者却不知道漂流要到猴年马月才能结束。在不知道要漂流多久的时候，想要把微薄的资源作合理的分配是不可能的。

漂泊在地球上最大的储水库却活活渴死，怕是少有比这更悲惨的死法了。饮用海水的问题在于，人体为摆脱多余的盐分会动用更多的水，造成身体进一步脱水。多伦多团队在志愿者身上做了这样的研究：每天只吃那种救生艇上提供的应急口粮（一天800卡路里）。其中半数人每天饮用450毫升淡水加280毫升海水，以此勉强维持淡水量。到实验结束时，补充海水的人比光喝淡水的人体重减轻量要低25%。研究表明，摄取的盐分中多余的部分可以被尽数排掉，对血液和尿液也没有有害影响。遗憾的是，他们没有透露该研究的持续时间。其结果作为机密文献被封锁。这些结果要是公之于众，阿兰·邦巴尔（Alain Bombard）也可以少遭不少罪。

1951年，这位年轻的法国医生被叫去抢救海岸边一艘失事船只的船员。全部43名遇难者一个也没救活，这让邦巴尔深深意识到海难是巨大的悲剧。他了解到，从沉船中逃生，不料却在不久后死于救生船上的人每年大约有5万之多，其中很多人是渴死的。于是，他决定为此做点什么。

他听过一些关于船只失事后幸存者靠饮用海水逃生的故事。提胡·马基马拉（Teehu Makimare）在64天内只靠9升淡水维持自己和6名同伴（后来是4名，有2人溺水）的生存。几乎半数时间他们喝的是海水。托尔·海雅达尔[①]乘坐"康-蒂基号"（Kon-Tiki）木筏完成了横穿太平洋的壮举，一路上他在淡水中掺入30%～40%的海水来维持饮水供给[②]。

贸易商船委员会（Board of Trade Merchant Shipping）的公告说得一清二楚：

> 目前流传一种说法，认为可以饮用少量海水替代或补充淡水。这种说法是错误的，**危险**的。

> 饮用未经处理的海水对干渴的人毫无益处，将导致更严重的脱水和干渴，有可能造成死亡。

按照邦巴尔的说法，饮用海水的秘诀在于，不要等到快渴死的时候再喝，而要从一开始就少量地饮用。人体需要钠，并且主要以氯化钠的形式获取。鉴于此，邦巴尔认为只喝必要多的海水以满足日常盐分的摄取，结果理当是无害的。

无疑，大量饮用海水很有可能会造成致命的肾炎。而邦巴尔主张的是，在船只失事开始漂流后，先小口啜饮海水以维持生命，直至开拓出适宜饮用的淡水水源。那么，适宜饮用的淡水从何而来呢？邦巴尔指出，水分占鱼体重量的60%～80%。显然，可以像割橡胶树一样把鱼割开，获取其中的淡水。我们常常听到，为了保持充足的水分，每天应当喝好几升水。而这种说法的根据，是基于我们膳食中所需要的饮水量计算出来的结果。我们的水分大多来自吃下去的食物，并不单靠喝水。

邦巴尔在自己身上计划了一个大胆的实验。他要把自己放逐

---

① Thor Heyerdahl，1914～2002，挪威人类学者、海洋生物学者、探险家。
② 描写他们航海历险的长篇纪实小说《孤筏重洋》后来被拍成了电影《康-蒂基》，于1951年获得奥斯卡长篇纪实电影奖。

在大海,既不带粮食也不备淡水,试图光靠大海提供的一切生存。他的"救生船"是一艘二手的充气筏,长 4.5 米,浮筒呈马蹄形,两端靠船尾的木制隔板并拢。船中间的宽度不足一米。没有发动机,只用一片不大的帆来推动。他给船起名为"异端号"(*L'Hérétique*),以此表明他对海上生还的观点。

邦巴尔计划先在地中海"巡航",作为检验自己观点的预演。消息传开后,要求加入冒险行动的信件从四面八方涌来。有个记者曾两度自杀未遂,却笃信邦巴尔找到了相当于自杀的万无一失的方法。另一名志愿者富有担当小白鼠的精神,主动提出万一情况不妙邦巴尔可以把他吃掉。有个叫杰克·帕尔默(Jack Palmer)的英国人看起来更有希望,他是个经验丰富的帆船运动爱好者,掌握航行的本领。邦巴尔一下子便垂青于帕尔默,这下,小皮艇里有了两个船员。

他们于 1953 年 5 月 25 日从摩纳哥出发,向西朝巴利阿里群岛航行。有航海专家对邦巴尔有孕在身的妻子说,"你永远也见不到他了"。因为没有淡水,邦巴尔和帕尔默两人在接下去的 14 天内连续 10 天每天喝八九口海水,没有出现不良反应。

航行的第二天,他们钓上了第一条鱼,挤出鱼肉中的"汁"来。起初鱼汁让两人作呕不已,不过很快他们便习惯了,以此解渴。接下来的几天内,鱼钩上始终空空如也。伴随饥饿而来的是"忍无可忍"的腹痛。这可不是在海上长期生存的好兆头。

异端号在地中海西部的梅诺卡岛[①]着陆后,掉转头再度驶入大海,打算继续航行,结果却被异乎寻常的波浪与船的拖链合力

[①] Minorca,巴利阿里群岛的主要岛屿之一。

打翻。船桅折断了，帆撕裂了，桨、电台、照相机、双筒望远镜以及睡袋不知所终。这些东西都须得重置，但是他们得先进入大西洋才行。深夜穿越直布罗陀海峡时，谁也不敢睡觉，因为担心巨大的货船会把他们的船撞沉。

这时邦巴尔嘴里长了脓疮，痛得死去活来，只好用刀切开。船上虽有抗生素，邦巴尔却克制自己不去用药，理由是，发生事故后不得不漂流的遇难者是没有机会来用这类药的。

他们在丹吉尔①停留了一阵，添补了一部分装置。此时，邦巴尔已经对异端号不太放心了。船之前使用过三年，显露出破败的迹象，更新其中一部分装置并不见效。有劝告者预言，这橡皮筏子在大西洋里顶多还能撑 10 天。帕尔默认为继续下去就是送死，主张应当返回地中海结束实验。邦巴尔给他留了张纸条："我决定独自担负出海的全部责任……倘若失败，这将是非专家犯下的错误。"邦巴尔的确并非专家。他既不是海员，又毫无航行知识。毫无疑问，还是在这艘船上，他真正成了遇难漂流者。

话说回来，他还拥有一块表、一个六分仪以及一本有关航海的晦涩难懂的书。于是，他开始试着读取太阳的角度。看上去要确定自己的方位并不太难。可惜，比他所掌握的要难得多。橡皮艇在儿戏般的操作下变得不听使唤。自此，船将在风力的驱动、水流的导航下去往无名的目的地。邦巴尔把自己放逐到了无情的大海中。

从大西洋航行的第一天起，洋流带着异端号向南往 1400 千米外的加纳利群岛漂去。如果错过了加纳利群岛，下一个着陆点

---

① Tangier，摩洛哥北部港市。

将是 6000 多千米外的大西洋另一侧。一路上鱼儿纷纷咬钩，甚至还有条大鱼自投罗网跃入船内。11 天后，加纳利群岛出现在海平面。

在加纳利的拉斯帕尔马斯（Las Palmas），邦巴尔终于可以告诉妻子自己已经安全抵达。妻子则告诉他，他们的女儿娜塔莉也已经降生了。他还弄到了一个收音机。因为这玩意儿不能发射信号，所以也就不存在怎么在遇到险情时发送 SOS 的问题。

从拉斯帕尔马斯出发，他随着北赤道暖流向西漂流。这股洋流就像海洋中的一条河流，在北大西洋形成周长逾 8000 千米的巨大涡流。他只能待在干流。假如异端号往南漂得太远，他会遇上时不时掀起暴风巨浪的凛冽的信风。而如果顺风向北，则有可能困在马尾藻海中停航难动。

邦巴尔曾听捕鱼者警告过，远海很少有鱼。而他的捕获也仅能勉强应付对水的需求，于是他开始小口小口喝海水。相比地中海的水，大西洋的海水没那么咸。

没多久，他发现自己置身于风暴之中，在惊涛骇浪面前，皮艇是何等渺小。小船一时被甩上浪尖，一时又滑入暗黑的深渊，最后被铜墙铁壁般的巨浪包围，禁锢在汹涌的海水之中。

橡皮艇里灌进了许多海水，困在其中的邦巴尔如同被压在海底。向外舀水只是徒劳。他把自己捆在桅杆上，等待风暴平息。两天后，又一场暴风把船帆一撕为二。备用的帆刚刚挂好，又瞬间被风刮得无影无踪。没办法，只好再勉力修补旧帆。

一连数周，他白天暴晒晚上挨冻。船内进水是家常便饭，接下来的航行中睡袋成了水袋。因为担心小橡皮艇被巨浪打翻，他夜里常常不得安睡。

在阳光的炙烤下，那些浸过海水的表面晒出了盐粒，而盐粒吸收湿气后又弄得到处潮湿。盐也加剧了邦巴尔身上伤口和磨损部分的疼痛。并且，由于久坐，他还得了褥疮。唯一能减轻他痛苦的东西是一块小气垫。可是有一次垫子落到了船外。等他发现时，垫子已经在百米开外的水面随海浪沉浮，这让他沮丧万分。他把浮锚抛进水里，这种浮标在水下能像降落伞似的打开，从而减缓船的漂流速度。然后他跳进海里去寻找垫子，虽然很快找到了，可往回游时却发现皮筏正飞快地漂远。想来是浮锚的绳子被缠住了，没能正常打开。邦巴尔以最快的速度向船游去。尽管此时身体状况不佳，但他好歹是游泳高手。可橡皮艇漂流的速度实在太快，他来不及追赶。他干了件多蠢的事啊！就要为了一块垫子而淹死。就在这当口，船速突然减慢了——一定是浮锚的绳子解开了。几分钟后，他终于如释重负地回到了船上。

邦巴尔已经能有规律地捕到鱼了。鱼为他提供了淡水、蛋白质和鱼饵。有些鱼骨还能充当鱼钩。可即便如此，他的体重还是迅速减轻。许多饮食指导计划都只包含品种极其有限的食物，这样的饮食单调乏味，导致减肥人士越吃越少。每天吃生鱼对我来说肯定也有减肥奇效。当有只鸟被渔线挂住时，邦巴尔期待着终于可以享用一下鸡肉味。可还是和鱼一样！

此时他已经在海上待了40多天，按说该有坏血病的症状了。离他最近的柠檬在数千公里之外，不过，他想出了一个新方法。邦巴尔知道，鲸鱼和人类一样无法靠自身制造维生素C，但鲸鱼不会得坏血病。那么，它们一定是从食物中获得了这种维生素。另外，有些鲸鱼只吃浮游的小甲壳动物。鉴于此，他每天用密目渔网打捞浮游生物，吃两勺让人泛恶心的浆液。这一招果然有效。

十四　漂泊与孤独

邦巴尔用绳子把自己和橡皮艇拴在一起，然后下船查看没在水下的橡皮部分。他看到在拉斯帕尔马斯打的补丁已经脱胶，残片挂在那儿拍打着船体，这让他很害怕。他像得了强迫症似的老是检查有没有漏水。每天都要用手把船上上下下摸索一番，感觉磨损的程度。他像医生听诊病人的心跳那样把耳朵贴在浮筒上，从哪怕最轻微的嘶嘶声中辨别有没有漏气。

频繁的风暴加重了邦巴尔的压力。死一般平静的大海有可能瞬间暴怒。持续10个小时的狂风打断了一根舵臂。小小的橡皮艇在肆无忌惮的暴风中风筝般飘摇。密集的雨点像子弹一样砸在海面上。邦巴尔把一小块雨篷放在两膝间收集雨水，可是帆布上结了厚厚一层盐粒，盐溶在收集的淡水中，这水比海水还咸！

邦巴尔每天都要给自己量血压和脉率，测试自己的力量，还要检测尿液。结果显示这些都没有问题，但他没意识到自己已经得了严重的贫血症。他消瘦的身体上长满了脓疱，令他疼痛不已。脚上的皮肤一片片剥落，脚趾甲脱落下来。指甲后面长了很多小疱，他用刀将其一一划开。他不用麻醉剂，和上次一样故意不使用药物，因为用药有违他的实验精神。他所做的一切就是强忍痛苦。

孤身在海上漂流要面对的敌人远不止体能恶化，更可怕的是绝望。孤独，以及不断地与恶劣天气对抗，侵蚀着人的斗志。郁闷的邦巴尔开始冲着无生命的东西说话，指责它们在算计他。他无时无刻不在思念自己的妻子，还有刚出生却也许永远也见不到的孩子。每天他都期盼着能见到陆地，可海平面上除了海还是海。他不断确定船的位置，估计自己航行了多远，可算出的数字总是不一样。他弄不清自己在哪里。

橡皮艇一刻也不平稳，要在颠簸起伏的蹦床上准确地读取六分仪可不容易。在起伏不平的海面上，甚至都不可能确定对准的是海平面还是波浪的波峰。从一开始他的计算就犯了错误。然而他并不知晓这一点，航线比原先预想的往东偏离了 10 度。

每次船在风的驱动下航行 2 天后又会几乎一动不动地等上 10 天。到了大西洋航行的第 52 天，邦巴尔已经连续停航 18 天。他精疲力竭，同时忍受着腹泻与出血的痛苦。夜里，有逃避捕食者的飞鱼跃进船内。可是，无济于事。邦巴尔已经无法再吃生鱼也无法再饮海水。他开始认为自己不能活着靠岸了。四周下起雨来，却唯独没有落在船上。他觉得连上帝也在和他作对。

而就在第二天，他见到了自离开非洲后见到的头一艘船。船在他的橡皮艇边停下来，船长邀请邦巴尔登船。他在那儿吃了些点心，与船员们交流了一个半小时。然后，他又回到了异端号继续自己的航行。他终于知道了自己真正的方位。此时，他离最近的着陆点还有 966 千米。

邦巴尔恢复了元气，可橡皮艇仍然止步不前。《漂流指南》还信誓旦旦地说什么这时期有最强烈的信风，也是一年中信风最有规律的时期。他怎么能淡定呢？接着，暴风雨再次来袭，船内又一次被灌满了水。他用帽子和鞋子拼命向外舀水。等到坏天气缓和下来，他的船却开始漏水了。

第 65 天，他见到了灯塔的闪光。隔天早晨，他登上了巴巴多斯①的海滩。实验结束了。

---

① Barbados，位于加勒比海与大西洋边界上的独立岛屿国家，是西印度群岛最东端的岛屿。

邦巴尔瘦了 25 公斤。只吃鱼和浮游动物使他严重缺乏碳水化合物。红细胞计数下降了一半，全身起疹，暂时性视力模糊。

他活了下来，尽管有 43 天他只有鱼汁可喝，有 14 天只有海水可喝。不过还有一个诀窍他不知道，那就是他没有去咬鱼眼睛。后来有个遭遇海难的人说，鱼眼睛是"琼浆玉液"。

纵然邦巴尔历经艰险，流行的医学建议仍然是，海上遇难者在漂流时若要饮用海水请自担风险。

邦巴尔和他的"异端号"在海上。

十五 食肉动物来也

Carnivorous and Coming This Way

> 我降生在这危险的世界。
>
> ——威廉·布莱克[①]

遭到剑鱼或鲨鱼袭击是邦巴尔最担心的事情之一。以橡皮救生筏与这两者中的无论哪一个竞争，胜负都显而易见。他把小刀绑在船桨上自卫，还真使上了好几次。有条鲨鱼反复撞击他的筏子，一边还逗他似的摇摆着尾巴。鲨鱼的皮肤上布满尖锐的细齿，用来当砂布打磨木料不成问题。曾有一条鲨鱼划过充气筏底部，在那里破开了一道口子。自那以后，邦巴尔就无论如何都不愿下水了。

1987年，我在菲律宾工作时曾考虑要搭渡轮往返于群岛之间，几个当地人劝阻了我。他们说船上拥挤不堪，很不舒服。这并非危言耸听。"杜纳巴兹号"（*Dona Paz*）的设计载人数是608人，但是渡轮公司把运量提高到了1500人，实际运营时更是搭载了大约3000～4000人。船只出海后撞上油轮，仅25人生还。

[①] William Blake，1757～1827，英国诗人、画家，浪漫主义文学代表人物之一。

后来在海中发现的 300 具尸体，全都遭到了鲨鱼的啃噬。事故之后的几个星期，捕鱼人不断地在虎鲨的胃里发现断肢残骸。不知道乘客是在活着的时候还是淹死之后被吃的。幸好我不在场，不用亲自查证。

邦巴尔从北大西洋漂流到热带水域，而吃人的鲨鱼正是热带的居民。谁说不是呢？曾有一位美国百万富翁悬赏 500 美元，以搜集活人在温带水域中被鲨鱼攻击的证据，结果无人领赏。1916 年，美国纽约自然历史博物馆馆长宣布"在我国海岸附近，几乎没有鲨鱼袭击的危险"。大概，鲨鱼把这句宣言当作了挑战。

新泽西州的海滨是游泳者的天堂。1916 年夏，天气燥热，查尔斯·文森特（Charles Vansant）等到日头落下才投身凉爽的海浪。他游得比其他人都远，享受着独自一人置身海中的乐趣。接着，他转身朝岸边游去。游到深仅一米左右的水中时，一头大白鲨紧紧咬住了他的一条腿。水里的鲜血惊动了一位勇士前来救援。就这样，海水中上演了一场恐怖的拔河赛。鲨鱼不肯松口，被一直拖出水面，最终在搁浅之前放弃了。

三名医生赶来急救文森特，他的父亲也在其中。那条受伤的腿几乎已经和身体分开了，大片鲜血喷涌到沙滩上。文森特成为美国第一名死亡证上写着"被鲨鱼啮咬"的人。但第二天各家报纸的头条都在刊载一桩离婚丑闻，文森特之死降格成了最后一版的一则简短报道。

五天之后，在事发海岸的一家旅馆工作的查尔斯·布鲁德（Charles Bruder）跃入海中，进行每日一游。他听说过文森特的死讯，但也和大多数人一样，"对报道的真实性存疑"。布鲁德吹嘘自己曾在加州和鲨鱼共游，毫发无损。大家都知道他是这片沙滩上最强壮的游泳好手,比其他人游得都远。但海里不只有他一个。海水中出现一阵巨大的翻腾,岸边一个女子喊道:"红色独木舟里的男人看起来很慌!"那可不是独木舟,而是布鲁德的鲜血。救生员很快坐着小艇赶到现场,只见布鲁德被甩出水面,在空中翻滚。鲨鱼反复出击,"像猎犬调戏老鼠"般地摇晃着他的身体。

布鲁德惨死之后,各家报纸这才承认有海怪出没,而且它正向北进发。科尼岛和纽约相距不远,一条鲨鱼即便以最慢的速度悠游,也能在15个小时后到达。

阿斯伯里帕克市(Asbury Park)原本号称"在本市游泳绝对安全"。但后来载着救生队队长的船只遭到一条大鲨鱼的袭击,使得"大量游泳者觉得相当恐惧"。这个夏天,新泽西州的那些海滨胜地是看不到熙熙攘攘的景象了。这些城市的市长发表联合声明,抱怨旅游业"毫无理由地"受到了影响。渔业局局长告诉公众"没必要过分紧张,没必要不敢下水"。但毕竟没人见过他自己下海去扑腾。

同一天,有人在纽约湾看见一条大鲨鱼。一名警察对着它打空了自己的左轮手枪,鲨鱼则是轻松游走。在史坦顿岛对面有个河口,名叫"马塔旺溪"。那天正有几个男孩在溪流中戏耍,一个男孩感觉浑浊的溪水中有什么大东西掠过身边。他从水里爬出来,发现胸部擦伤流血。翌日早晨,一位退休船长在外出散步途中看见一条巨大的鲨鱼正沿溪水朝上游的镇子匆匆游去。他迈开老腿,以最快的速度跑去警告镇上的居民。但大家只是哈哈笑着,觉得老人家又是在讲什么咸湿段子。

当天下午,男孩子们又来到溪里游泳,一个猛子扎进溪流,大肆溅起水花。对鲨鱼来说，这不啻是一道难以拒绝的美餐。嬉戏间，一个男孩突然消失了，再次出现时他已经身陷鲨齿，高声惨呼；然后，他永远地消失了。

两男子自告奋勇潜入水底寻找尸体。在浑浊的溪水中，这可不是一项简单的任务。其中一个叫斯坦利·费舍尔（Stanley Fisher），他浮上水面大叫道："我找到他了！"说话间，他身边的溪水翻滚起来，他又惨叫一声："他抓住我了！"在拼命把男孩的尸体往岸边拖时，他一次次地被拽到水下。最后鲨鱼夺回了男孩，斯坦利被拖拽回岸上。他的大腿有一半不见了，伤口周围的碎肉好像血淋淋的破布。他声音含糊地说，他看见鲨鱼在下面啃噬那男孩，前去抢尸体时，鲨鱼就朝他攻过来。那里离最近的医院有两小时路程，斯坦利一路上神志清醒，到了手术台上终于不治身亡。

与此同时，下游的另一群孩子也在游泳，对惨剧还懵然不知。回撤的鲨鱼咬住了其中一个孩子，但一位勇士潜进水里把孩子从鲨鱼的利齿中解救了出来。男孩被拉出水面时，鲨鱼最后在他腿上咬了一口，他的左腿膝盖以下被撕成肉条。好在因为医治迅速，他的性命保住了。

两天后，一艘渔船在拖网捕鱼时被什么东西向后拖。渔夫收起渔网，一只鲨鱼脑袋也随之在船尾浮出，做出咬人状。几个渔夫拿船桨将它击毙。剖开鲨胃，一截成年人的肋骨和几段小孩的胫骨从中滚出。也许这就是那条杀人鲨，但很难说清楚凶手是一条还是几条。

事后，动物学会的一名会员环绕长岛搜寻鲨鱼。仅1916年一年，他共抓获277条鲨鱼，击毙其中的100多条。虽然没有一条的样子与凶手吻合，但这至少证明鲨鱼在这些寒冷水域中并不罕见。许多年后，人们发现长岛的面海一侧是年轻白鲨（人们常说的"大白鲨"）经常光顾的地点。1964 年，一条大白鲨在长岛附近海域落网，体长达到 5.25 米，重量接近 2 吨。

尽管 1916 年发生了五起有证人详细描述的鲨鱼袭人案，短短两周之内就有四人遇害，但科学家们还是对其矢口否认。一位动物学家一口咬定，没有可靠的记录证明鲨鱼会主动攻击人类。那个年代的专家都在博物馆、实验室里工作，主攻项目都是鱼类的解剖和分类，研究的标本小得能装进泡菜罐。动物学的学生都会把角鲨解剖个几十遍，能挑出它的血管或者脑神经，但是对鲨鱼的私生活一无所知。对它们的习性和生态，人们知之甚少。

第一个在大洋下研究鲨鱼的是奥地利人汉斯·哈斯（Hans Hass）。1939 年，他和几个同窗学友组织了一趟加勒比潜水之旅。他们带了基钦使用的那种铁桶潜水头盔、潜水镜、自制脚蹼，还带了几部相机，拍摄鱼类（特别是鲨鱼）在自然环境中的影像。他们总共拍了 4000 张照片，其中有部分彩照。

在现在这个潜水普及了的年代，我们已经很难理解这一行人所冒的风险。当时的加勒比海常有鲨鱼出没，这些鲨鱼从未在水下遭遇过人类。看到人，它们会作何反应？其中哪些是和善的，哪些是危险的？这群探险家的第一次潜水，可能也是他们的最后一次。

有次哈斯和朋友约格（Jörg）一道下水，三条鲨鱼突然现身，朝两人猛冲过来。场面相当骇人，约格不禁惊声尖叫，三条鲨鱼竟扭头就逃。于是，尖叫就成了这群潜水员在身处险境时的自卫手段。后来哈斯又在地中海和中大西洋里如法炮制，结果完全不管用。

哈斯在维也纳大学念完了动物学，后来又去柏林，在弗里德里希·威廉大学（Friedrich-Wilhelm University）获得博士学位。业余时间他致力于筹措资金，准备下一次探险。他在1939年出版了关于水下探险的第一本书，一本畅销杂志连载了他加勒比之行的游记。他还将自己在水下拍摄的相片付印出售，并四处举办演讲。

在潜水时，哈斯和诸位读者一样往往要屏住呼吸。他需要一套携带之后能像裸潜者一样自由活动的水下呼吸装置。他把要求提交给了为德国潜艇生产逃生设备的一家公司，德尔格公司（Drager）。对方为他提供了一台改造过的氧气循环呼吸机：纯氧由一个小气瓶注入一个形似救生衣的小包，供潜水员吸取。小包里装有氢氧化钠，能"擦除"潜水员呼出的二氧化碳，并让潜水员使用剩余的氧气。这套装置为水下操作提供了充裕的时间，但它也很危险。彼时杰克·霍尔丹已经证明，纯氧在压力下有潜在的毒性。1942年，哈斯成为了第一个将自携式潜水装置用于研究的人。至于水肺，当时还只是库斯托①脑海中的灵光一闪。

当时有人指责哈斯的相片是伪造的，于是他决心拍出更好的，要让潜水员和鲨鱼同时出现在镜头中，叫人无可置疑。他的第二次冒险运气不佳，船还没离开港口就起了火。等到一行人终于出海，船又开始下沉了。于是他们和炸药捕鱼者联手，先用死鱼引来鲨鱼，然后拍摄它们的行为。

---

① Jacques Cousteau，1910~1997，法国海军军官、探险家、海洋及海洋生物研究者，法兰西学院院士。1943年，库斯托和埃米尔·加尼昂（Emile Gagnan）发明了水肺，这是一种自携式水下呼吸装置。

第二次世界大战结束之后,哈斯前往红海研究鲨鱼。一到苏丹港,就听说有条船上的乘客掉进海里,然后游伴眼睁睁地看他被鲨鱼撕成了碎片。

友善的英国专员给哈斯推荐了一个拍摄地点,说那里的"海水中全是鲨鱼,桨插到水里都不会倒"。哈斯潜进了浑浊的海里,随身只装备了由一截画框削成的鱼叉。他在水里遭遇了大量鲨鱼。

甚至那里的陆地也不安全。有时猛烈的暴雨扫过城镇,居民会被冲进海里,然后被鲨鱼咬掉脑袋。按照那位英国专员的说法,最糟的还是高尔夫球场被淹。

回到奥地利之后,哈斯发现公众对鲨鱼的兴趣同他一样强烈。在一次有教育部长出席的讲座中,他透露自己的行程得到了几个班的女学生以及一位蒙面自由式摔跤手的赞助。部长觉得十分窘迫,遂决定资助他的下一次红海之行。

哈斯的漂亮女秘书乐蒂(Lotte)成了他的潜水搭档。在两人第二次下潜时,乐蒂在水下落了单。一条鲨鱼游了过来,在她面前来回逡巡,先用凉飕飕的右眼打量她,继而用冷冰冰的左眼研究她,看得她毛骨悚然,幸好鲨鱼最终还是离开了。看到哈斯后,她忙不迭地从话筒里向他讲述刚刚死里逃生的一幕。而哈斯只是回答说照相机刚刚出了点问题。

并不是大的鲨鱼才有危险。哈斯曾经抓住过一条小鲨鱼的尾巴,对方腰身柔软,转过身来咬住了他的胳膊,还拖着他游了起来。等它松口时,哈斯已经血流如注,碎肉从手腕上垂下。用舷外发动机的拉绳充当止血带包扎后,他被火速送往医院。哈斯歇了三周不曾沾水,然后不耐烦地自行拆掉了针线。

哈斯经受了鲨鱼的啮咬，但批评者的利齿更加锋锐。他们认为他肯定是先把鲨鱼打晕然后才接近的。更糟的是，一位著名的生物学家表示并不赞许在自然环境中拍摄动物正常习性的相片："任何在水族馆拍摄的好照片，在科学价值和教育意义上都超出自然环境中拍摄的类似照片，即使拍摄者冒着生命危险也不例外。"

哈斯提出一个假设，认为鲨鱼能够定位追踪其他鱼类负痛挣扎的声音。为了让他能对此展开研究，飞利浦公司提供了几部录音设备，他用这些设备录下被鱼叉叉中的鱼儿扑腾身体的声音。在水下播放这些录音时，果然吸引来了远处的鲨鱼。后来又有研究者录下了人工合成的低频声，发现也能引来鲨鱼，但必须是脉冲信号式的声音，持续的声响并不奏效。

哈斯与乐蒂结了婚，去大堡礁度蜜月。刚到那儿就有当地的医生告诉他们："上礼拜刚有一对年轻的夫妇在港口被吃。"他估计这两人的寿限不会超过两个星期。

在马尔代夫时，哈斯和动物学同行伊瑞纳斯·埃伯-埃伯斯菲（Irenäus Eibl-Eibesfeldt）拍下了鲨鱼在看不见的情况下找到食物的能力。埃伯-埃伯斯菲叉死了一条石斑鱼，把死鱼藏在礁石上的一个洞穴里。几条鲨鱼很快游了过来，呼哧呼哧地四处寻找鱼饵。第一条找到的鲨鱼一口把鱼饵咬成了两段，惹得其他鲨鱼对它和端坐不动的埃伯-埃伯斯菲龇牙咧嘴，哈斯把这一过程都拍摄了下来。埃伯-埃伯斯菲觉得自己更有吸引力，因为是他控制着鱼饵。这一实验重复了多次，得到了相同的结果。

如今就连小学生都认得蝠鲼，我们已经很难想象当时的公众头一次看到哈斯的相片时那种激动的心情了。他拍下的每一种动物看上去都奇特、巨大并且很有危险。几乎赤裸的潜水者在猎食动物之间穿梭，显得渺小又脆弱。就算是在拍摄最凶残的鲨鱼时，哈斯也从不躲在安全的笼子里，他生怕这样会让鲨鱼产生不自然的行为。

第二次世界大战期间，大量飞行员掉进大海，数千名水手舍弃沉船。生还者常常说起被鲨鱼骚扰的经历。实际情况远比我们知道的发生得更为频繁，因为那些遭鲨鱼骚扰最厉害的人大概都没能留下报告。

1945年，美国海军意识到了问题的严重性。这一年7月，重量级巡洋舰"印第安纳波利斯号"（*Indianapolis*）运载着一批制造原子弹的重要原料驶向美国位于太平洋提尼安岛的空军基地。艾诺拉·盖①将从那里起飞前往广岛。

任务完成后，印第安纳波利斯号离开基地，驶向菲律宾群岛，继续去担当美国第五舰队旗舰的职责。但总部未向该艇的船长警告，它的预定航线上有一艘日本潜艇正活跃着。巡洋舰没有护卫，也没有声呐装置，因此在潜艇面前就是个睁眼瞎。

日本潜艇 I-58 装备了卓越的声呐系统，不可能漏掉这么巨大的一艘敌船。7月30日午夜，潜艇向印第安纳波利斯号发射了六枚鱼雷。万一它们没能命中，潜艇还有一枚14米长的巨型鱼雷，它就捆绑在潜艇腹侧，由一位神风敢死队员操纵，鱼雷内部塞满烈性炸药，能将船只炸成两截。不过它并没有派上用场。先前发射的六枚鱼雷中，有两枚彻底摧毁了印第安纳波利斯号的舰首，

---

① Enola Gaye，在日本广岛投下原子弹的轰炸机。

巡洋舰在15分钟内沉入了水中。

船上1196人中，从沉船上逃生的有八九百，但其中50人很快因伤而死。幸存者将重伤员放在12条小救生筏上，筏子由填充木棉的帆布浮筒构成。伤员只能坐在浮筒上，因为筏子没有甲板，仅有一张绳网用来垫脚。大部分船员沉浮在波涛中，有的穿着救生衣，有的没穿。他们抓着绳子聚在一起，在海面上组成了两大群，一群约400人，另一群150人，此外还有许多小群。每一群人都以为自己是仅有的幸存者了。

救生筏里的口粮大多进了水不能吃了。很多装水的容器不是空了，就是被海水污染了。军官们开始配给物资，每人每天的口粮是一块饼干、一片麦乳精和一口淡水。士兵们从一开始就喝起了海水，有自愿的，也有因为在汹涌的大海里漂流而不可避免喝到一两口水和汽油的。

漂流的第一天就有鲨鱼来袭，被人用救生筏的船桨打跑了。第二天，它们成群结队地来吃死人的尸体。有的船员在水里钓鱼，但无论钓到什么都会被鲨鱼偷走，因此只好放弃。吃完了尸体，鲨鱼就冲着活人来了。一旦有人被鲨鱼挑中，那么无论是叫喊还是击打水面，都没法引开它。随着海面上一声惨叫，海水猩红一片，有人惨遭屠杀。

到了第三天，船员们开始精神错乱，出现幻觉。有人游向想象中的岛屿，还有人举止狂暴，为救生衣大打出手。不过随着死者增多，救生衣倒是渐渐充裕起来。大约有25人被战友杀死。

更让船员们绝望的是，救生衣里的木棉渐渐开始浸水。他们在水中越沉越低，鲨鱼则不时返回。有人扭头去看同伴，发现后者的脑袋耷拉着。等到把他的身子翻转过来，才发现他的下半身已经不见了。一条鲨鱼将他拦腰咬成了两截。

救援人员第五天才姗姗来迟。他们不得不朝水里开枪才驱走了鲨鱼。从水里拖上来的人个个都缺胳膊少腿，其中有半数被啃得白骨外露。约500人在海里丧生，其中多数是葬身鲨腹。但已经没法弄清有多少人在遇袭时还是活着的。有幸存者号称他目睹了逾80起对船员的袭击。

350种鲨鱼中的大多数是"猥琐的胆小鬼"。有35种已知对人类发起过攻击，但经常攻击人类的只有10种。然而调查显示，在人类最恐惧的事情当中，鲨鱼袭击占其一。实际上，被掉落的椰子砸死的人比葬身鲨吻的人更多，但这个事实并不能给我们安慰。遭到鲨鱼袭击的可能性很小，但这不是关键，关键是想到被一步步肢解的景象，就让人胆战心惊。这激发了从祖先那里流传下来的恐惧；对他们来说，被野兽杀死是常有的事。我们几乎制服了陆地上所有大型食肉动物，驯养的驯养，射杀的射杀。如今我们最大的天敌是汽车，但是我们坦然接受公路上的屠杀，视其为日常生活中要担当的风险。相比之下，被活活吃掉的恐惧指数就高得多了。

发生印第安纳波利斯号的悲剧后，有敏锐的海军研究者指出，对死亡和被鲨鱼肢解的恐惧让迫降的飞行员和沉船的幸存者在士气上大受影响。美国海军开始赞助探寻如何有效驱走鲨鱼的研究。

他们的方案是找到一种化学物质，能将其撒入海水，在漂浮者的周围形成一道防护屏障。这种物质的浓度要高，这样才能驱走鲨鱼，但又不能对人体造成危害。研究者试验了次氯酸盐、军用毒剂和氰化物——完全忘记了"不能对人体造成伤害"的要求。这些化合物没有一个达标。本来嘛，在翻滚着湍流和波浪并具有稀释作用的海水中，怎么可能维持防护屏障呢？

  人们观察到，有些鲨鱼会避开腐烂的死鱼。有人分析了腐尸散发的所有化学成分，并认定其中的乙酸胺就是能驱走鲨鱼的物质。他们在乙酸胺里加入了一种有毒的金属，合成出混合了染料的乙酸铜，想以此模糊鲨鱼的视线。尽管预实验显示，染料比驱鲨剂更能驱走鲨鱼，但美军还是在所有救生衣和救生筏上装备了乙酸铜，并在装乙酸铜的小包上贴了"驱鲨剂"的标签。尽管它给军人提供了莫大的心理安慰，但实际上不可能赶走多少条鲨鱼。到后来，美国海军也承认"驱鲨剂"可能对鲨鱼构不成根本的威慑。

  几十年后，一位名叫尤金妮娅·克拉克（Eugenie Clark）的潜水动物学家发现，鲨鱼尝过摩西鳎之后会厌恶地将它吐出来。研究发现，这种鱼能够分泌一种表面活性剂（即去污剂）驱走鲨鱼。唐纳德·纳尔逊（Donald Nelson）和韦斯利·斯特朗（Wesley Strong）发明了一种用空气推动的"注射器枪"，能把这种去污剂射入前来进犯的鲨鱼的口中。海试于1991年举行，地点在澳洲南部的白鲨聚集地，名副其实的"危险礁"。两位研究者起初想安全地躲在一个结实笼子里朝鲨鱼喷射，可这些狡猾的鲨鱼不愿游近。

  于是，他们试了个更危险的法子，让枪手靠近鲨鱼的嘴巴。斯特朗蹲在船尾的游泳甲板上，只比海面高出30厘米左右。实验人员在船后的水中扔下鱼饵，并将它拉到刚刚露出水面的高度。一条鲨鱼上钩了，它张着大嘴猛冲而上，一待它头部露出水面，斯特朗便往它嘴里发射了一剂去污剂。实验重复了几次，每条鲨鱼都表现出了剧烈反应，它们迅速撤退，有的几天之后才返回，有的干脆一去不返。有一幅照片清楚地显示，斯特朗离鲨鱼的口吻很近，非常危险，只要判断稍微出错，他自己就会成为实验品。

他的研究伙伴纳尔逊同样乐于冒险。在较早的一次考察中，纳尔逊曾徒手阻挡一条向他冲来的鲨鱼，被潜伴拍了下来。当时，鲨鱼的利齿距离他的腹股沟仅有几公分之遥。为救他的性命，旁人不得不将进攻者射杀。

自此以后，纳尔逊开始躲进相对安全的小型单人潜水器研究鲨鱼的行为。这种潜水器形似鲨鱼，尾、鳍俱全。纳尔逊在水下几次"正面遭遇"并追击灰礁鲨（大白鲨的近亲），对方摆出进攻性的泳姿，也真的发起过进攻。潜水器遭到过 57 次攻击，目标通常是用于观察的透明圆顶。在经受了一次次暴力冲击之后，有机玻璃制成的观测窗上留下了深深的疤痕，变得脆弱起来。一旦玻璃破碎，纳尔逊就会溺水而死。

他的搭档斯各特·约翰逊（Scott Johnson）提出了一个新颖的法子，使用之后（也许可以）免受鲨鱼攻击，那就是他设计的"约翰逊袋"。试想一只形同巨大情趣安全套的黑色塑料大口袋，顶上张开的袋口装有黄色的充气垫圈。人装在袋子里，脑袋露出垫圈，紧张地观望外面的鲨鱼。设计的原理是大口袋可以让生还者的体液不至于流到海水中招揽鲨鱼。同时，人在这枚安全套里可以放松身体，不会拍打海水，也就避免了向鲨鱼发送另一个信号。约翰逊发明这套装置后，就下到一个游满鲨鱼的池子里亲自测试其效果。他被鲨鱼团团围住，大概是因为垫圈的黄颜色非常吸引鲨鱼吧，但约翰逊没有受到攻击。

非科学家中也有几个人对鲨鱼的生物属性痴迷不已。大卫·韦伯斯特（David Webster）知道什么叫危险，第二次世界大战中他是"E连"的一员,该连队后来因电视剧《兄弟连》流芳后世。战争结束后,他当上了《周六晚报》和《华尔街日报》的记者。

韦伯斯特受不了平静的生活,转而去大海里寻求刺激。他冲浪、潜水,并对鲨鱼发生了兴趣,因为它们代表了海洋神秘危险的一面。他和鲨鱼一同游水,在水下研究它们。1961年9月,他从加州的圣塔莫尼卡码头(Santa Monica pier)出发寻找鲨鱼。寻找或许成功了,因为他再也没有回来。人们在离岸8千米的海面发现了他的小船,舵柄不见了,人也不知去向。

韦伯斯特写鲨鱼的书在翌年出版,其中收集了一系列和鲨鱼有关的故事。有一个故事说一位水手困在救生筏里,被鲨鱼追踪。他试尽了筏上生存手册里的一切办法,可就是赶不走鲨鱼。沮丧中,他把手册撕成碎片,扔进了海里。结果鲨鱼跟上了碎纸,再也没有回来。

另一名鲨鱼热衷者叫迈克尔·鲁岑(Michael Rutzen),他是一艘潜水船的船长,经常在南非附近的海域把游客放进笼子,沉到海底。他对白鲨十分痴迷,觉得只有按照鲨鱼的意思会面才能够理解鲨鱼。

他带上水下呼吸管和水肺与鲨鱼同潜,渐渐了解到鲨鱼会对他的身姿体态作出反应。如果他蜷成球形,就会吸引鲨鱼的注意;当鲨鱼靠得过近时,他就舒展身体,它们见了通常就会游走。如果他游开去,就会有条鲨鱼跟上来。它们在揣摩他,他也在揣摩它们。咧开的嘴是进攻的可靠标志——真的吗?我以前怎么没想到。

鲁岑通常在比较浅的水域和鲨鱼交换意见,这是为了尽量减少下方受到攻击的风险。如果附近有几条大白鲨,他就会靠在礁石上防护背部。他在鲨鱼进食的时候特别小心,唯恐自己被它们当作配菜。对方太活跃时他不上浮,而是下潜,因为深处是他认为的"吉位"。虽然对鲨鱼的身体语言十分敏感,鲁岑的身上还是布满伤疤,无疑是那些没有留意他的身体语言的鲨鱼贡献的。

特奥·费雷拉(Theo Ferreira)是另一位对鲨鱼产生兴趣的南非人,他的兴趣也传给了儿子克雷格(Craig Ferreira)。父子俩在开普敦的海岸上建立了白鲨研究所,主要任务是挽救白鲨,使之不至于灭绝,因为人类杀死的鲨鱼比鲨鱼杀死的人类多多了。大白鲨的下颚是杰出的战利品,据说是这样。

研究所不远处就是"鲨鱼巷",那里静静地聚集着数量可观的白鲨。工作人员用传统的方法引诱鲨鱼:用长柄勺把"鱼饵"舀进水里。专为鲨鱼准备的"鱼饵"是用沙丁鱼糊、鱼肠和鱼血拌成的杂烩。鲨鱼靠近后,工作人员就在它们的背鳍后扎孔,固定标签,以此编号。这样,他们就能在每条鲨鱼重现时予以识别了。有标签和没有标签的个体的比例,也就成为了种群大小的指标。

研究人员还要采集鲨鱼的血液。他们用注射器徒手采血,以免血样受海水污染。采血时,克雷格平躺在船只的甲板上,鲨鱼就在他的下方。他已经数不清有多少次纵身跃起,躲避鲨鱼的利齿了。

为了确定一条雄鲨是否性欲正旺,克雷格必须触摸雄鲨体外充当阳具的"抱握器"。鲨鱼对这样的爱抚强烈抗拒,这时候咬人不能算是无故攻击。

费雷拉父子对鲨鱼习性的水下观测多数都是在一个笼子里进行的。笼子并非铜墙铁壁,不能抵挡所有攻击。它是个钢丝网构成的圆形大篮子,看起来比铁丝网围栏坚固不了多少。它的设计并不能抵挡冲刺的鲨鱼,只能让它偏离方向。身处其中的研究人员想必觉得这就像是一场危险的碰碰车游戏。更令人提心吊胆的是，笼子的上半部分只有几根稀稀拉拉的金属杆，中间开着很大的空当。这些"窗口"让研究人员得以对靠近的鲨鱼一览无余，也能让一条大白鲨轻易探进头来。实际上，还真有过一条兴奋的鲨鱼钻到笼子里骚扰两位摄像师。两人回忆说，那感觉仿佛是和一把开动的电锯一起被锁在棺材里。有几次，长达五米的鲨鱼咬住杆子，晃玩具似的摇晃笼子。研究人员被困在笼中，无法脱身。一次，几条鲨鱼卡在了钢丝之间，整个笼子和里面的乘客差点被一直拖到海底。

克雷格的氧气管被咬断过六次，在海面上也往往不得安宁。愤怒的鲨鱼不止一次差点把船弄沉，他常常险些被拖到水下。克雷格坦言，他们好几次命悬一线。他明白，只要大白鲨愿意，随时都能把你结果。用他的话来说，"这一切都是好玩的游戏，直到有人大快朵颐。"

根据我的个人经历，海洋生物学家对鲨鱼的态度是一半惊叹，一半恐惧。一次我坐在船里，有人突然看见水上冒出一面背鳍，大喝一声"鲨鱼！"接着，船上的潜水员统统跳进海里，海里的潜水员全部爬回船上。

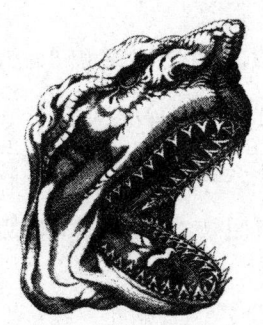

笑里藏刀。约公元1700年。

十六 到深渊去

Into the Abyss

> 底下的深渊成了宜人的小径。就是稍微远了一点,但有何不可呢。接着,毫无征兆地,就到了尽头。
>
> ——汉斯·哈斯

我本人早年的大部分工作是在水下完成的。倒不是搜寻鲨鱼,而是研究近海动植物群落的生态。我需要下潜的最大深度达50米。那是在爱尔兰海①的深处,海水发出诡谲的绿光,仿佛魔王宫殿的入口。那儿的海水绝对平静。习惯了被波浪推来搡去的我发现这样的宁静让人不安。

从周围陆地冲刷下来的淤泥沉积于此,已历经8000年。海底沉积物的厚度将近21米,有些地方十分松软,甚至在我身陷其中时,那儿也仿佛什么都没有。当黑雾将我全身笼罩,继而在头顶上方合拢时,我试图镇定,却辨不清哪儿是向上,往哪儿能逃脱。

---

① 在大不列颠岛与爱尔兰岛之间。北经北海海峡,南经圣乔治海峡同大西洋相通。

水底下的新鲜事很少，除了死亡。到了秋季，底栖动物耗完了所有的氧气，全部死去。细小的虫穴从泥里冒出来，废弃的洞穴如同张开的嘴巴，好像正在喘气。猛然间我发现有空气从我的呼吸器里冒出来，这让我意识到自己是这一带唯一的动物。既然如此，为什么我总觉着似乎有什么人或什么东西在跟着我呢？

在我头顶上，水母似的气泡颤巍巍地朝水面上升，四散。我突然觉得，这些无拘无束的泡泡形成的波浪般的虹彩，远比全世界所有艺术馆里所有的画作都要来得美。

或许，我正在氮的麻醉作用下渐渐陷入昏迷。所谓氮麻醉，是指在高压下吸入过多氮气而引起的麻醉。使用压缩空气的潜水员别无选择。因为空气中氮气的容积占了78%。氮气还会造成另一种病症：减压病。由于水下高压的作用，潜水员呼吸时，会有比常压下更多的空气溶解在机体组织内。一旦返回水面，压力消失，潜水员必须要有充足的时间将多余氮气安全地呼出体外。假如上升过快，体内的氮气超过了溶解的限度，血液就会像香槟酒似的嗞嗞冒泡。气泡会驻扎在关节，还会阻塞血管，结果造成俗称"弯曲症"的减压病。彼得·思罗克莫顿[1]曾这样描述在水下采海绵的潜水员的症状："你会在睡梦中瘫痪，一觉醒来发现自己已成终身残废。它会让你窒息而死，顷刻毙命；抑或将你拧成行动不便的废人，关节处疼痛难忍。也可能并无大碍，头痛一阵或发疹子痒一痒也就过去了。"

氮气是深潜操作的主要障碍。年轻的瑞典工程师阿尔内·策特施特罗姆（Arne Zetterström）认为自己掌握了解决之道。他

---

[1] Peter Throckmorton，1928～1990，美国人，水下考古先驱。

发明了专业潜水装备；还发明了大型喷水设备，打捞沉船"瓦萨号"（Vasa）时用来在船底钻洞的工具就是他的发明，钢丝索穿过船底打出的隧洞组成了起重吊架。瓦萨号是一艘17世纪的战舰，一度是瑞典海军的骄傲，被打捞起来的巨船现今陈列在斯德哥尔摩为其量身定做的博物馆内。

1943年，服兵役的策特施特罗姆被征召至海军的潜水部门，开始苦思冥想如何救援失事潜艇内的船员。潜水员怎么样才能下潜到潜艇活动的深度呢？

呼吸空气太危险，因此必须寻找其他气体。氮气必须被替换，致密气体也不能用，因为在高压下致密气体会变得黏滞，造成呼吸困难。在较轻的气体中，只有氦气和氢气合适。在瑞典弄不到昂贵的氦气，于是就只剩下氢气。而氢气这东西，策特施特罗姆自己就能制备。

使用氢气的缺点是，氧气和氢气的混合物会引起爆炸。不过，杰克·霍尔丹的研究显示，在氧气体积不超过总体积4%的情况下，混合气体是安全的。我们呼吸的空气中，氧气占21%。那么，潜水员如何能只靠4%的氧气活下来呢？在深水处，这一点不成问题。原因在于，尽管混合气体中的气体比例保持不变，但由于被高压"浓缩"，在30米深处每次呼吸吸入的氧气量要比在水面呼吸多出4倍。

策特施特罗姆的计划是，下潜到30米深之前先呼吸压缩空气，然后换成氢气与少量氧气的混合气体。但他明白，这并不是简单的转换，因为在既有空气又有氢气的交接点，混合物会引起爆炸。但是，"用氮气和4%的氧气组成的混合气体将空气排出，可以完全排除爆炸的危险"。因此，在交接点暂时性地供应低氧高氮就可以耗尽肺部多余的氧气。他巧妙地解决了问题。

为了检验他的理论，策特施特罗姆坐上海军舰艇，预备亲自完成一系列潜水试验。波罗的海寒冷的冬日，惊涛巨浪，风雨大作。尽管如此，他还是下潜了 110 米。返回水面后，他的手臂上出现轻微的减压病症，并且接连数天感到头晕恶心。但这并未让他放弃继续尝试更大深度的潜水：160 米。

1945 年 8 月 7 日，船上满是高级海军军官，其中也包括策特施特罗姆的父亲，一位海军准将。在如此多领导的围观下，反而搞不清到底由谁负责操作。策特施特罗姆发现，有经验的船员都被换成了新手，情况不妙。一位军官建议他们取消今天预约的试验。可看起来策特施特罗姆的父亲并没有撤销的打算。

策特施特罗姆穿的是标准的戴盔潜水服，所用的氢氧混合气尽管不会爆炸，但还是可燃的，为此他还穿了玻璃丝做的防火内衣。

他爬上潜水支架，向水下降落。支架只是一个木制平台，可以在不同的深度停留。上面载有三个装有不同混合气的大气瓶。策特施特罗姆自己负责在下降和上升时换用气体，并指挥船上的人把支架升降到合适的深度。他们在前几次试验中发现，人在呼吸氢气后会有浓重的鼻音，很难让船上人员听清说话内容，因此他们改用电报按键替代电话。这一点性命攸关，因为只有清晰无误的交流才能保证在正确的深度换用气体。

下降到 160 米处时一切顺利，这一深度是当时潜水世界纪录的两倍。返回时，他在公认的 50 米水深处停留减压，然后更换混合气。这时主铰链虽然已经停止转动，平台却开始倾斜并上升。支架上连有一根附加绳索，用处是让支架能在激烈的水流中保持平稳，而此时这根绳子仍然在向上拉动。支架的平台已经倾斜得相当厉害，策特施特罗姆勉力坚持着。支架继续上升，几乎到了 10 米水深处。在这个深度，他吸入的氧气量不足以维持生命，也没有地方供他更换供气装置。

水面上的人发觉出错，派了救援潜水员下去。在救援人员赶到的同时，为了让气压回复，平台重新下降到 60 米深处，使他可以慢慢减压。但为时已晚。策特施特罗姆死于窒息和快速减压导致的严重减压病。他才 28 岁。他的技术得到了证明，却伴随着他的死亡而夭折。

2004 年，来自瑞典和英国历史潜水协会的一组代表团来到尼奈斯港市（Nynäshamn）附近策特施特罗姆的家族墓园祭拜他。他的墓碑上刻着一个花团簇拥的潜水头盔。人们扫墓，献花，以此缅怀这位英雄。用一位曾与他共事的海军军医的话来说，这是一个"为了完成任务总是毫不犹豫地不顾自己的安危冒险"的人。

英国皇家海军潜水员乔治·伍基（George Wookey）曾身着标准潜水装具，呼吸氦氧混合气下潜 180 米。氦氧混合气可以避免氮麻醉，但并不能避免减压病。他下降仅用了短短 12 分钟，安全返回水面却耗时 6 小时 21 分钟。显然这是深潜的另一个麻烦之处。

20 世纪 60 年代早期，有两个瑞士人决心设法缓解这一问题。热心于潜水运动的数学家汉尼斯·凯勒（Hannes Keller），招来了在苏黎世大学研究肺的生理学家阿尔伯特·布尔曼（Albert Bühlmann），两人合作研究深潜问题。凯勒相信，正确混合的气体可以大大缩短减压时间。

他们俩在大学里利用新型大型计算机计算不同的混合气体所需要的减压时间。在几乎没有技术支援、仅有一个空油桶当作潜水钟的条件下，两人在瑞士的湖下测试了各种混合气。某次试验因为待测混合气实在太多，凯勒背上背了四个筒，胸前挂了四个筒。最终，他成功下潜到水下 229 米，并以惊人的 34 分钟返回水面。

这让美国海军以及壳牌石油公司大感兴趣。有了充足的资金和物质支持，这两个瑞士人带着他们的秘密混合气向潜水深度的世界纪录发起冲击。布尔曼在水上担当团队医生，凯勒则领衔潜水队伍。他们还需要一个潜水伙伴。

彼特·斯莫尔（Peter Small）是一名记者，专门撰写医药及科学类新闻。他是英国最早的科普杂志《新科学家》的创办人之一。同时，他还是一名潜水员，是英国潜水协会①的创办人之一。并且，正是得益于他提出的开办地区分支的建议，该协会发展成为了全世界最大的潜水协会。

斯莫尔是个富有冒险精神的人。他加入了维维安·富克斯（Vivian Fuchs）的南极探险队，据说是英军中最年轻的船长。他曾划独木舟穿越英吉利海峡，目的是检验有关水流的一项理论。为了测试自己设计的救生服，他还在泰晤士河里上下扑腾过好几个小时。

斯莫尔富有远见地认识到，潜水应当有其严肃的目的。他当

---

① British Sub-Aqua Club，BSAC，1953 年成立于伦敦，创立之初可说是世界上公认的领导者，是潜水教育课程标准的创立与改革者。

过几年商业潜水员，在波斯湾检查石油钻井。在英国潜水协会1955年出版的杂志创刊号上，他这样写道："真正令人激动的，是开拓未知的海底世界。"他期待着"展望勘探和科学的巨大前景"。假如我们能下潜到300米深，整个大陆架极其丰富的石油矿藏资源岂不是唾手可得？所以，这样一个人想要加入凯勒他们的队伍就毫不奇怪了。而凯勒也对斯莫尔热情兼具冷静的魅力激赏不已。下水试潜了一次后，斯莫尔上了凯勒他们的船。

在他动身去加利福尼亚与团队会合之前，有朋友问他要用什么混合气来呼吸。

"不知道。"他说，"这个问题留给汉尼斯吧。"

朋友觉得他被耍了：谁会连自己在做什么也不知道就拿自己的性命去冒险呢？他怎么评估风险大小呢？

潜水成功后的数年内，凯勒和布尔曼一直没有公开他们的气体配方，因为它有着很大的商业价值。明确无疑的是，氦气取代了氮气，在下潜之前与回到浅水的最后阶段要用纯氧。但没有人确切知道气筒里装的究竟是什么。

1962年10月12日，彼特·斯莫尔迎娶了玛丽·迈尔斯（Mary Miles）。没过两个礼拜，两人在加利福尼亚登上了卡特琳娜岛（Catalina Island）上的一艘船离岸，在那儿将会有一场打破世界纪录的试验。有人以为彼特会重新考虑一下，没想到玛丽却对新婚丈夫将有如此的英雄行为而十分兴奋。再说，彼特还和一家杂志签了合约，可以靠撰写自己的这趟冒险之旅赚取一大笔钱。如此一来，哪怕他不想去也无法回头了。

凯勒托人制作了一个潜水钟，钟底做成一扇门，锁住后整个潜水钟会形成一个密室，下潜时潜水员可以坐在里面。他们的计划是：坐在潜水钟里下潜到305米（超过1000英尺）深，然后出来活动5分钟，在海底插上瑞士和美国国旗。潜水钟里装有闭路电视摄像机，为赞助商和新闻界记录这一过程。

潜水在12月3日按计划稳步进行。他们打开舱门跳落到下方1米左右的海床上。不料凯勒被大旗子缠住，什么也看不见，他花了好几分钟才得以脱身，并把旗子插入海床。由于海底压力巨大，呼吸设备只能让他们在室外呼吸4分钟。他们匆匆回到室内。只有室内的气压才能把海水挡在外面。

他们本当立刻用气瓶内的气体把呼吸器灌满，可他们没有这么做，而是奋力去关舱门，把海水排出舱外。刚完成，凯勒就丧失了知觉。斯莫尔也感到头晕眼花。待在水上的布尔曼吩咐他脱下面罩，因为装具中的供氧此时肯定已经非常之低。可斯莫尔动不了了，最后也失去了知觉。

这时，又一个问题出现了：舱内的气压正在越变越低。潜水钟上升至60米，两名潜水员被派遣下去确定漏气位置。一个叫迪克·安德森（Dick Anderson），是名经验十分丰富的深水潜水员，曾担任迪士尼巨作《海底两万里》的技术顾问。另一个叫克里斯·惠特克（Chris Whittaker），是加州大学洛杉矶分校（UCLA）的一名英国学生，正打算继续攻读海洋生物学的硕士。

他们没能找到漏气的地方，又回到水面。惠特克的救生衣出了问题，导致他上升速度太快，返回水面后就开始流鼻血。此时，舱内的气压仍在下降，舱内的人危在旦夕。安德森决定再次下水查看。而惠特克也不顾劝阻执意同去。他说："彼特是我的朋友，我必须去。"他的救生衣充了气瘪不下去，他就拿起小刀把救生衣划破。如此一来，一旦出现什么差错，他将再也不能像以往那样被动浮起，返回水面了。

第二次下水，安德森发现原来是舱门边缘有条细缝。他用后背顶住舱门，终于将其关紧。但是，惠特克却不见了。惠特克就这样消失了，年仅十九岁。

舱内，凯勒和斯莫尔悠悠转醒。但舱门还不能打开，要先等他们释压完成。释压花了四个半小时。斯莫尔再度昏迷，然后，再也没有醒来。长时间缺氧导致血液循环受损，机体无法有效排出氮气。他死于减压症。

事故调查时，凯勒与布尔曼各执一词，让行政法院办公室和法医都很不满意。为评估证据而成立的专家委员会也无法判定凯勒究竟是过失，还是"为了保护自己的利益而逃避问题"。凯勒前几次的成功让团队内部一片喜庆。面对媒体对他们打破了潜水纪录的大肆宣扬，大家沉浸在荣耀中。首次成功下潜1000英尺，就像人类超越音速一样成了神迹。

后来凯勒修正了有关此次事故的说法，承认了自己的错误。在潜水前他已发现舱内一瓶气体漏气，里面只是半满，一旦出现差错，他们的安全余量会大大降低。

他私下向汉斯·哈斯吐露自己为何决定继续尝试，并冒险完成插旗仪式："当时的情况很危险，我自己背的呼吸装具中气体刚够用。另一方面，团队正处于最佳状态，天气也十分完美。就个人而言，行动完全取消是最让我担心的。我知道，从来没有尽善尽美的情况……我决定试上一试。"一开始只是想演示一种探索海洋的新技术，后来却演变成博赞助者与新闻界注意的挑战世界纪录之举，压力随之而来。

玛丽·斯莫尔在电视屏幕上看到丈夫倒下时刚刚结婚不到八

周。也许她曾在杂志上见过凯勒的照片。那张目空一切的面孔下方有一行字："我的系统不会出错！"玛丽出席了凯勒承认自己犯错的那次会议。几天后，她自杀身亡。

后来凯勒在壳牌公司当顾问，提供深水操作的相关建议。彼时壳牌石油刚在检修钻井时用上氢气，减压病时有发生。潜水员为了测试是否减压完全，会在舱内跳动，若感体力不支便延长减压时间。他们完全依赖生产商提供正确配比的氢氧混合气。遇上负责配气的工人休假，而替班的人又搞错了气体时，潜水员统统出现幻觉，癔病发作，觉得自己双脚肯定遭到了电击。有些人在开车回家途中眼前出现圣灵头上的光环，还感觉到血管里有气泡穿梭。

凯勒组织潜水员在加压舱模拟潜水，压力相当于300米水深，循序渐进地缩短减压时间。如今氢氧混合气在商业深潜中已是常规用气，但侧重点从减压速度转变为提高安全余量。另一个发展则是潜水电脑的广泛使用，它可以为潜水者自动计算减压计划，潜水电脑的算法开发者正是阿尔伯特·布尔曼。

潜水员在水中"游"到海面以下305米的确可谓非凡壮举，但凯勒只不过"浅"尝辄止。全世界海洋的平均深度为4000米，就算把珠穆朗玛峰扔进太平洋最深处，离海平面还差了2500米。再神奇的混合气体也无法让我们到达那么深的地方。然而，人类的确已经开始了深渊之旅。

威廉·毕比（William Beebe）是美国的一位鸟类学家，可他的兴趣不止于此，还扩展到了海中的鸟——鱼类。经过上百次浅水潜水后，他将目光热切地投向了靠潜水服远远到不了的绿色深渊。

他的深潜计划刊登在 1926 年的《纽约时报》上。工程师兼潜水员奥蒂斯·巴顿（Otis Barton）见报后写信给他，描绘了自己设计的潜水舱。巴顿自掏腰包造了一个巨大的金属球，一头有供出入的人孔，另一头是熔融石英舷窗。这个深海球形潜水器（"深球"）的外表好似鼓足了气、两眼略显斗鸡的牛蛙。它没有外部供气设备，自身携带氧气瓶以及吸收二氧化碳废气的化学物质。试验阶段，由于两人负担不起船费——船上需要配备能吊起 5 吨重的球的吊车，巴顿将球熔化，重铸了一个球壁较薄而重量减半的新球。

水面上负责注意潜水球及其通讯的人员共有 28 人。船员有条不紊地工作着，但"预备号"（Ready）船却状况不妙。一个负责盯着船外的船员看到一条鱼向上游向船身，然后游进船内不见了。由于船上的泵没有一个能运作的，只好赶在下沉前往岸上逃。倘若深球下潜后工作母船也跟着沉下，将会酿成不幸。

巴顿决定在记录深度的试潜之前先把无人深球放到水下试试看。球体返回水面时，只见水从关闭的舱门间汩汩流出。试想一下吧，看到这样的场景巴顿该有多么沮丧。他们小心翼翼地拔出门闩，舱门立刻如脱膛的子弹般呼啸着飞了出去，砸中十米外的一座吊车。原来，球内的空气被水压挤成一个小气泡，一旦压力释放，这个气泡顿时膨胀回原样，将水猛冲出去。

不管怎么说，在重新填充好密封垫后，深球再次准备下水了。这一次，里面装着毕比和巴顿。

两人穿过狭窄的舱门，挤缩在球内又冷又硬的地板上。这一小间金属舱内部直径只有 137 厘米。重达 181 公斤的孔盖滑过巨大的门闩,哐啷哐啷地合上了。然后工人们拿锤子将这个庞大的球锁牢绑紧。此情此景,让毕比不禁想起爱伦·坡(Edgar Allan Poe)故事里受害者被一点点砌进砖墙的情节。2.5 厘米粗的钢索吊着装有他们两人的球体从船边降下。他们俩不约而同开始小心呼吸,轻声交谈。

开局不利。下降到 180 米深时,毕比宣布:"沉到过比这更深的只有死人。"仿佛是为了给他的话作证,海水从舱门四周渗了进来。巴顿认为最好中止下潜,让上面的人把球拉上去。但毕比不这么想。他不想让甲板上的人操心。与此同时,粗大的电缆在压力的作用下穿过密封垫,缠绕在巴顿周围。等他们回到水面时,舱内进水已达 19 升,蜿蜒包绕着巴顿的钢缆超过 4 米长。

此次下潜,他们测试了应急灯信号。在机器故障又无法通电话时,一点微弱的灯光至少可以让人知道他们还活着。后来某次潜水时,电话真的坏了,两人情绪顿时一落千丈,因为人的声音连接着他们与上面的世界。

在水下 485 米处,潜水球开始摇晃起来,就像旋风中的气球一般。两人的头猛撞在舱内的钢制表面。有一刻,他们还以为缆索断裂,自己正摔向深渊。却原来只是高高在上的海面起了一阵巨浪。

在他们所到达的最深处,发光的水生生物让毕比赞叹不已。他看到一团光紧贴在窗上,猛然间爆发出火花。那是一种不知名的发光生物在撞上他们的窗后燃起的海底烟花。在冰冷黑暗的深海中,这些活生生的发光物让他毕生难忘。

后来,在一次历时 3 小时的潜水中,他们到达了 920 米深,球窗承受的压力逾 17 吨,这个深度也是悬吊潜水球的缆索的极限，是此前人类潜海深度的 10 倍。而让毕比忍不住担忧的是，一旦石英舷窗破裂，两人将会顷刻丧命。

巴顿担心的略有不同。根据他的计算，缆索应该能够承受这么大的拉力，但是绞车是否能吊起球体和缆索的总重，让他很是怀疑。给绞车提供动力的蒸汽锅炉超出了额定压力，哮喘似的呼哧呼哧卖力工作着。假如绞车和辅助发动机之间的齿轮脱开，缆索将以惊人的速度松开，潜水球会迅速落向海底。巴顿试着往乐观的方面想：至少他们能有很长一段时间可以好好观察。

毕比在深海观察到一些新物种，但这些深海生物太不可思议了，那个时代的人们无法完全相信他的发现。第二次世界大战期间，潜水球还被赋予了秘密使命，替美国海军研究深水炸弹的效果。巴顿制造了一个改良版的潜水球，"吊在绳索上的眼球"，向 1368 米的深水纪录发起冲击。

毕比关于他们冒险经历的记述造成了轰动。布鲁塞尔大学的物理教授、工程师奥古斯特·皮卡德（Auguste Antoine Piccard）也是他们的热心读者之一。此人活脱脱就是好莱坞影片中的古怪教授，发型跟爱因斯坦在电暴中的发型一式一样。皮卡德总是戴两块手表，依他的说法能戴三块就更好了——取平均值。

皮卡德在琢磨潜水球的缺陷：问题出在它是悬在船下的。缆索的重量限制了球的下潜深度。毕比下潜最深的一次，其缆索在几乎完全松开的情况下重量为球体的两倍。潜水球拴系在水面也意味着人不能操纵它。当有未知生物掠过小小的舷窗时，只能瞥见它从窗外溜走。皮卡德设想的是独立的深潜器，能够走来走去，可以探索深海景观，可以搜寻动物群。

金属球对于深潜人员而言显然是个合适的抗压容器。而皮卡德的高招，是让金属球悬在装有汽油的浮筒底下。汽油不是用来提供燃料的，而是提供浮力。因为汽油比水轻，并且几乎不可压缩。为了抵消汽油产生的浮力，进料斗里装满了铁珠，浮筒内还有两个隔间用来往里灌海水。要减缓或停止下降时，抛掉铁珠即可。潜水器在释放掉大量压舱物后便能返回水面。潜水器上还会装一扇圆形舷窗，由两头截平的圆锥状有机玻璃支撑。有机玻璃具有弹性，不会像玻璃或石英那样碎裂。

皮卡德把它命名为深海潜水器（深潜器，bathyscaphe）。它能达到的下潜深度远远超过潜艇，能在两个小推进器的作用下在海底巡航。

皮卡德雄心勃勃地设想着，有了深潜器，科学家就能探访海洋中的任何一个角落，从此彻底改革海洋学。在1948年那会儿，海渊尚属"未知领域"。地球上最大的山系叫做中洋脊（Mid-Ocean Ridge），覆盖地球四分之一的面积，和它相比，喜马拉雅山只不过是小男生脸上冒出的一颗痘。然而，直到20世纪50年代，人们还不知道中洋脊的存在。

我们对深海动物群的认识同样疏浅。据说，来自海渊的标本统统加起来还装不满一单间仓库。这些标本，要么是漫无目的地拖着挖泥机收集而得，要么是把采样员扔下去取一小撮海底泥而来。就这么想吧：假如你正坐着热气球漂浮在伦敦弥漫着浓雾的上空，把拖网往下一扔，想从你看不见的街道捞点东西上来，"捕捉"到的也许是三两烟头、若干空啤酒罐以及吃了烤羊肉串后的呕吐物。这怎么能代表底下这个城市的生活呢？得得，也许这例子太糟了。

皮卡德从比利时国家科学基金委员会（Fondes National de la Recherche Scientifique，FNRS）申请到了经费，所以他的第一艘深潜器被命名为FNRS-2（下一章我们会说为什么是2号）。海试于1948年在西非的洋面进行。按照设定，无人深潜器在预设深度释放压舱物后返回海面。这次试验的下潜深度达到1398米，但由于返回速度太快，造成的反射引起球体进水。浮筒也不结实，在巨浪中遭到破坏。

皮卡德立马埋头改良模型。用雅克-伊夫·库斯托的话说，新模型是该世纪最伟大的发明。法国海军在皮卡德的指导下接管这项工程。但问题是，海军不会听取一个空谈学术的非海军人士的意见。于是皮卡德从团队撤出，索性自己来造深潜器。他儿子雅克·皮卡德（Jacques Piccard）是专业的经济学家，为他提供资金。新球体在德国克虏伯公司锻造，某意大利石油公司捐赠汽油，意大利海军提供支援船只。深潜器"的里雅斯特号"（*Trieste*）于1953年8月下水。

与最初的深潜器不同，的里雅斯特号在浮筒中央有一个竖井状的通道，供船上人员在深潜器漂浮于水面时从指挥塔进入舱内。这样的设计减少了他们不得不待在球体内的时间。这一点十分重要，因为两名船员分别是作为观察员的奥古斯特和作为引航员的雅克，父子俩都是大高个。而球体内径只有两米，这还没算上贴壁放置的各项设备。雅克的身高将近2米（1.96米）。可想而知，他不得不弯着身子待在舱内。

海试时发生了几次有惊无险的意外。比如，下潜到深处时，球内充斥着呛人的烟雾，引起了很大的恐慌与不适，尽管实际上只是一根导线短路。另一个意外出现在他们为了减慢下降速度而释放部分压舱物的时候。铁珠跟着往下落到了的里雅斯特号的甲板上。当他们要从底部回升时,继续撤压舱物,可深潜器一动不动。最后只好将所有铁珠全部甩掉,他们才得以上升。

建造的里雅斯特号的目的是为海洋研究者提供工具。因此,为了检验它是否可以作为水下实验的合适平台,一些科学家把他们的设备临时安装在球体内,研究阳光在海水中的穿透深度、声音的传播,并观察动物的行为。其结果无一不令人大开眼界。他们在水下 300 米深处完成了 70 个小时的实验。

就在深潜器停搁在一条狭窄的岩架上时,最令人心惊胆战的状况发生了。岩架突然垮塌,的里雅斯特号沿一片泥坡下滑,引发一阵雪崩似的塌方。雅克把压舱物放出,但未能见效。情急之下,他释放掉另一部分铁珠,的里雅斯特号轻松上升。

当时美国海军研究办公室认识到,潜艇要往更深处探索,扩展疆界,更好地掌握水文知识至关重要。美国海军部遂吸纳了皮卡德,的里雅斯特号被运往圣地亚哥。由于资金有限,项目组历经几年努力才筹得全部款项。在海军军官唐·沃尔什[①]的支持和指挥下,合作进展良好。

1951 年,英国考察船"挑战者二号"在太平洋测量马里亚纳海沟,发现了地球海洋中的最深处,称其为"挑战者深渊"。此处有近 11 000 米深。在美国海军看来,这是他们无法拒绝的挑战。如果有能力的话,他们就一定得探访一下世界上最深的海沟。可是,的里雅斯特号能做到吗?奥古斯特相信可以做到,但巨大的压力会让球体的安全余量非常小,可能会造成灾难性的聚

---

① Don Walsh,生于 1931 年,美国海洋学家,探险家和海洋政策专家。

爆。空心物体受压会向内爆炸，这种聚爆的剧烈程度不啻于向外的爆炸。

雅克认为这事偏离了科研目的，可破纪录毕竟是诱人的，而且这可是无可匹敌的最伟大的纪录。他也同意了下潜，并坚持担任引航员。另一名船员则是唐·沃尔什。一只更坚固的深潜球整装待发，上面配备的是一个更大的浮筒。

试潜于1959年11月开始。他们潜到5472米深的海底，创造了一个新的世界纪录。上升阶段发生了两次剧烈的爆炸。是球体坏了吗？他们以最快的速度浮上水面，钻出球舱，发现深潜球中间一圈以及两头各有一处共三处凹陷了下去。用于黏合的环氧树脂胶脱胶，海水滴漏进去。幸好水压将这几部分又推拢在一起。由于无法重新黏合裂缝，他们就用两个安了垫圈的金属环圈紧紧了事。

深潜器内的船员感到紧张是无可厚非的。关在密封舱内下潜到深渊，会让人对异响格外敏感，最轻微的吱嘎声都会引起紧张。深潜器很容易发出咕嘟咕嘟的声音，但的里雅斯特号发出的却不是嘟囔般的轻声。一有挤压，它便抱怨般地大叫。

有一次下潜时，内爆发出的巨响让他们以为是浮筒开裂，两人均想此番性命不保。还好有惊无险，只是一个相机匣子被压瘪了。下潜到水下7000米处，内爆接二连三发生。原因是空心的金属柱上没有事先钻洞，水不能流入管内，管内的空气又无法承受水压，遂造成内爆。

设备也出现了一些故障，尽管有无数负责看护维护的技术人员。回声测深仪失灵，一旦计算深度失误，就可能以高速撞击海底，后果不堪设想。在把的里雅斯特号从美国海军基地拖往关岛时，用于少量释放铁珠以保持球体平衡的阀门受到损坏。途中，电话、测流计以及用于测算下降速率的设备还被海水冲走。

1960年1月23日，他们找到了挑战者深渊的具体定位。然而此时狂风四起。要在波涛汹涌的大海中试图登上的里雅斯特号十分危险。而且，就算还没下水，他们也已经承受了相当的压力。全世界的媒体都跑来围观，记者们在打字机前伸着两根指头就等着报道他们的壮举呢。

时机的掌握至关重要。稍有延迟，的里雅斯特号就只能等到日落后返回，而黑暗中是难以发现海面有这么一个不起眼的小球的。上午8点15分，皮卡德和沃尔什最后望了一眼天空，然后爬下竖井钻入球舱。舱门刚合拢，水便灌入了竖井，的里雅斯特号开始下潜。离开海面的惊涛怒浪，他们不由得松了口气。

随着深度增加，浮筒内的汽油被压缩，海水灌入其中。深潜器逐渐变沉，越降越快，好似摩天大楼的电梯。周围温度越来越低，冷凝的液体——或许还有因为紧张出的汗——把他们的衣服浸得透湿。室外水温为1摄氏度。

挑战者深渊的沟槽处跨度仅1500米，皮卡德他们不确定自己会侧向漂浮多远。他们有可能完全与之错过，或者更糟，与其壁相撞——非常可怕的结果。

眼下，他们正穿越"深渊带"（abyss），进入海洋研究者所称的"超深渊带"（hadal）。一滴水令人不安地漏进球体。此时，有机玻璃舱窗上每平方厘米所承受的压力为1.25吨。突然间，球体被一记令人心跳为之骤停的内爆所摇撼。可能发生了严重的，甚至也许会危及性命的故障。他们屏气凝神，静静等待着。什么也没发生。两人交换了一个紧张的眼色，然后继续下潜。

海沟底部似乎抬升上来与他们相会。再一看，原来是一条比目鱼，正懒洋洋地游弋着，丝毫不知周围发生了什么。现在的观点认为，他们当时见到的不是鱼，而是一条海参。不管究竟是什么，深渊下是有生命的。他们在地球上最深的洞内待了20分钟，深度为水下10 883米。

有一个问题让皮卡德很不安，那就是当他们上升时，根据物理定律，扩散的汽油会急速冷却。汽油本身无碍，但供水进出以保持浮筒体积不变的管道却有可能冻住。一旦如此，浮筒将会爆炸，他们也将立赴黄泉。幸好管道没有结冰。

此次深潜耗时近9小时。上升途中，他们发现之前感觉到的内爆是竖井通道底部的一扇窗开裂了。这个竖井通道是他们唯一的出口，这会儿里头灌满了水。假如，当他们回到水面时通道还未能清理好，那么他们就只能被一直关在球体内，直到的里雅斯特号被拖回远在322千米外的关岛——在起伏不平的洋面上这可不是开玩笑的。他们可以喝的只有冷凝水，用于补充能量的只有巧克力。其实他们不必发愁。压缩空气排走了竖井通道内的积水，窗户也照样坚固。

从挑战者深渊回来后，的里雅斯特号重回科研领域，直到接手了一项更为棘手的任务。1963年，美国海军潜艇"长尾鲨号"（*Thresher*）是当时世界上最新型、最先进的核潜艇。4月10日，长尾鲨号从新英格兰地区出海试航。救援船接收到的电报称，"出现了一些小问题……试图吹除"。四分钟后，又传来一条模糊难辨的信息，提到了"测试深度"。测试深度是长尾鲨号潜航深度的下限。它正朝着2400米以下的海底冲去。

钢制船体在这一深度会像纸片一样被压皱，喷涌而入的海水会将一切摧毁，船上人员无一有生还希望。的里雅斯特号从圣地亚哥的基地赶去搜救，匆匆配备上最新型的摄像机与爪钩，要将搜索到的物品尽数打捞上来。的里雅斯特号下潜 10 次，有几次持续 6 个小时甚至更长时间。打捞人员发现了大量碎片，有变形的管子、弯折的钢板以及反应堆隔舱内穿的防护服。曾经趾高气扬的潜艇完败于大海，狼藉的残骸成为埋葬 150 名船员的坟场。

惨案发生后，深潜器的生产受到推动，因为深潜器能在现代潜艇运行的深度援救遇难者。人们投入大量资金提高水下技术。然而，很久以前，奥古斯特·皮卡德造出的两个深潜球，却是用少得可怜的资金实现了最彻底的设想。他没有钱给深球装备回声测深仪，也用不起太大的电池。甚至，每次投放掉压舱铁珠需要的 600 美元，对他来说也是经济负担。最关键的是，他甘冒生命危险亲身坐着深球下潜，还拉上了自己的儿子。他无非是希望能够证明这是安全的。

皮卡德所做的一切只是因为他不得不这样做。有了这么值得奋斗的目标，他又怎么能对自己的使命说不呢？

阿尔内·策特施特罗姆的墓碑。

十七　又高，又快，又危险

High, Fast and Hazardous

眼珠子陷进去，眼珠子暴出来。

——速度先急升后骤降的后果之一

奥古斯特·皮卡德坐在深潜球内下潜时是 69 岁。这个一头乱发、瘦高瘦高的教授化身为《丁丁历险记》里的卡尔库鲁斯教授成为不朽的传奇。他双手灵巧，能同时一手画圆一手画方。他下过海，也上过天：曾经乘着热气球上升到平流层。不难联想，深潜球只不过是在海洋中下沉的气球。和热气球一样，浮筒就是提供升力的球囊，而压舱物是用来减缓或中止下降的。

第一次世界大战期间，奥古斯特服役于飞艇部门。十多年后，他对宇宙线产生了兴趣。宇宙线是宇宙初始的大爆炸残留的背景辐射，是来自外太空的高能粒子流。宇宙线穿过地球大气层时会与其他粒子碰撞而发生变化并降低能量。到达地球表面的粒子对人体的辐射量很少；但在高空，也就是飞机的飞行高度，宇宙线是主要的辐射来源。奥古斯特想要检测和研究改变前的"初级"宇宙线。因此，他必须去平流层。

早有前人的历险表明，升上如此高空的冒险之旅可谓九死一生。1862年，杰出的英国气象学家詹姆士·格莱舍（James Glaisher）与著名气球驾驶员亨利·考克斯韦尔（Henry Coxwell）一起从伍尔弗汉普顿的煤气厂升空。他们乘坐的巨大气球是为了开展科学研究专门定制的。格莱舍带了17项研究设备升空，预备测量湿度和温度。上升到8850米时，他发觉视线模糊起来，难以看清设备上的读数。不一会儿，他的四肢和脖子也变得麻痹，并且无法张口说话。此时他们仍在继续上升。考克斯韦尔爬上气球，试图放掉一部分氢气，好让气球下降。可他的双手却被冻结在吊篮上方的金属环上。情急之下，他以齿咬绳，拉动绳子泄出部分氢气，两人终于得救。他们俩曾上升至11 278米，这一高度过去还从未有人到达过。

下降途中，身体恢复的格莱舍再度开始观测。他没有被这趟历险吓阻，后来又升空28次。格莱舍成功指出，他们在大气层中升得越高，周围湿度就越低，而气温并不随着高度增加均匀地降低。平流层像大海一样起伏不定。

1875年，另一只以空中考察为目的、但注定以悲剧收场的气球在巴黎起飞，上面搭载了三名想去大气层上层瞧瞧的工程师和科学家。加斯顿·蒂桑迪埃（Gaston Tissandier）、约瑟夫·西卫和西奥多·克罗西-史宾尼利[①]坐在气球内一边向上升，一边检查自己的脉搏和呼吸的速率。西卫的心跳速率差不多是平常的两倍。升到7500米高时，西卫提议继续攀升，另两人表示赞同。他们扔掉了一部分压舱物，忙忙碌碌地读取着气压计、温度计和

---

① 此处疑原书有误，原文中这两人的姓名为 Joseph Sivel 和 Theodore Croce-Spinelli。但根据其他资料，两人姓名分别为 Joseph Croce-Spinelli 与 Theodore Sivel。

分光仪的读数。很快，气球上升到8600米，三人晕厥过去。蒂桑迪埃和克罗西-史宾尼利先后醒来，两人都是昏昏沉沉，反而扔掉了更多的压舱物，随即又昏迷过去。

约莫一个半小时后，蒂桑迪埃醒来，这时他们已经在6000米高度，气球正在下降。而他的两个同伴均已缺氧而死。

他们事先曾去过法国研究气压的世界级权威保罗·博特（Paul Bert）那儿，在他实验室的低压舱内为此行做准备，充分认识到吸氧的重要性。这些准备工作能让他们比原计划上升得更高。他们带了三个气球，大小类似沙滩上玩的大充气球，球内填充的气体有75%是氧气。博特写信向他们强调，这些氧气远远不够。他们每人仅有6分钟的氧气供应，但飞行时有将近2.5个小时是处于需要补充氧气的高空。然而为时已晚。他们没有来得及带更多氧气。由于供气短缺，他们一直把氧气留着，不到万不得已尽量不用。等到蒂桑迪埃觉得非吸氧不可时，他已经够不到接口管了。

慢性缺氧能杀人于无形。正如蒂桑迪埃所写："人会感到内在的愉悦……对周遭变得漠然，对危险境况不再注意。"飞行器内缓慢失压会导致各种吊诡的事故，比如在以自动驾驶模式飞行的飞机上，缓慢失压会造成所有机上人员陷入昏睡，飞机就这样一直飞至燃料耗尽。

皮卡德想到，要让他的气球安然完成任务，需要一个有独立供氧的增压舱。这个想法比现代飞机增压的做法早得多。对他而言，要研究宇宙线，座舱不能有磁性，还必须电中性。他找到了铝。而唯一知道怎么塑造铝制材料的工厂是当地的啤酒厂，因为他们需要把大块的铝条拼装成酒桶。于是，皮卡德请啤酒厂的工程师们打造了三块巨大的铝板，焊接成一个球体。球壁仅 3.5 毫米厚。

　　球上有两个供出入的人孔，人孔的舱门装在靠里一侧。为了有良好的气密性，舱门需大于孔口。皮卡德前去检查完工的球体时，留意到两扇舱门还躺在外面的长椅上。他向工人们指出，这样没法子把它们放进球内。一个工人哼哧哼哧费了半天力，也无法把舱门推进孔内。可是等到皮卡德下次去看时，发现舱门已经安妥。他后来怎么也想不明白他们是怎么做到的。

　　另外，还有个法律问题。安全起见，气球的压舱物必须是砂或者水。可是皮卡德用的是铅粒。他在表单上把铅粒写成"铅砂"，顺利通关。为了确保扔下来的铅粒不会砸伤地上的人，皮卡德站到 50 米高的烟囱下，淋了一场铅粒雨来试验。

　　鉴于球体的重量，以及平流层十分稀薄的空气，皮卡德的氢气球要比传统的热空气气球大 10 倍，气球直径超过 34 米。该项目由比利时国家科学基金委员会提供资金，委员会以其名称首字母为该气球命名：FNRS。这就是为什么很久之后由同一个机构资助的第一艘深潜器被命名为 FNRS-2。

　　1931 年 5 月，大气球充气待飞。运输车上的球舱被一阵怪风吹飞，破了一个小洞，这个小洞将会给皮卡德及其同行的科学家保罗·基普弗（Paul Kipfer）带来危险。没等他俩发出解开系泊的信号，基普弗就看到工厂烟囱的顶端已在向后飘去。

　　上升到 4 千米高时，皮卡德忧心忡忡地发现球舱内外的气压相等，他还听到了漏气的嘶嘶声。如此一来，气球的气密性和藤条吊篮也就没啥两样。要是堵不住漏洞，只有放弃任务。幸好，皮卡德早有预料，拿出事先备好的"黏性物"填补漏洞。填补第二遍时，嘶嘶声消失了，只剩一片寂静，气球驾驶员闻之顿感宽慰。

半小时不到，他们已身处15千米的高空，进入了靛蓝色的平流层。他们扔掉一部分压舱物又上升了一段，然后打算放掉一小部分氢气来控制高度。可是，用来放气的绳子卡住了。他们试着把绳子转松，绳子却断了。眼下，他们无法下降，只能不受控制地越飘越远，直到氧气耗尽。

没看到他们按预定时间着陆，一向嗜好坏消息的新闻报纸便报道如下：

皮卡德气球失控飘飞阿尔卑斯山

科学家恐已遇难

遇难倒没有，但他们越来越紧张。皮卡德撞破了一个大型气压计，里头的水银淌出来，在球舱的地板上聚成一摊。由于水银会腐蚀铝，他们只好寄希望于铝外面的涂料没有破损。后来皮卡德想出一个妙招。他把一根长管与套口相接，再把管子伸到外面，然后利用真空抽吸水银而将其排出。

到了更高的地方，球舱壁变得极冷，舱内的气体冷凝成水，继而转变成厚厚的一层霜，舱内犹如冰窟。日出之后，舱内便下起雪来。随着温度攀升，他们变得口干舌燥，但谁也不会想喝地板上油、水银和水组成的混合液体。皮卡德自己制作了一点饮用水：他把液氧倒进金属杯子里，液氧蒸发后，杯子外壁便形成一层霜。从零下212摄氏度升温而来的水喝来格外可口。

制造球舱时，皮卡德把它一半涂成白色，一半涂成黑色。他的设想是，通过球体的旋转使得对着太阳的一半或热吸收或热反射。可惜，旋转机制没有起效。

气球一度上升至 15 781 米之高。之后，在傍晚的寒气中，气囊中的氢气收缩，气球开始下降。初时速度缓慢，随后越来越快。由于担心气球会不受控制地上升，他们不敢为了减缓下降速度而扔掉压舱物。落日勾勒出气球的身影，地面上的观察者发现天上有一弯新的月牙。

他们下边，是阿尔卑斯山的嶙峋怪石。球舱如弹子球一般在阿尔卑斯山的冰川上弹跳了几下，冰川上巨大深邃的沟壑足以把球舱一口吞没。皮卡德发现远处有一片雪地，便扯开气球上放气裂幅的拉索，把氢气全部释放。巨大的气囊塌下来，成了一幅巨大的床单，两人躺在上面，以星空为被，睡了一宿。隔天一早，皮卡德在惊慌中醒来——他把远处隐约传来的瀑布声当成了漏气的嘶嘶声。

由于皮卡德和基普弗花费了大量时间处理紧急状况，两人只是草草测量了宇宙线的一些数据。回去后，皮卡德立马着手制造新的球舱，准备再度前往平流层。1932 年 8 月，他上升到新的高度，离 17 千米只有 60 米，创造了新的纪录。他的球舱如今陈列在英国威尔特郡罗顿市的科学博物馆内。

皮卡德后来的测量显示，平流层的宇宙线辐射强度较高，但并没有预想的那么高。甚至在他所到达的最高处，穿透球体的高能量粒子数目也相对较少。他证实，宇航员能够安然在平流层上部航行，往后还有可能进入外太空。

奥古斯特·皮卡德的孪生兄弟费利克斯（Felix Piccard）后来还为美国空军设计出了能到达更高高度的气球：抵达 3 万米高空。1999 年，他的孙子伯特兰·皮卡德（Bertrand Piccard）与英国人布莱恩·琼斯（Brian Jones）成为最先乘气球完成环球飞行的人。但奥古斯特对世界纪录之类并不感兴趣，甚至对自己的纪录也不在意。

很多纪录其实是在开展军事研究的过程中被打破的，比如音障的突破。第二次世界大战期间，德军战斗机一看到美军的"野马"战斗机扭头就溜。美国空军决心要让德军永远也追不上。

战争末期，有位年轻的王牌飞行员被委派到俄亥俄州的空军基地，也就是现在所称的莱特机场。此人名叫查克·叶格（Chuck Yeager），在莱特机场任助理维修军官。他和另一名前飞行员，鲍勃·胡佛（Bob Hoover）有权试飞基地的各型飞机。这项飞行工作并非万无一失。胡佛在空中遭遇过约莫20次险情。有一次，飞机引擎出现故障，为了绕过机场护栏，胡佛小心翼翼地把飞机试降在一辆卡车的车顶。自然，毫不奇怪，驻在该基地的试飞员都把这两人看成是无纪律的冒失鬼。但事实正相反，这两人专业，冷静，小心谨慎。

莱特机场是试飞新型超高速飞机的中心。就在叶格升级成为试飞员的时候，航空队签收了一架非常特别的试验机，贝尔 X-S1。字母"X"代表美国的试验机，而"S"代表超音速。该机的研制资金高达 600 万美元，对外高度保密。橘色机身呈子弹形状，由四枚绰号为"黑色贝特西"的火箭推动。制造这架试验机的唯一目的就是：突破音障。完成这一任务可不容易，而且无疑十分危险。因为飞机速度试图接近 1 马赫[①]时会出现奇怪的状况。

[①] 由于声音传播速度随高度的不同而变化，在测算空中的速度时往往要与飞机飞行高度的音速相比，1 马赫即 1 倍音速，这是由奥地利物理学家恩斯特·马赫（Ernst Mach）提出的。——原注

十七　又高，又快，又危险

在 1943 年，航空革新的领头羊是英国的迈尔斯飞机公司（Miles Aircraft）。迈尔斯兄弟之一有个女儿，名叫玛丽·迈尔斯，就是上一章中嫁给了不幸的彼特·斯莫尔的那位。迈尔斯兄弟制造的 M.52 飞机配备了"特别版"惠特尔发动机，推力远大于同时代的其他喷气式发动机，预计时速可达 2600 千米。机翼具有锋利的前缘，以便于接近音速时突破音障，因此得名"吉列机翼"。美国贝尔飞机公司的工程师前往英国与迈尔斯兄弟会面。或许正是因为这次会面，贝尔 X-S1 飞机的机翼前缘与 M.52 的类似，设计得极薄。遗憾的是，M.52 飞机未能向音障发起冲刺，因为英国政府取消了这一项目。

另一家英国公司德哈维兰（De Havilland）制造了一架革命性的试验研究机，D.H.108。这架后掠翼无尾飞机以四具燃气涡轮发动机推动。风洞测试显示，和其他无尾飞机一样，D.H.108 稳定性欠佳。但在百余次试飞中，该机表现良好，并且达到了 0.89 马赫的平飞速度。公司创办人之子小杰弗里·德哈维兰（Geoffrey de Havilland, Jr）在驾驶 D.H.108 时，飞机在高速俯冲中剧烈失稳，继而解体。小杰弗里因为脖子摔断而身亡，最后坠机。而此前不久，他的弟弟死于空中撞机。

根据经验，查克·叶格知道飞机在接近 1 马赫时会开始抖动，操纵装置像被"冻结"一般。或许，所谓"音障"并非虚名。一些航空工程师认为，飞机在加速到 1 马赫的过程中，前方的压力累积形成冲击波，导致飞机出现撞墙一样的表现，最终机毁人亡。

莱特机场的高级官员召集志愿者试飞 X-1（为了不让外界得知挑战超音速飞行的事实，此时字母"S"已经去掉）。叶格与鲍勃·胡佛双双站了出来,两人都不缺乏勇气。战斗机飞行中队曾在六个月的训练时间内失去了 13 位飞行员,而他们俩活了下来,并在与敌机的空中激战中培养出了听天由命的态度。但他们从不说"坠机"这两个字。谁要是驾机一头冲到地上,他们会用"买农场"(buy the farm)替代"坠机"。英国皇家空军也一样,会用"他去买了"(he bought it)或更委婉的"he went for a Burton"来称飞机坠毁。叶格觉得他们都习惯了出任务时不知道接下来会如何的情况。试飞与真正的作战飞行没有差别。

让等级更高的试飞员无一不感到诧异的是,仅有上尉军衔的叶格却被选为了 X-1 机的首席试飞员,胡佛担任候补。旁人冷嘲热讽地说什么看来上级是选了两个最死不足惜的飞行员。谁都不看好他们。

实际上,叶格被选作 X-1 的试飞员,正是因为指挥官相信,假如说有谁能完成这一任务,那么非叶格莫属。叶格对自己驾驶的每一架飞机都有一种本能的"直觉",就好像他和飞机合为一体了。

日常训练最是乏味痛苦。叶格恨透了那个巨大的离心机:他们时不时地要在货真价实的离心机里坐在转子上旋转。这项训练是让他们适应远远大于地心引力的作用力,不会因此呕吐。当头部缺血、被捆在离心机内听到还要按规定再来一次时,再英勇的飞行员都不免冷汗涔涔,想要一逃了之。他们还要没完没了地待在寒冷的低气压舱,适应相当于 21 000 米高空的环境。在测试增压服时,胡佛曾有一次突然呼吸困难,脸色发青。原来他们忘了给他接上供氧设备。

为他们制造飞行服的是一家紧身胸衣制衣厂。在制衣厂试穿完后,查克和鲍勃驾机飞回基地,途中被闪电击中,差点儿坠机。在等待驾驭最凶猛的机器怪兽之前先阴沟里翻船的话,那就成了最大的讽刺了。

查克为他的试飞挑了一位飞行工程师,杰克·里普利(Jack Ripley)。不过,里普利必须远离易爆燃料。因为此人是个大烟枪,衬衫上全是掉落的香烟灰烫出的洞。但他体质不错。当时的他30岁不到,但查克的妻子觉得他铁定能活过103。

查克·叶格知道,里普利不仅对航空理论了如指掌,实践经验也相当丰富。有次,一位飞行员紧急迫降时把飞机停在了一段很短的跑道上,叶格和里普利要去把飞机开回基地。飞机停在一个进退两难的位置,因为机上装载着燃料,必须有一段更长的跑道才能起飞。里普利计算出把飞机开回基地最少需要多少燃料,然后步测出跑道的长度,打下一根桩子,表示叶格起飞助跑到这个位置时必须点燃喷气助推器。他向叶格保证,跑道比实际所需的长度还多出3米。叶格驾机冲上跑道,顺利升空——跑道果然还余3米。

终于到了与X-1见面的这一天。哪怕停在机库,这架战机也像一头需要管束的野兽一样被链子锁住。X-1第一次试飞将不携带燃料。叶格在试飞中需要练习滑降和着陆。就算有燃料推动,X-1还是必须滑降,因为好几吨重的燃料将会在4.2秒内完全燃尽。

X-1不具有起飞能力,而是由一架改装过的B-29轰炸机吊着它飞到空中。到达预定高度时,叶格必须在凛凛寒风中顺着梯子爬下轰炸机,滑进驾驶座舱。他戴了一项自己的头盔。这是他拿坦克指挥官常戴的那种皮革头盔截断后改做的,因为基地没有给他配备头盔。

听到"砰"的一声释放声,X-1迅速下降,登时离开了轰炸机的阴影,迎来炫目的日光。叶格独自一人驾驶着 X-1,像梦一般。飞机静悄悄地滑向地面。

1947 年 8 月,叶格完成了 X-1 的第一次点火试飞。火箭发动机的燃料是酒精和液氧,换句话说,这是种易爆燃料。在 X-1 携带燃料试飞时,整个基地都会关闭。万一发生爆炸,叶格将会与爆炸来个零距离接触。由于驾驶舱内以不可燃的氮气填充,叶格有一套独立的供氧装备。零下 182 度的低温液氮装在罐子里,就放在他的座位底下,这让叶格禁不住起了寒意。让他颤抖的还有内心的恐惧。如果飞机真有什么问题,此时此地——在只有他和他的 X-1 所在的 12 000 米高空——就该暴露出来了。

跳伞求生同样办不到。驾驶舱的门开在侧面,就算能成功跳出,也会瞬间被剃刀般锋利的机翼截成两段。话虽如此,他们还是给了叶格一顶降落伞,当垫子用着实不错。试飞成功,他便是英雄,不成功便是烈士。他不想当烈士。于是,他点燃了第一枚火箭。

瞬间,机身后方喷射出长达六米的火焰,叶格感到像是有卡车正从下方顶撞着他。电掣风驰一般。下降到母机下方 300 米时,叶格点燃了第二枚火箭,飞机速度窜升至 0.7 马赫。而这还只用上了一半推力。他做了一个滚桶的动作表示庆祝,随后引擎熄火。着陆后他将迎来欢呼的人群。根据严格的指令,他不能点燃另两枚火箭,所以他先抛掉了剩余的燃料,然后滑降着陆。

第六次试飞时,他达到了 0.86 马赫的速度,飞机像开在鹅卵石铺地的路上一般震颤起来,操纵装置变得迟钝。第七次试飞很糟糕。到 0.94 马赫时,手控制器失效。正如事前预料,机头恰好撞到音障,而叶格无法解决这个问题。到此为止了吗?就在大家准备放弃这个项目时,里普利想出一个主意。他安装了一个发动机，使飞机横尾翼的构造因之改变，独立于手动控制器。多年以后，有架客机失去控制时，飞行员利用机翼处的发动机抬升机头，利用机尾处的第三个发动机使机头下降。而里普利试图做的就是以另一种方法达到类似的目的。但是，这一招在飞机达到音速时能管用吗？

这一招起效了。在接下来的一次试飞中，飞机速度达到了0.988马赫。但新的问题是：风挡上结了霜。看不见导航仪表指导返航的信号，叶格无法判断如何着陆。最后，由胡佛在护航机上指挥，叶格成功着陆，这次着陆也是最平缓的一次。后来，他们用洗发水擦拭风挡从而解决了结霜的问题。

正在为打破音障的试飞做准备期间，叶格骑马坠地，跌断了几根肋骨。尽管吃痛，他还是相信靠绑紧的绷带和止痛片，自己是能够飞行的。但主要的问题是，受伤后他无法弯下身子把舱门拉上。里普利给他锯了一段扫帚柄，叶格用这个工具将门拴住。

1947年10月14日，叶格的肋骨经受了剧烈的颠簸。当点燃最后一枚火箭时，他看到速度计的指针已经跳出量程。刹那间，他眼前一黑，耳听得一声巨响。观察人员还以为叶格失踪。实际上，这声巨响就是第一声音爆。他飞到了1.07马赫的超音速。

国防部对此未发通告。他们希望在生产出第一架超音速战斗机之前保持机密。叶格仍然担任X-1的试飞员，接下来的试飞任务可以说是惊险之极。在他按下点火开关后，飞机竟丝毫没有动静。他能做的只有抛掉燃料，滑降着陆。可是，因为没有推力，排放燃料的阀门无法打开。他凭记忆打开了燃料箱上的手动操作的孔口。但由于没有工作量规，他不清楚燃料流光需要多长时间，也不知道燃料箱内还剩多少燃料。X-1的起落架设计得十分单薄，仅能承受得住飞机的重量。假如机上还负有大量剩余的燃料，起落架将会崩塌，爆炸在所难免。叶格想方设法拖延下降，最终完成了这辈子最紧张的一次着陆。幸运又一次眷顾了他。

叶格的技术与胆识为他赢得了什么奖励呢？民航试飞员会得到一笔可观的危险工作津贴，为军方服务时也不例外。叶格还被授予飞行优异十字勋章（Distinguished Flying Cross），接踵而至的还有一系列奖项，包括国会在和平时期颁发的荣誉勋章。但按规定，他不得靠出版自己的冒险经历营利；另外，过了七年他才从上尉提升到少校。

很显然，飞行员要在失控、加速的战斗机中逃出座舱曾一度十分困难。飞机时速一旦达到 800 千米，想要从座舱中爬出根本不可能。因此，飞行员不得不被强制性地从座椅上弹射出去。利用假人模型做的实验表明，通过这种方法，飞行员或许还能生还。迈尔斯飞机公司早在 1939 年就申请了飞机弹射椅的专利。马丁贝克飞机公司则在 1945 年测试了一款现代弹射椅。

弹射椅的原理是，利用炸药爆破座舱罩，同时将飞行员连同座椅一并弹出。马丁贝克的制造厂内有一座试验台，台子陡峭的斜道顶端高高挂着假人模型。车间技工伯纳德·林奇（Bernard Lynch）成为了第一个登上试验台的真人志愿者。

试验显示，以 0.1 秒的时间"逐渐"达到 25 G 的作用力（即 25 倍于地球重力产生的作用力），能让飞行员以每秒 18 米的速度从 800 千米时速的飞机中向上蹿升，也不会在弹射过程中把飞行员的脊柱压成手风琴状。英国的"流星Ⅲ"喷气式战斗机安装了弹射椅，试飞员布莱恩·格林斯特德（Bryan Greensted）驾机成功完成弹射试验。

保护飞行员起见,弹射椅的炸药是靠飞行员拉动头部上方一块沉重的帆布来点火的。拉到腰际时,座椅随即点燃发射。弹射力确保飞行员的双手紧紧按住头部的面罩,防止颈部有任何剧烈的扭动。

但飞行员被弹出飞机之后问题还没有完。就在叶格到莱特机场的四年前,另一位自体实验者将自己推入了险境。威廉·洛夫莱斯(William Lovelace)中校是航空医学实验室的主任,主要研究跳伞遇到的问题。飞行员高空跳伞的头一分钟会失去意识,无法拉动伞索,打开降落伞。洛夫莱斯研制出一种氧气呼吸装置,供伞降者在下降到有足够空气可以呼吸的高度之前使用。

为证明其实际效果,他从飞行在 12 200 米高空的 B-17 轰炸机上跳伞。而这是他生平第一次从飞机上跳伞。他以自由落体的速度急速下降,随后将降落伞打开。按他原来的猜想,骤然打开降落伞时大约会有 $-4\,G$ 的加速度,结果在他打开降落伞的那个高度,瞬间减速的加速度达到了 $-33\,G$。他的体重猛然加重 32 倍,使他昏厥。在冻得睁不开眼睛的高空,他的手套在突然减速时飞掉,导致洛夫莱斯手上生出冻疮。尽管承受了如此巨大的作用力,他还是撑住了。他在着陆时扭伤了背部,此时承受的作用力已减弱到微不足道的 $3\sim 4\,G$。和叶格一样,洛夫莱斯也因这番辛苦获得了飞行十字勋章。

为避免速度骤变,后来飞行员会先保持自由降落,达到下落的终极速度(每秒 33 米)以后再打开降落伞。多亏洛夫莱斯的经历,后来有了能自动打开的降落伞。

速度骤降正是撞机或撞车人员受伤的原因。同样,飞行员从高速飞行的飞机上弹射出舱的一刹那,也会承受突然直线减速的伤害。美国空军军医约翰·斯塔普（John Stapp）上校决意探究人类承受减速的极限。他是开展这项研究的理想人选。他不仅有医学学位，还获得了生物物理学的博士学位。他收集了各种安全带的数据，并参加事故身亡者的验尸，研究安全带在事故中起的作用，以期改进安全带的设计。

要研究减速，斯塔普首先需要加速。还有什么比火箭橇（用火箭发动机作动力的滑车）更合适的加速工具呢？就这样，一条重负荷轨道在新墨西哥州霍洛曼空军基地附近铺设开来，长1000余米。轨道并不是用来让滑车在上面行驶的，只是为了让它在行驶中保持直线。这架名为"音速风"（Sonic Wind）的火箭橇由诺思罗普飞机公司（Northrop Aircraft Company）制造，上面装配了九具火箭，能在短短0.07秒之内产生20 430千克的推力。但它没有传统的刹车装置，而是利用滑车下方的抓斗插入轨道之间的水槽实现减速——其效果无异于撞上一堵砖墙。

斯塔普先在滑车里放了具假人，进行了30轮初步实验，收集了一些有用的数据，计算出相关的作用力。下一步就该亲身体验了。他奉命出任这个项目的主管，并认为小白鼠的角色主要应该由他自己来担当。他说："我的目标是救命，而不是杀人。我为此感到幸运。"后来他也允许别的志愿者参与实验，但是明确告诉他们肯定会受伤。这些志愿者里有飞行员、航空军医、一位医疗技术人员以及两位安全带制造商。

测试前，斯塔普严格控制饮食，戒酒禁食。因为空空的胃袋和膀胱不容易在事故中破裂，塞满食物的胃袋则会让尸检变得一团糟。

斯塔普乘坐滑车行驶了22次，速度一次比一次快。实验过程中，他尽量把双手缩在整流罩里。有两次不慎伸到外面，结果被疾风击中，手腕一下子就骨折了。每次实验，他都聚精会神，牢记体验到的各项细节，以便事后写进报告。他的目标是确定"受伤的临界点"。而要做到这一点，唯一的办法就是超越临界点。

1954 年 12 月 12 日的第 22 次行驶，是速度最快的一次。火箭点火之前，斯塔普的心跳变得飞快，情绪也变得消沉。他的保护装备只有一根安全带、一顶头盔、一把防止他咬断舌头的橡胶嚼子。火箭点火后，在短短 5 秒之内，他的速度就达到了每小时 1000 千米，能赶得上一枚点 45 口径的子弹。滑车上没有风挡，疾风不断撞击他的身体。飞沙击穿飞行服，扎进他的皮肤；他的眼球陷到了颅腔里面。有 20 秒时间，他承受着 40 G 的重力加速度；相对这样的压力来说，这是一段相当漫长的时间。由于通向眼睛的供血受阻，他的视线变得模糊，眼前先是漆黑，继而血红。然后，抓斗撞入水槽，滑车在 1.5 秒之后刹住了。斯塔普的眼珠子一下子暴突到了眼眶外面。幸好视网膜没有剥落，否则他便从此失明了。事后在医院里休养时，他体验到了"大难不死的狂喜"。

斯塔普刚开始实验那会儿，这个领域的专家都认为人类承受不了超过 9 G 的加速度；跨过这个限度需要勇气，远远超过这个限度更是非常人所能为。但是在 1958 年，斯塔普的一位同事却在滑车测试中经受住了 82.6 G 的加速度。他叫埃里·毕丁（Eli Beeding），这名字和"躺在血泊"（He lies bleeding）实在太像，未免叫人担心。毕丁之所以能够幸存，是因为他系了由斯塔普改进过的安全带，并且全程保持坐姿，主要受力的是胸部和背部。如果他以卧姿参加实验，结果就不一样了。美国空军曾提出一个想法：将飞行员朝前弹射出去或许比朝上弹射更加安全，这就跟跳水者头部先入水一样。斯塔普觉得用真人验证这个假说太过冒险,于是把一只深度麻醉的猴子以卧姿放上了滑车。猴子没有幸存。这一姿势造成血液冲进头颅,引起血管爆裂、组织损毁。

斯塔普受过的最严重的伤有大面积瘀青、脑震荡、腹疝,以及肋骨、手腕和尾骨骨折。此外,他还患上了慢性眩晕,会在闭眼保持平衡时发作。但他拒绝为自己的伤病接受补偿,他认为这些都是拿飞行津贴的工作的常规风险。他还说:"在我看来,做人体实验和带兵冲锋占领目标之间没有什么差别……以军事的角度来看,我就是一件消耗品。"

航空业的发展非常迅速。1903 年 12 月 17 日,莱特兄弟的双翼机首次飞行只坚持了 12 秒,而且速度缓慢,任何一个基蒂霍克①的沙滩慢跑者都能超过这架飞机,飞行高度也只有 2 米。仅仅 60 年后,"协和号"(*Concorde*)在试飞后不久就载着乘客以超音速飞越大西洋。如果不是有许多勇士做出的实验,不可能有这样的进展。

后来,斯塔普当上了空军医疗实验室的主管。再后来,交通部借他去研究汽车安全装置,就此一借不还。就在他从 1000 千米的时速骤停并生还的那一年,美国约有 4 万名司机以 40 千米或更低的时速撞车身亡。

斯塔普成为了加强汽车安全性能的重要提倡者,他还亲自致力于提高撞车事故生还率的工作。这需要他和其他研究者做更多的人体减速实验。研究人员把这类确定人体能承受多大撞击的生猛研究用比较客气的术语来指代:生物力学。斯塔普曾经骄傲地宣称,他和他的志愿者在 1947 年到 1970 年之间共进行了 5000 多次自

---

① Kitty Hawk,莱特兄弟首次试飞的地点,位于北卡罗来纳州。

愿的人体实验，没有任何一人在实验中落下残障或者丢掉性命。

汽车工程师学会以斯塔普的名字命名了一个基金会，用于培训安全方面的工程师。"斯塔普撞车研讨会"在全世界定期召开，与会人员会报告汽车安全领域的最新进展。

美国汽车业对一切变革都抱排斥态度。他们看重的是设计，不是安全。通用汽车的总裁曾得意洋洋地吹嘘，他的公司运行靠的是推销员而非工程师。安全带刚刚引入汽车生产的时候，还有人宣称它们对驾车者的伤害比撞击本身还大，但这些人都没有乘坐过"音速风"。多亏了约翰·斯塔普和他的一次次实验，成千上万的人在有性命危险的交通事故中保住了生命。

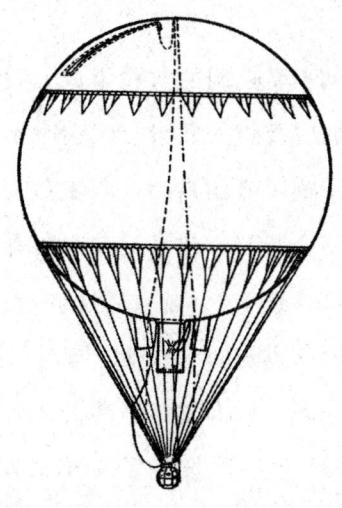

皮卡德的大气球。人待在底部的小圆球内。

十八　风险重重

Risky Business

> 我们不知道，也无从知道，安全何有止境，危险因何肇始。
> ——沃尔特·钱宁医生（Dr. Walter Channing）

生命，由一系列不受控制的实验组成。我们把这些不幸的遭遇称作青春期、求偶以及为人父母。人们时不时地做些毫无必要的冒险行动：横穿车辆呼啸的马路，与鲨鱼同游共泳，从桥上蹦极而下好像绳子从不会断裂，或是抱着降落伞一定能打开的念头跳下飞机。就像撑竿跳选手，只想着腾跃，不考虑落地。各个领域的先锋也总是纵身跃进未知的领地，有时风险重重。

在医学领域，为减少病人尝试新药的风险，动物实验成为先决条件。这是在 1937 年美国发生了一桩丑闻之后确立的规定。磺胺，是最早用于治疗细菌感染的"特效药"。那时候，药物中添加新成分是不需要经过检验的。有家公司为了让药物口感更甜，在磺胺类药中加入了二甘醇，现在常用的一种抗冻剂。服用该药的病人在巨大的痛苦中死去。该公司一名（无资格证书的）药剂师为证明药物安全性，仰脖喝下一小杯药物混合剂。不出一天，他就出现了严重的病症。当时已有 909 升这种磺胺酏剂进入市场，随后几乎全部追回，但也已经造成了 107 名患者服药身亡。

悲剧发生后，国会迅速通过了一项法案，要求制药公司必须证明产品的安全性，并且把动物实验列入规范。尽管我们与其他哺乳动物在生理和生物化学的绝大多数性质上具有共同点，但也有很多反应并不相同。阿司匹林会让猫中毒，青霉素会要豚鼠的命。幸好当年纯化青霉素的生化学家是在小鼠身上做了第一批检测药效的实验。要是用了豚鼠，人类历史上的第一种抗生素也许就不会有投产的一天了。

相比涉及人体实验的项目，动物实验的管理规范总是更加严格。杰克·霍尔丹因此戏称："已经在普通医学生身上做过的事情要想再在狗身上做一遍，需要一式三份有两名大主教签名的特许文件。"在一篇题为《论做自己的兔子》的随笔中，霍尔丹指出，兔子从来不会"正儿八经地想要努力与你合作"。更糟的是，"傻不拉几的"动物不会告诉你它们感觉怎么样，而这一点在生理学研究中会有相当重要的作用。再有一点，动物和我们生的病也并不一样。它们对霍乱和黄热病不敏感，因此针对这类疾病的实验不得不在人体上开展。

我们自然而然地就会在别人身上做实验。埃及艳后克丽奥佩托拉在未确定哪种毒药见效最快、痛苦最小之前不愿意自杀。于是，在选中以毒蛇助她离世之前，据说她先让侍女们测试了一大批毒药。其中，马钱子碱之所以被她排除，是因为马钱子碱不仅让人死得十分痛苦，还会让死者带有讥笑的表情——这点最惹她讨厌。

18~19 世纪的大城市里，贫民窟中挤满了穷困潦倒的苦命人，他们看起来是医学实验最合适的对象。天花的预防接种是为了让接种者在接触致死性更强的天花病毒时受到保护，在刚引进预防接种时，伦敦新门监狱的囚犯被用于检验接种的安全性，幸存者可获赦免。实验成功后，接种成为强制性预防手段。"良心拒绝者"（conscientious objector）一词最早出现在1898年，用来描述那些宁可冒被控诉之险、也拒绝让自己孩子接种的人。本杰明·沃特豪斯（Benjamin Waterhouse）医生把天花疫苗引入美国，说服波士顿卫生委员会组织一场公开示范。有19名志愿者接种了牛痘，两周后再注射天花病毒。两名"对照组被试"则仅接受了天花注射。实验"大获成功"，这意思想必是只有对照组死亡。样本量小（实验结束时比实验开始时的样本量更小）是这类实验的一大特征。

彼时，很少有医生会为这些实验感到不安，因为人们普遍认为，疾病就潜伏在贫民窟内，是贫民窟中"有传染性的瘴气"酿成瘟疫，感染了有头有脸的城里人。穷人应当作为药物开发的工具，这一说法在当时看起来合情合理。

病人也随处可得，源源不断。晚期患者是药物试验"当仁不让的志愿者"。他们已经一无所有，但同时，他们也不会再有收获。一旦到了绝症晚期，再特效的灵丹妙药也回天乏术。这不仅对药效的检测不公平，从关爱临终病人的角度来说也不合适。

昔日，医生并不把疗法局限在祛除病人所患的一种疾病。医生往往忽略了吃药的主要信条：无害。他们对研究的追求超越了治病救人的职责。一位医生曾私下里说，他不告诉病人他们正参加实验性研究，是"为了病人考虑"。还有一位往病人鼻子里喷致命病菌的医生坦白说道："他们以为我在给他们治疗鼻塞。"从他的话里，我们可以看到对信任的背叛："病人欣然从命。因为我们的热诚，病人尊敬我们，信任我们。他们从不曾疑心，这种热诚究竟是出于对治疗的兴趣还是出于对科学的兴趣。"

外科医生的热诚则在争相成功完成第一例心脏移植手术时表露无遗。截至1969年6月，所有接受心脏移植的病人中，有50人不出一个月即死亡，90人挨过了两个半月，只有2人存活时间较长。

帕普沃思（Pappworth）医生搜索医学期刊后发现，甚至到了20世纪五六十年代，英国和美国的医生还是经常会给病人做一些有风险但对治疗毫无帮助的手术。这类滥用职权的事现在仍然存在。从1998年到2000年，纽约一家天主教护理院内的百余名儿童成为实验对象，接受了高剂量的危险药物。在1998年至2003年期间，英国医学总会对十多起全科医生的欺诈性研究提出诉讼。这些医生向不知情的患者开出未经测试的药物，他们没有解释药物具有的危险性，甚至没有告知患者实际上正在参与实验。其中，至少有一名医生因为开展实验而收受了制药公司支付的10万英镑。

上述行为违反了医疗管理准则。纳粹医生曾在集中营犯人身上实施残虐的暴行，因而，第二次世界大战结束后法庭拟定了《纽伦堡守则》（Nuremberg Code）。该守则的核心，以及此后其他守则的核心，都要求人体实验必须事先获得患者的知情同意。即便如此，在1954年，某医院理事会秘书还是接到一位患者的投诉，称医生在未经自己同意的情况下给他动了手术，患者说："病人一来到医院……就被视为必须同意接受治疗。"尽管如今每一所大学、每一所医院都有伦理委员会评估每一项研究计划，但大多数时候,这些研究还是有赖于研究人员在多大程度上会向志愿者坦白可能出现的不适与风险,以及研究人员对实验过程的解释在多大程度上能被普通患者所理解。

给自己注射幽门螺旋杆菌的巴里·马歇尔这样解释在自己身上做实验的原因:"我是唯一能够充分知情同意的人选。"小伊诺克·黑尔,第一个把药物注射进体内的人,选择自体实验同样是因为只有"专业人员能够估测可能出现的不便或风险"。

每个研究人员都该自问:"我自己甘受这一实验吗?"如果不是,那么这一实验就不该去做。杰出的药物学家昌西·利克(Chauncey Leake)医生曾坚持完成了好几项痛苦的自体实验,他坚称药物学家在开发新药时"有道义上的责任去亲自尝试这些药物……然后再在他人身上实验"。黑尔曾说,对于有危险的实验,"即便志愿者会愿意接受实验"也不应当在志愿者身上进行。绝大多数自体实验者认为,出于良心,哪怕是最视死如归的志愿者,也不能要求他们去活吞寄生虫或是忍受痛苦、危险的手术。

危险之境,有的人必须自己先闯。比起科学外行,自体实验者具备更周全的保护,因为他们对自己正在做的事情有更详细的了解。生理学家和医生有能力更清楚地了解自己的症状,识别实验过程中的警示信号。同时,自体实验者还有更强烈的减轻实验压力的动机。正如约翰·斯塔普在谈及他的火箭橇实验时所说的:"你在带着自己犯的一项错误行驶了一趟之后,能够设计出比原来好得多的保护带和安全带。"

科学研究者十分执著。威廉·比恩(William Bean)医生三十年如一日天天测量自己的手指甲,寻找其生长状况与自身健康状况的对应关系。另一名美国医生连续五十年猛扳自己的左手指关节，为的是观察这样做是否会促使关节炎的产生。研究人员一旦把这种强大的决心运用到比较严肃的实验上，就会承担不可预知的风险。托马斯·布里廷厄姆，把癌症和白血病病人的血液注射到自己体内的那个人，对自体实验上了瘾。他坦白，那个时候不曾考虑过自己要是死了会对家庭造成什么影响。

奥古斯特·皮卡德曾告诫不可急躁。他强调，必须预料到每一项潜在的危险，评估每一项可能的风险。只有这样，科学家才能着手实验。

实际上，往往正是设想不到的危险会造成伤害。每一个自体实验都具有一定的危险，否则也就没有实验的必要了。杰克·霍尔丹这样看待实验的危险性："有些人做的实验看起来危险实则绝对安全，前提是其实验所依据的理论是站得住脚的。我也曾做过这类实验，而假如我在做这类实验的过程中死了，临死前的我肯定会后悔：这样的我不是什么烈士，而是一个傻瓜。"极地探险家罗尔德·亚孟森①则更加简洁明了，他说："冒险就是计划不周。"

不少自体实验者认为，其他人做的事情才叫危险。杰克·霍尔丹曾经写道："和飞机设计师在空气动力学有误的情况下还打算下降300米（1000英尺）的实验比起来，把性命赌在自己生物化学特性上的实验要安全得多呢。不过他们造福人类的可能性也更大。"

或许，没有什么行为是完全利他的，然而这些实验者的研究

---

① Roald Amundsen，1872～1928，挪威极地探险家。1911年至1912年间他领导的探险队是第一支到达南极的探险队。

工作接近于无私。不管他们怀有怎样的抱负与自负，其努力所遭受的批评可能不亚于受到的赞誉。第一个发明心脏导管术的维尔纳·福斯曼，因为其首创精神而被解雇。少数自体实验者的确获得了名利，然而，本书中描写的先驱中又有多少人为公众所知呢？居里夫妇之所以著名，是因为他们的研究成果，而非他们明知放射物质危险还继续与之打交道的勇气。自体实验者既不是受虐狂也不是有自杀倾向，而是英勇无畏的科学研究突击部队。

对约翰·斯科特·霍尔丹及其同事而言，相比其他替代品，亲身测试毒气效果在伦理上更为可取。1943年，有一群澳大利亚士兵志愿参加芥子气实验。他们事先得到的警告是说实验"有一点烧伤和起泡的风险"。结果，他们遭受了全身严重烧伤、剧烈呕吐、头痛、指甲与牙齿脱落的痛苦，并发展出慢性肺病。部分志愿者身亡。在20世纪50年代以及60年代早期，那些以为自己在参与普通感冒研究的英国军人，实际上是在接触芥子气和致命的神经性毒气沙林。若干人险些丧命，一人身亡。过了五十多年后，法庭审理此案，裁定为"非法杀人"。上述两项实验没能促成任何用途，相比而言，霍尔丹的自体实验却催生了防毒面具。假如一位研究人员在拿自己的生命冒险，他会百分之百地保证其研究项目有明确的目的。

尽管有许多先驱把自己的身体逼到了极限，他们在承受实验产生的危险与不适时仍然冷静地坚持着，因为他们相信，自己的使命具有价值。这些研究往往达到了最高标准，很多诺贝尔奖得主就是自体实验者这个事实便是明证。

这些人为了我们的生命更安全不惜冒险。杰克·霍尔丹曾说："做一些自己明知危险的实验偶尔也是有必要的。例如，确认某种疾病是如何传播的。许许多多人因此牺牲。这是我心目中最理想的死亡方式。"霍尔丹并非有意提早结束自己的生命。这是一种高尚的想法,与自杀倾向不一样。

即便是一些对人体试验作出最严厉批评的人,也为那些自体实验者鼓掌。威廉·奥斯勒爵士[①]是他那个年代最伟大的医学教育家,他在书中写道:"本行的历史闪耀着因竭力造福同胞而不惜牺牲自身健康乃至生命的英雄行为。"

在这个自私的世界,社会需要这样的人。我们理当歌颂他们。

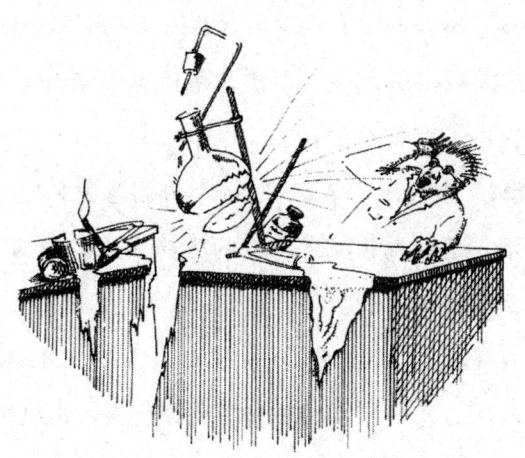

我们不提倡读者尝试本书中描写的任何一个自体实验。

---

① Sir William Osler,1849～1919,加拿大裔美国医学家,约翰·霍普金斯医学院四位创始人之一。

推荐阅读

Lawrence Altman 所著的 *Who Goes First*？1998 年由加州大学出版社出版①，本书有关医学的自体实验源出该书。该书细节丰富，所述不仅基于发表的文献，还有许多对研究人员本人的采访。

Roy Porter 所著的 *The Greatest Benefit to Mankind* 1999 年由 Fontana 出版社出版，是一部杰出的医学史著作，为本书描述的许多实验提供了背景知识。

"参考资料"中列出了多篇刊登在《新科学家》（*New Scientist*）杂志上的文章，是有关非医学领域的先锋人物的故事，这些故事真是再有趣、好看不过了。

在他人身上进行人体实验的故事，参照 S. Lederer 所著的 *Subjected to Science*，1995 年由约翰·霍普金斯大学出版社出版。

J. B. S. 霍尔丹（杰克·霍尔丹）在《论做自己的兔子》一文中十分清晰而又风趣地描述了自体实验者的心态，该文收录在他的随笔集 *Possible Worlds* 中，这本读来令人十分愉快的书由美国 Transaction Publisher 在 2001 年出版。

---

① 台湾版由潘震泽、廖月娟合译，译名为《谁先来？在自己身上做实验的医生》。

附 录[*]
那些拿自己的身体做实验的人

（括号内数字代表书中相关页码）

克劳德·巴罗 Claude Barlow, 1876～1968 （71～73）	美国人，20世纪初因传教来华，研究当地血吸虫病，后又去埃及研究血吸虫。第五章详细描述了巴罗为研究埃及血吸虫感染中间宿主的问题吞下血吸虫的事迹。
奥蒂斯·巴顿 Otis Barton, 1899～1992 （240～242）	美国深海潜水员，设计制作了球形深潜器"深球"，与威廉·毕比创造了当时的下潜纪录。
威廉·毕比 William Beebe, 1877～1962 （239～242）	美国鸟类学家，1899年成为纽约动物学会鸟类学的总理事长。他也是一位探险家，第十六章详细描述了他与奥蒂斯·巴顿合作研制深潜球形装置并下潜探险的故事。
奥古斯特·比尔 August Bier, 1861～1949 （31）	德国外科医生，他和助手奥古斯特·希尔德布兰德开创了脊髓麻醉术。
阿兰·邦巴尔 Alain Bombard, 1924～2005 （205～213，214）	法国生物学家、医生和政治家。第十四章详细讲述了他为了证明海上漂泊者可以通过饮用有限的海水而存活，驾皮艇"异端号"横渡大西洋的壮举。他自述的这段经历成书出版，中文版名为《自愿经受大海考验的人》。

---

[*] 本附录系译者与编者在正文的基础上整理而成。

托马斯·布里廷厄姆 Thomas Brittingham, 1924~1986 (152~154)	美国血液病专家,与威廉·哈灵顿是华盛顿大学医学院同事。为研究白血病的性质,他把病人的血清注射进自己体内。
弗兰克·巴克兰 Frank Buckland, 1826~1880 (54~65)	英国外科医生、动物学家、科普作家、博物学家。第四章详细介绍了小巴克兰富有传奇色彩的"饕餮"生涯。
威廉·巴克兰 William Buckland, 1784~1856 (54)	弗兰克·巴克兰的父亲,牛津大学地质学教授,古生物学家。
阿尔伯特·布尔曼 Albert Bühlmann, 1923~1994 (234~239)	瑞士生理学家。研究深潜呼吸气体、减压问题。
玛丽·居里 Marie Curie, 1867~1934 (122~125)	常被称为居里夫人,波兰裔法国籍物理学家、放射化学家,是放射现象的研究先驱,是化学元素钋和镭的发现者。分别于1903年和1911年获得诺贝尔物理学奖和诺贝尔化学奖。
皮埃尔·居里 Pierre Curie, 1859~1906 (122~125)	法国物理学家、化学家,因发现放射性元素镭而与其夫人玛丽·居里同获1903年的诺贝尔物理学奖。
汉弗莱·戴维 Humphry Davy, 1778~1829 (19~21)	英国化学家,也是一名发明家。1798年戴维加入位于布里斯托的气体疗养所,成为该所气体实验的负责人,亲身尝试了包括一氧化碳以及第二章详细描述的一氧化二氮(笑气)等多种气体。
斯塔宾斯·弗斯 Stubbins Ffirth, 1784~1820 (90)	美国军医。19世纪初,当他还是医学院学生时,为研究黄热病病因,证明他的理论——黄热病并非传染病,而吞食病人的呕吐物等。

附录 那些拿自己的身体做实验的人

维尔纳·福斯曼
Werner Forssmann，1904～1979
（160～166，167）

德国医生，心脏导管术的发明人。1929年他在自己身上试验成功心脏导管和心内壁显影的技术，并最终于1956年获诺贝尔生理学或医学奖。

弗朗西斯·高尔顿
Francis Galton，1822～1911
（45，80～82）

英格兰人，是达尔文的表兄。第三章曾提到他在药剂店工作时亲口尝试店内药物的故事；第四章则详细讲述了他在热带探险时尝试食用各种野生动物的故事。

约瑟夫·戈德伯格
Joseph Goldberger，1874～1929
（98～99，141～143）

生于奥匈帝国，是一位美国医生，也是流行病学家。第九章介绍了他研究糙皮病病因与治疗方法的故事。

杰克·霍尔丹
Jack Haldane（全名为John Burton Sanderson Haldane，其作品署名为J. B. S. Haldane），1892～1964
（62，67，154～156，184～197）

英国遗传学家、演化生物学家。小霍尔丹是群体遗传学的奠基人之一，平生研究涉猎甚广，极具天赋与勇气，是本书笔墨最多的人物之一。与他的父亲一样，小霍尔丹在人类生理学领域贡献突出，并帮助改进了深海潜水和潜艇艇员的安全措施。

约翰·斯科特·霍尔丹
John Scott Haldane，1860～1936
（185～191）

出生于爱丁堡，著名的英国生理学家，以亲身试验各种气体对人体的生理作用而闻名，被公认为现代减压理论的奠基人。霍尔丹家族名人辈出，除了本书详细介绍的J. S. 霍尔丹与J. B. S. 霍尔丹这对父子外，书中还提到了老霍尔丹的哥哥，英国政治家理查德·霍尔丹，以及老霍尔丹的女儿作家内欧米。

威廉·哈灵顿
William Harrington，1924～1992
（150～152）

美国血液病专家。为研究特发性血小板减少性紫癜（ITP）的治疗方法，他把病人的血液注射进自己体内。

汉斯·哈斯 Hans Hass，生于 1919 年 (218～222，238)	出生于奥地利，以对海洋生物学尤其是对鲨鱼的研究而闻名，有多部著作。
维克多·赫伯特 Victor Herbert，1927～2002 (138～140，151)	美国血液学家。他的自体实验开创性地证明了叶酸的作用以及叶酸缺乏会导致巨红细胞性贫血。
约翰·亨特 John Hunter，1728～1793 (1～16)	苏格兰外科医生，被誉为同时代最负盛名的外科医生、科学家。约翰·亨特是一名杰出的解剖学家，为医学作出了无数贡献，包括对人牙、枪伤愈合、炎症、淋巴系统、胚胎发育等的研究，尤其是对性病的研究。第一章详细描述了他如何让自己故意染上性病并开展性病研究的故事。
威廉·亨特 William Hunter，1718～1783 (1～10)	苏格兰内科医生、解剖学家，约翰·亨特的哥哥。
汉尼斯·凯勒 Hannes Keller，生于 1934 年 (234～239)	瑞士物理学家、数学家、深潜先驱、企业家。与阿尔伯特·布尔曼合作从事潜水气体的研究。
杰克·基钦 Jack Kitching（全名为 John Alwyne Kitching），1908～1996 (198～204)	英国生理学家。主要研究原生动物的渗透压调节，另一个研究领域是海洋生态学。第十四章介绍了他在第二次世界大战期间为空军研制开放氧气呼吸器、防水救生服等的工作。他是大英帝国勋章（OBE）获得者。
勒内·雷奈克 René Laënnec，1781～1826 (157～158)	法国医学家，听诊器的发明者。
卡尔·兰德施泰纳 Karl Landsteiner，1868～1943 (148～149)	奥地利细菌学家、免疫学家。他因为发现人类的 ABO 血型而于 1930 年获得诺贝尔生理学或医学奖。

附录　那些拿自己的身体做实验的人

亚瑟·卢斯
Arthur Looss，1861~1923
（74~75）

德国动物学家、寄生虫学家。他在开罗研究寄生虫时无意中感染上钩虫，继而发现了钩虫可以通过皮肤感染人类。

巴里·马歇尔
Barry Marshall，生于1951年
（94~95）

澳大利亚医师、微生物学教授。因为和罗宾·沃伦共同证明了幽门螺旋杆菌是造成大多数胃溃疡和胃炎的原因而获得2005年诺贝尔生理或医学奖。

肯尼斯·梅兰比
Kenneth Mellanby，1908~1993
（179~182）

英国昆虫学家、生态学家。第十二章介绍了他带领志愿者研究由疥螨引起的疥疮如何传播的故事。

威廉·莫顿
William Morton，1819~1868
（23~26）

美国牙医，霍勒斯·韦尔斯的同事，现代麻醉学的先驱之一。在韦尔斯用笑气作为麻醉剂公开演示遭到失败后，莫顿用乙醚作为麻醉剂取得演示成功。

埃德加·帕斯克
Edgar Pask，1912~1966
（200~204）

英国麻醉学教授。第二次世界大战期间，他参加了一系列十分危险的实验，包括安全伞降高度、救生衣的有效性等。1944年荣获OBE。

马克斯·佩腾科费尔
Max Pettenkofer，1818~1901
（85~89，183）

德国化学家。为和科赫争辩霍乱病因而当众喝下霍乱弧菌。

奥古斯特·皮卡德
Auguste Antoine Piccard，1884~1962
（242~249，250，252~255）

瑞士物理学家、发明家、探险家。是《丁丁历险记》中卡尔库鲁斯教授的原型。第十六章和十七章分别讲述了他下海和上天的探险故事。他与儿子雅克·皮卡德制造了著名的"的里雅斯特号"潜水器，首次潜水世界最深海沟。皮卡德家族除了他们父子俩之外，还有多位探险家。

弗雷德里克·普雷斯科特
Frederick Prescott，1904～?
（32～33）

英国某制药公司临床研究主管，亲身试验了筒箭毒碱的肌肉松弛作用。

扬·浦肯野
Jan Purkinje，1787～1869
（44～45）

捷克生理学家。在视觉的生理学方面做了很多杰出的工作。本书详细描述了他服用多种药物以观察药效及安全剂量的故事。

威廉·伦琴
Wilhelm Röntgen，1845～1923
（118～120）

德国物理学家，X射线的发现者。1901年获得首届诺贝尔物理学奖。

弗里德里希·泽尔蒂纳
Friedrich Serturner，1783～1841
（43～44）

德国药剂学家。1804年从鸦片中分离出了吗啡，并亲自尝试了吗啡的安全剂量。

詹姆士·辛普森
James Simpson，1811～1870
（26～29）

苏格兰医生。在试闻了多种性质未明的蒸气后，发现了氯仿的麻醉性质，并将其引入外科手术，尤其是用于减轻孕妇分娩的痛苦。

彼特·斯莫尔
Peter Small，1927～1962
（235～239）

英国科学记者。他在参与汉尼斯·凯勒和阿尔伯特·布尔曼的深潜试验时不幸身亡。

约翰·斯塔普
John Stapp，1910～1999
（264～267）

出生于巴西，美国空军军医，和查克·叶格是同事。他在火箭橇实验中自身承受超过40 G的水平重力加速度，以此探究人类承受加速和减速的生理极限。

皮埃尔-弗雷吕·突利
Pierre-Fleurus Touéry，1802～1883
（45）

法国药剂学家。为证明活性炭的解毒功能，吞下马钱子碱和木炭的混合物。

霍勒斯·韦尔斯
Horace Wells，1815～1848
（21～26）

美国牙医，现代麻醉学的先驱之一。韦尔斯在1844年将笑气用作麻醉剂，但因为公开演示受挫而一蹶不振。

卡梅隆·莱特
Cameron Wright，1901？～1979
（174～179，197）

威尔士科学家，长于水下爆炸、水下逃生。他亲自参与了诸多危险实验。

查克·叶格
Chuck Yeager，生于 1923 年
（256～262）

美国空军与 NASA 试飞员，第一个突破音障实现超音速飞行的传奇人物。

阿尔内·策特施特罗姆
Arne Zetterström，1917～1945
（231～234）

瑞典工程师，曾为瑞典海军研发潜水呼吸所用的混合气。因潜水试验事故而牺牲。

鸣 谢

The author would like to thank all those responsible for giving permission to reproduce pictures and extracts from copyright material.

Altman, L. K., *Who Goes First?* reproduced by kind permission of the University of California Press

Austin, W., engraving entitled *A night watchman disturbs a body-snatcher*, Wellcome Library, London

'*Physicians of the Utmost Fame*' by Hilaire Belloc (© Hilaire Belloc) is reproduced by permission of PFD (www.pfd.co.uk) on behalf of The Estate of Hilaire Belloc.

Reprinted by permission from Macmillan Publishers Ltd: NATURE, Bishop of Birmingham, November 29th, 1930, © 1930

Engraving of the *Gravitator*, reprinted from The Lancet, vol.12 issue 302, Blundell, Observations on the transfusion of blood, p.321, © 1829, with permission from Elsevier

Buckland, F., engraving of him with a porpoise, from *Curiosities of Natural History, Third series*, Richard Bentley & Son, 1873.

Churchill, W.S., *The Second World War*, Vol. 2 *Their Finest Hour*,

Cassell, 1949. Reproduced with permission of Curtis Brown Ltd, London on behalf of The Estate of Winston Churchill. Copyright © Winston S. Churchill

Editorial, *ECT in Britain*, The Lancet, 1981, 28th November, 1207–1208, reprinted with permission from Elsevier

Editorial, *The Mosquito Hypothesis*, Washington Post, November 2nd 1900, by permission of PARS International Corporation, New York

Thanks to Craig Ferreira, for permission to use his pithy phrase on the possibility of being 'munched' by sharks

George, A, *Hard to swallow*, New Scientist, Dec 9th 2006, with permission of New Scientist Syndication (RBI-UK)

Extracts from books of Professor Hans Hass with permission, © Hans Hass-Archive (HIST)

Leake, C., *Technical triumphs and moral muddles*, Annals of Internal Medicine, 67, suppl. 7, 1967, with permission, Medical Reprints

Mellanby, K., *Human Guinea Pigs*, Merlin Press, London, 1973 reproduced by permission of The Merlin Press

Diagram of balloon from A. Piccard, *Au Fonde des Mers en Bathyscaphe*, 1954, copyright B. Arthaud, Éditions Flammarion

Throckmorton, P., *The Lost Ships*, Jonathan Cape, 1976, by kind permission of Paula Throckmorton Zakaria and Lucy Throckmorton

Illustration of Arne Zetterstrom's grave based on photograph by Dr John Bevan

While every effort has been made to secure permissions, I apologise for any apparent negligence on my part and undertake to make any necessary corrections in future editions.

参考资料

一 执锯而来,不惧隐疾

Bondeson, J., 'Three remarkable specimens in the Hunterian Museum', in *A Cabinet of Medical Curiosities*, I. B. Tauris & Co. Ltd., London & New York, 1997, 186–215

British Broadcasting Corporation, *'US undertakers admit corpse scam'*, http://news.bbc.co.uk/2/hi/americas/6064692.stm 19 October 2006

Dickenson, D., *Body Shopping. The Economy Fuelled by Flesh and Blood*, One+World, Oxford, 2008

Editorial, 'The Edinburgh Murders', in *The Lancet*, 3 January 1829, 433–438

Fox, D., 'Can masturbating each day keep the doctor away?' in *New Scientist*, 19 July 2003, p.15

Harris, P., 'They replaced stolen bones with pipes; organs with rags – 1,077 corpses carved up by illegal body snatchers who sold their "harvest" on the donor market', in *The Observer Magazine*, 2 April 2004, 20–27

Hollingham, R., *Blood and Guts. A History of Surgery*, BBC Books, London, 2008

Hunter, J., 'A Treatise on the Venereal Disease', 1786, extract in L. Clendening, *Source Book of Medical History*, Dover Publications Inc., New York, 1942, 488–499

Hunter, W., *The Anatomy of the Human Gravid Uterus Exhibited in Figures*, Baskerville, Baker & Leigh, Birmingham, 1774, reprint Sydenham Society 1851

Iserson, K.V., *Death to Dust: What Happens to Dead Bodies*, 2nd edition, Galen Press, Tucson, 2001

Jones, J.H., *Bad Blood. The Tuskegee Syphilis Experiment*, new and expanded edition, The Free Press, New York & London, 1993

Love, B., *Encyclopaedia of Unusual Sex*, Greenwich Editions, London, 1999

Moore, W., *The Knife Man*, Bantam Press, London, 2005

Moreno, D., *Undue Risk. Secret Laboratory Experiments on Humans*, Routledge, New York & London, 2001

Norton, T., 'Living Proof', in *Times Educational Supplement. Curriculum special*, 2001, 6–7

Palmer, J.F., ed., *The Works of John Hunter*, Longman, Rees, Orme, Brown, Breen, London, 4 volumes, 1835–1837

Phillips, S., 'The return of the body-snatchers', in *Times Higher Educational Supplement*, 26 March 2004, p. 22

Quist, D., *John Hunter (1728–1795)*, William Heinemann Medical Books, London, 1981

Revill, J. & D. Campbell, 'Calls grow for organ transplant revolution' and 'One transplant kidney can save my son's life', in *The Observer*, 13 January 2008, pp.1, 3, 28–30

Richardson, R., *Death, Dissection and the Destitute*, 2nd edition, Phoenix Press, London, 2001

Richardson, R. & B. Hurwitz, 'Donors' attitudes towards body donation for dissection', in *The Lancet*, 29 July 1995, 277–279

Sanders, C., 'Why low body count is fatal for anatomy', in *Times Higher Educational Supplement*, 6 June 2003

Sawday, J., *The Body Emblazoned*. Routledge, London, 1996

Simmons, J.G., 'John Hunter/ Beginning of scientific medicine and surgery', in *Doctors and Discoveries*, Houghton Mifflin Co., Boston & New York, 2002, 140–144

Southey, R., 'The surgeon's warning' in *Poems 1799*, reprint, Kessinger Publishing, 2004

Stubbs, G., *The Anatomy of the Horse*, 1776, new edition with a modern paraphrase by J. C. McClunn assisted by C.W. Ottaway, Heywood Hill, London, 1938

Wilkinson, C., editor, *The Observer Book of the Body*, Observer Books, London, 2008

二 嗅一嗅，瞅一瞅

Altman, L. K., *Who Goes First?*, University of California Press, Berkeley, 1998

Ayer, W., 'Account of an eye-witness to the first public

demonstration of ether anaesthesia at the Massachusetts General Hospital, October 16, 1846', in L. Clendening, *Source Book of Medical History*, Dover Publications Inc., New York, 1942, 372–373

Boon, M., *The Road to Excess*, Harvard University Press, Cambridge, USA, 2002

Booth, F., H.J. Bigelow & R. Liston, 'Surgical operations performed during insensibility, produced by the inhalation of ether', in *The Lancet*, 2 January 1847, 5–8

British Broadcasting Corporation, '*Medical Mavericks I*', BBC 4 TV, 4 February 2007

Collins, P., 'Poe's cure for death', in *New Scientist*, 13 January 2007, 50–51

Crowther, J. G. 'Humphry Davy 1778–1829', in *British Scientists of the Nineteenth Century*, vol. 1, Pelican Books, Harmondsworth, 1940, 15–81

Davy, H., '*Researches, Chemical and Philosophical; Chiefly Concerning Nitrous Oxide, or Dephlogisticated Nitrous air, and its Respiration*', J. Johnson, London, 1800

Editorial, 'Administration of chloroform to the Queen', in *The Lancet*, 14 May 1853, p. 453

Franklin, J. & J. Sutherland, *If I Die in the Service of Science*, Morrow, New York, 1984

Freud, S. 'Über Coca', in *Centralblatt für die gesamte Therapie*, 2, 1884, 289–314

Hogan, P., 'Soft drink, hard sell', in *The Observer Magazine*, 9 July 2006, 26–29

Holmes, R., 'Davy on the gas', in *The Age of Wonder*, HarperPress, London, 2008, 235–304

Jay, M., *Artificial Paradises*, Penguin Books, London, 1999

Koller, C., 'Historical note on the beginning of local anaesthesia', in *Journal of the American Medical Association*, 90, 1928, 1742–1743

Long, C.W., 1853, 'First Surgical operation under ether', in L. Clendening, *Source Book of Medical History*, Dover Publications Inc., New York, 1942, 356–358

Morton, W.T.G., 1847, 'Remarks on the proper mode of administering ether by inhalation', in L. Clendening, *Source Book of Medical History*, Dover Publications Inc., New York, 1942, 366–372

Nowak, R., 'Nitrous oxide is no laughing matter', in *New Scientist*, 11 August 2007, p.15

Pain, S., 'This won't hurt a bit', in *New Scientist*, 16 February 2002, 48–49

Pain, S., 'Blissful oblivion', in *New Scientist*, 17 March 2009, 44–45

Prescott, F. 'Discussion on further experiences with curare', in *Proceedings of the Royal Society, Medicine*, 40, 1947, 593–602

Prescott, F., G. Organe & S. Rowbottom, 'Tubocurarine chloride as an adjunct to an anaesthesia', in *The Lancet*, 2, 1946, 80–84

Simpson, J.Y., 'On a new anaesthetic agent, more efficient than sulphuric ether', in *The Lancet*, 20 November 1847, 549–550

Southey, C.C., *Southey, Life and Correspondence*, Longman, London, 1849–1850

Stratmann, L., *Chloroform. The Quest for Oblivion*, Sutton Publishing, Stroud, 2005

Wilkinson, C., editor, *The Observer Book of Money*, Observer Books, London, 2007

三 试验与痛苦

Agin, D., *Junk Science*, Thomas Dunne Books, St Martin's Press, New York, 2006

Altman, L. K., *Who Goes First?* University of California Press, Berkeley, 1998

Anon., 'Vioxx settlement', in *New Scientist*, 17 November 2007, 6–7

Battacharya, S & A. Coghlan, 'One drug, six men, disaster . . .', in *New Scientist*, 25 March 2006, 10–11

Blacow, N.W., editor, *Martindale. The Extra Pharmacopoeia*, 26th edition, The Pharmaceutical Press, London, 1972

Brookes, M., *Extreme Measures. The Dark Visions and Bright Ideas of Francis Galton*, Bloomsbury Publications, London, 2004

Channel 4 TV, *Dispatches: The Drug Trial That Went Wrong*, 28 September 2006

Clarke, M., 'Clinical trials and tribulations', in *Times Higher Educational Supplement*, 24 March 2006, p. 23

Defoe, D., *A Journal of the Plague Year*, 1772, reprint Dent, London, 1966

Fielding, H., *The History of Tom Jones*, 1749, Folio Society edition, London, 1959

Gilmour, J., *British Botanists*, Collins, London, 1946

Jewson, N., 'Medical knowledge and the patronage system in eighteenth-century England', in *Sociology* 8, 1974, 369–385

Jewson, N., 'The disappearance of the sick man from medical cosmology 1770-1870', in *Sociology* 10, 1976, 225–244

Lamont-Brown, R., *Royal Poxes and Potions. The Lives of Court Physicians, Surgeons and Apothecaries*, Sutton Publishing Ltd., Stroud, 2001

MacKie, R. & J. Revill, 'Trial and error', in *The Observer*, 19 March 2006, 23–25

Marshall, M., 'So many questions and so little justice', in *The Observer*, 24 December 2006, 16–17

Moore, W., *The Knife Man*, Bantam Press, London, 2005

Motluk, A., 'Occupation: lab rat', in *New Scientist*, 25 July 2009, 41–43

Murrell, W., 'Nitro-glycerine as a remedy for angina pectoris', in *The Lancet*, 1879, 80–81, 113–115, 151–152, 225–227

Norton, T., 'Living Proof', in *Times Educational Supplement*. Curriculum special, 2001, 6–7

Pain, S., 'Mrs Carlill lays down the law', in *New Scientist*, 14 January 2006, 50–51

Porter, R., *Quacks. Fakers and Charlatans in English Medicine*, Tempus Publishing Ltd., Stroud, 2000

Porter, R., *Blood and Guts*, Penguin Books, London, 2003

Revill, J., 'Drug trial firm knew of risk', in *The Observer*, 9 April 2006

Revill, J., R. McKie & A Hill, 'Drug chief defends tests on volunteers', in *The Observer*, 19 March 2006, p. 2

Shetty, P., 'Plight of the human guinea pig', in *New Scientist*, 11 July 2009, p. 48

Thompson, S., *New Guide to Health or Botanic Family Physician*, New Edition, Simpkin, Marshall & Co., London, 1849

四 好吃的东西

Bompas, G.C., *Life of Frank Buckland*, Smith, Elder & Co., London, 1885

Brock, A.J., 'The Reverend William Buckland, the first palaeoecologist', in *Biologist*, 40 (4), 1993, 149–152

Brookes, M., *Extreme Measures. The Dark Visions and Bright Ideas of Francis Galton*, Bloomsbury Publications, London, 2004

Buckland, F., *Curiosities of Natural History*, First-Fourth Series, Richard Bentley & Son, London 1873–1874

Buckland, F., *Notes and Jottings from Animal Life*, Smith, Elder & Co., London, 1886

Burgess, G.H.O., *The Curious World of Frank Buckland*, John Baker, London, 1967

Evans, H.M., *Sting Fish and Seafarer*, Faber & Faber, London, 1943

Furlow, B., 'The freelance poisoner', in *New Scientist*, 20 January 2001, 30–33

Galton, F., *The Art of Travel*, 1872, Phoenix Press edition, London, 2000

Gardner-Thorpe, C., 'Who was Frank Buckland?', in *Biologist*, 48 (4), 2001, 187–188

Halsted, B.W., *Dangerous Marine Animals*, Cornell Maritime Press, Cambridge, Maryland, 1959

Hopkins, J., *Strange Foods*, Periplus Editions (HK) Ltd., Hong Kong, 1999

Lockwood, S.J., 'Buckland professors and dining clubs', in *Biologist*, 48 (5), 2001, p. 200

Newman, C., '12 Toxic tales', in *National Geographic*, May 2005, 4–31

Pain, S., 'Bat out of Hell', in *New Scientist*, 10 January 2004, 50–51

Ritvo, H., *The Platypus and the Mermaid and other Figments of the Classifying Imagination*, Harvard University Press, Cambridge Massachusetts, 1997

Scherschel, J.J., 'Puffer', in *National Geographic*, August 1984, 4–31

Spinney, L., 'The killer beans of Calabar', in *New Scientist*, 28 June 2003, 48–49

Wilkinson, C., editor, *The Observer Book of Food*, Observer Books, London, 2008

五　虫子大餐

Altman, L. K., *Who Goes First?* University of California Press, Berkeley, 1998

Anon, 'Diet of worms protects against bowel disease', in *New Scientist*, 10 April 2004, p. 8

Anon, 'Malaria vaccine', in *New Scientist*, 13 December 2008, p. 7

Barlow, C.H., 'Experimental ingestion of the ova of *Fasciolopsis buski*; also the ingestion of adult *F. buski* for the purpose of artificial infestation', in *Journal of Parasitology*, 8, 1921, 40–44

Barlow, C.H. & H.E. Meleney, 'A voluntary infection with *Schistosoma haematobium*', in *American Journal of Tropical Medicine*, 29, 1949, 79–87

Barnes, R.S.K., P. Calow & P.J.W. Olive, *The Invertebrates: a New Synthesis*, Blackwell Scientific Publications, Oxford, 1988

Blacow, N.W., (ed.), *Martindale. The Extra Pharmacopoeia*, 26th edition, The Pharmaceutical Press, London, 1972

Bondeson, J., 'The Bosom Serpent', in *A Cabinet of Medical Curiosities*, I. B. Tauris Publishers, London & New York, 1997, 26–50

Buchsbaum, R., *Animals Without Backbones*, Vol. 1, Pelican Books, Harmondsworth, 1951

Carlin, J., 'It's the world's deadliest disease, killing more than 900,000 a year in Africa alone. But can Bill Gates' dollars create a vaccine that could save a continent's children?', in *The Observer Magazine*, 17 February 2008, 26–34

Connor, S.J., 'Malaria in Africa: the view from space', in *Biologist*, 46 (1), 1999, 22–25

Geddes, L., 'A diet of worms could keep MS at bay', in *New Scientist*, 20 January 2007, p. 8

Harris, E. & L. Middleton, 'The discrete charm of nematode worms', in *New Scientist*, 22/29 December 2007, 70–71

Harris, J.E. & H.D. Crofton, 'Famous animals: *Ascaris*', in *New Biology*, 27, 1958, 109–127

Johnson, M.L., 'Malaria, mosquitoes and man', in *New Biology*, 1, 1945, 96–109

Johnson, M.L., 'Famous animals: The tapeworm', in *New Biology*, 7, 1949, 113–123

Lindsay, S. & R. Hutchinson, 'Will malaria return to the UK?' in *Natural Environment Research Council News*, Spring 2002, 22–23

Kaplan, M., 'Benefits of parasites', in *New Scientist*, 11 July 2009, p. 43

McKie, R, 'Now the doctors say parasitic worms are good for you', in *The Observer*, 13 May 2001, p. 6

Mercer, J.G. & L.H. Chappell, 'Appetite and parasite', in *Biologist*, 47 (1), 2000, 35–40

Pearce, F., 'Set free to kill again', in *New Scientist*, 6 October 2007, 58–59

Snow, K., 'Could malaria return to Britain?' in *Biologist*, 47 (4), 2000, 176–180

Zuk, M., 'The joy of parasites', an interview in *New Scientist*, 23 June 2007, 44–45

六 渴望疾病

Altman, L. K., *Who Goes First?* University of California Press, Berkeley, 1998

Anon, 'Gut reaction', in *New Scientist*, 8 October 2005, p. 7

Anon., 'Yellow fever alert', in *New Scientist*, 8 March 2008, p. 7

Boese, A., 'The whacko files – 9: The vomit-drinking doctor', in *New Scientist*, 3 November 2007, 54–55

Chadwick, E., *The Report of an Enquiry into the Sanitary Condition of the Labouring Population of Great Britain*, 1842, reprinted by Edinburgh University Press, 1965

Dickens, C., *Bleak House*, 1852–1853 reprinted by Penguin, London, 2003

Editorial, 'The Cholera', in *British Medical Journal*, 1856, 848–849

Editorial, 'The mosquito hypothesis', in *Washington Post*, 2 November 1900 (Quoted in Altman, 1998).

George, A., 'Hard to swallow', an interview with Barry Marshall, in *New Scientist*, 9 December 2006, p. 53

Gorgas, W.C., 'Results in Havana during the year 1901 of disinfection for Yellow Fever', in *The Lancet*, 6 September, 1902, 166–169

Howard-Jones, N., 'Gelsenkirchen typhoid epidemic of 1901, Robert Koch and the dead hand of Max von Pettenkofer', *British Medical Journal*, 1973, 103–105

Kelly, H.A., *Walter Reed and Yellow Fever*, new and revised edition, McCluer Phillips & Co., 1907

Latta, T., 'Malignant cholera', in *The Lancet*, 2 June 1832, 274–277

Laurence, B.R., 'The discovery of insect-borne disease', in *Biologist*, 36 (2), 1989, 65–71

Lax, A., *Toxin. The Cunning of Bacterial Poisons*, Oxford University Press, 2005

Lederer, S., *Subjected to Science. Human Experimentation in America before the Second World War*, Johns Hopkins University Press, Baltimore, 1995

Longmate, N.R., *King Cholera. The Biography of a Disease*, Hamish Hamilton, London, 1966

McCaw, W.D., *Walter Reed. A Memoir*, Water Reed Memorial Association, 1904

Marshall, B.J., 'Attempt to fulfil Koch's postulates for pyloric Campylobacter', in *Medical Journal of Australia*, 142, 1985, 436–439

Morris, R.D., *The Blue Death. Disease, Disaster and the Water We Drink*, OneWorld, Oxford, 2007

Pettenkofer, M., 'On cholera with reference to the recent epidemic in Hamburg', in *The Lancet*, 1892, 1182–1185

Reed, W. 'The propagation of Yellow Fever: Observation based on recent researches', 1901, in L. Clendening, *Source Book of Medical History*, Dover Publications Inc., New York, 1942, 479–484

Reed, W., J. Carroll & A. Agramonte, 'The etiology of yellow fever. An additional note', in *Journal of the American Medical Association*, 36, 1901, 431–440

Reed, W., J. Carroll, A. Aristides & J.W. Lazear, 'The etiology of yellow fever. A preliminary note', in *Philadelphia Medical Journal*, 148, 1900, 790–796

Ross, R., 'The role of the mosquito in the evolution of the malarial parasite', in *The Lancet*, 20 August 1898, 488–489

Simmons, J.G., 'Louis Pasteur. The germ theory of disease', 18–23; 'Robert Koch. Foundations of bacteriology', 24–28; 'John Snow. Field epidemiology begins at the Broad Street Pump', 162–4, in *Doctors and Discoveries*, Houghton Mifflin Co., Boston & New York, 2002

Snow, J., *On the Mode of Communication of Cholera*, 1824, in L. Clendening, *Source Book of Medical History*, Dover Publications Inc., New York, 1942, 468–473

Snow, J., 'The mode of propagation of cholera', in *The Lancet*, 16 February 1856, p.184

Snow, J., 'Cholera and water supply in the south districts of London', in *British Medical Journal*, 17 October 1857, 864–865

Warren, J.R. & B. Marshall, 'Unidentified curved bacilli on gastric epithelium in active chronic gastritis', in *The Lancet*, 4 June 1983, 1273–1275

Weyers, W., *The Abuse of Man*, Ardor Scribendi Ltd, New York, 2003

七 疾病侦探

Abraham, C., 'West knows best', in *New Scientist*, 21 July 2007, 35–37

Albrink, W.S., S.M. Brooks, R.E. Biron & M. Kopel, 'Human inhalation anthrax. A report of three fatal cases', in *American Journal of Pathology*, 36, 1960, 457–471

Aldous, P., 'Shaky mental history was no bar to anthrax work', in *New Scientist*, 23 August 2008, p. 12

Anon, 'Another martyr to yellow fever', in *Journal of the American Medical Association*, 91, 1928, 107–108

Anon, 'Bacteriologist dies of meningitis', in *Journal of the American Medical Association*, 106, 1936, p. 129

Anon, 'Anthrax mix-up', in *New Scientist*, 19 June 2004, p. 5

Anon, 'Ebola accident', in *New Scientist*, 11 April 2009, p. 4

Asthana, A., 'Inside Ebola's zone of death', in *The Observer*, 16 December 2007, p. 29

Bright, M., & S. Cooper, 'Walter Mitty life of anthrax terror suspect', in *The Observer*, 1 June 2003, p. 20

British Broadcasting Corporation, 'Huge US payout over anthrax case', in http://news.bbc.co.uk./2/hi/americas/7478722.stm 27 June 2008

British Broadcasting Corporation, 'Pressure killed anthrax suspect', in http://news.bbc.co.uk./2/hi/americas/7538373.stm 1 August 2008

British Broadcasting Corporation, 'Scientist "lone anthrax attacker"', in http://news.bbc.co.uk./2/hi/americas/7545398.stm 6 August 2008

Cunningham, W., 'The work of two Scottish medical graduates in the control of woolsorters disease', in *Medical History*, 1976, 169–173

Geddes, L., 'Animal lab mishaps go unreported', in *New Scientist*, 22/29 December 2007, p.11

Guillemin, J., *Anthrax. The Investigation of a Deadly Outbreak*, University of California Press, Berkeley, 2001

Guillemin, J., *Biological Weapons*, Columbia University Press, 2005

Hammond, E., 'Keep biodefence honest', in *New Scientist*, 6 October 2007, p. 24

Johnson, K.M., P.A. Webb, J.V. Lang & F. A. Murphy, 'Isolation and partial characterisation of a new virus causing acute haemorrhagic fever in Zaire', in *The Lancet*, 12 March 1977, 569–571

Lax, A., *Toxin. The Cunning of Bacterial Poisons*, Oxford University Press, 2005

Lederer, S., *Subjected to Science. Human Experimentation in America before the Second World War*, Johns Hopkins University Press, Baltimore, 1995

McKenna, M., *Beating Back the Devil*, Free Press, New York, 2004

MacKenzie, D., 'Lab slip-up could trigger next flu epidemic', in *New Scientist*, 23 April 2005, p. 11

MacKenzie, D., 'Marburg virus found in fruit bats', in *New Scientist*, 1 September 2007, p. 14

MacKenzie, D., 'The hunter and the doomsday virus', an interview with Bob Swanepoel, in *New Scientist*, 3 November 2007, 56–57

MacKenzie, D., 'Behind the 2001 anthrax attacks', in *New Scientist*, 28 February 2009, p. 13

Meselson, M., J. Guillemin, M. Hugh-Jones, A. Langmuir, I. Popova, A. Shelokov & O. Yampolskaya, 'The Sverdlovsk anthrax outbreak of 1979', in *Science*, 266, 1994, 1202–1208

Peters, C.J. & M. Olshaker, *Virus Hunter*, Anchor Books New York, 1997

Spinney, L., 'Welcome to Fort Plague', in *New Scientist*, 19 April 2008, 44–45

Townsend, M., 'Terrorists try to infiltrate UK's top labs', in *The Observer*, 2 November 2008

Virgil, *The Georgics of Virgil*, Cape, London, 1943

Walker, D.H., O. Yampolska [sic] & L.M. Grinberg, 'Death in Sverdlovsk: What have we learned?' in *American Journal of Pathology*, 144, 1994, 1135–1140

八 危险的光亮

Alexander, F.W., 'A victim to science. X-ray martyr', in *The Lancet*, 22 January 1910, p. 267

Anon, 'Power freak electrocuted', in *Irish Independent*, 13 September 2006, p. 25

Anon, 'Safer and cheaper MRI scanners', in *New Scientist*, 17 November 2007, p. 27

Bourke, J., *Fear. A Cultural History*, Virago, London, 2005

Brown, G.I., *Invisible Rays. A History of Radioactivity*, Sutton Publishing, Stroud, 2002

Duchenne, G.B., *The Mechanism of Human Facial Expression*, 1862, Cambridge University Press, 1990

Cameron, D.E., 'Psychic driving', in *American Journal of Psychiatry*, 112, 1956, 502–509

Cameron, D.E., 'Production of differential amnesia as a factor in the treatment of schizophrenia', in *Comprehensive Psychiatry*, 1, 1960, 26–34

Collins, P., 'Nothing but a ray of light', in *New Scientist*, 8 September 2007, 68–69

Crooks, 'A life history with X-rays', in *The Journal of the Radiological History and Heritage Charitable Trust*, 2000, 11–38

Dalyell, T., 'Eric Voice. Chemist who volunteered as a guinea pig', in *The Independent*, 19 October 2004

Editorial, 'ECT in Britain: A shameful state of affairs', in *The Lancet*, 28 November 1981, 1207–1208

Freund, L., 'Ein mit Röntgen-Strahlen behandelter Fall von Naevus pigmentosus piliferous', in *Wiener Medizinische Wochenschrift*, 47, 1897, 428–434

Goodchild, S., 'Hundreds of patients given shock treatment without their consent', in *The Independent on Sunday*, 13 October 2002, p. 8

Gourlay, K., 'Scientist inhales deadly plutonium for test', in *The Independent on Sunday*, 10 December 2000

Harvie, D.I., *Deadly Sunshine. The History and Fatal Legacy of Radium*, Tempus Publishing Ltd., Stroud, 2005

Jones, R. & O. Lodge, 'The discovery of a bullet lost in the wrist by means of Roentgen ray', in *The Lancet*, 22 February 1896, 476–477

Lemov, R., *World as Laboratory. Experiments with Mice, Mazes and Men*, Hill & Wang, New York, 2005

Mackay, C., 'The magnetisers', in *Extraordinary Popular Delusions* and the Madness of Crowds, 2nd edition, 1852, Wordsworth Editions 1995, 304–345

Maple, E., *Magic, Medicine and Quackery*, Robert Hale, London, 1968

Martland, H.S., 'Occupational poisoning in manufacture of luminous watch dials', in *Journal of the American Medical Association*, 9 February 1929, 466–473

Meyer, H.W., *A History of Electricity and Magnetism*, Burndy Library, Norwalk, Connecticut, 1972

Moore, W., *The Knife Man*, Bantam Press, London, 2005

Mould, R.F., 'Early medical X-rays'; 'Marriage and X-rays'; 'The medico-legal significance of X-rays in the first year after their discovery'; 'Interview with Pierre Curie and ninety years later', in *Mould's Medical Anecdotes*, omnibus edition, Institute of Physics Publishing, Bristol & Philadelphia, 1996, pp. 39–44, 49, 262–269 & 421–425

Newton, D., 'Eric Voice' in *The Independent*, 29 October 2004

Polednak, A.P., A.F. Stehney & R.E. Roland, 'Mortality among women first employed before 1930 in the U.S. radium dial-painting industry', in *American Journal of Epidemiology*, 107, 1978, 179–194

Porter, R., *The Greatest Benefit to Mankind. A Medical History of Humanity from Antiquity to the Present*, Fontana Press, London, 1999

Porter, R., *Quacks. Fakers and Charlatans in English Medicine*, Tempus Publishing Ltd., Stroud, 2000

Röntgen, W.C., 'Uber Eine Neue Art von Strahlen', 1895, in

L. Clendening, *Source Book of Medical History*, Dover Publications Inc., New York, 1942, 666–675

Rowntree, C., 'Development of X-ray carcinoma', in *The Lancet*, 20 March 1909, 821–824

Simmons, J.G., 'W. C. Röntgen. The discovery of X-rays', in *Doctors and Discoveries*, Houghton Mifflin Co., Boston & New York, 2002, 102–104

Smith, A., *The Mind*, Penguin Books, Harmondsworth, 1985

Stott, J.R.R., 'Vibration', in Rainford, D.J. & D.P. Gradwell, (eds), *Ernsting's Aviation Medicine*, 4th edition, Hodder Arnold, London, 2006, 231–246

Watson, L., *Supernature*, Hodder & Stoughton, London, 1974

九　缺之不可

Altman, L. K., *Who Goes First?* University of California Press, Berkeley, 1998

Anson, G., 1853, *A Voyage Round the World in the Years 1740, 1741, 1742, 1743, 1744*, reprint of the 1st edition compiled by R. Walker, S. Jones & B. Robins, Oxford University Press, 1974

Bown, S.R., *Scurvy. How a Surgeon, a Mariner and a Gentleman Solved the Greatest Mystery of the Age of Sail*, Thomas Dunne Books, St Martin's Press, New York, 2003

Crandon, J.H., C.C. Lund & D.B. Dill, 'Human experimental scurvy', in *New England Journal of Medicine*, 223, 1940, 353–369

Dickman, S.R., 'The search for the specific factor in scurvy', in *Perspectives in Biology and Medicine*, 24, 1981, 382–395

Freyer, J., 'How we all became vitamin junkies', in *Daily Express*, 1 October, 2004, 44–45

Herbert, V., Experimental nutritional folate deficiency in man', in *Transactions of the Association of American Physicians*, 75, 1962, 307–320

Hopkins, G., 'Diseases due to deficiencies in diet', in *The Lancet*, 8 November 1913, 1309–1310

Hough, R., *Captain James Cook*, Coronet Books, Hodder & Stoughton, London, 1994

Hughes, R.E., 'James Lind and the cure for scurvy. An experimental approach', *Medical History*, 19, 1975, 342–351

Lederer, S., *Subjected to Science. Human Experimentation in America before the Second World War*, Johns Hopkins University Press, Baltimore, 1995

Lloyd, C., ed., *The Health of Seamen. Selections from the Works of Dr James Lind, Sir Gilbert Blane and Dr Thomas Trotter*, Publications of the Navy Records Society, volume 107, 1965

Lund, C.C. & J.H. Crandon, 'Human experimental scurvy and the relation of vitamin C deficiency to post-operative pneumonia and to wound healing', in *Journal of the American Medical Association*, 116, 1941, 663–668

Siler, J.F., P.E. Garrison & W.J. MacNeal, *Pellagra. First Progress Report of the Thompson–McFadden Pellagra Commission*, 1914, 1–109

Various, 'Pellagra in England: An account of four recent cases', in *British Medical Journal*, 1913, volume 1, 1–12

十　血液的故事

Altman, L. K., *Who Goes First?* University of California Press, Berkeley, 1998

Blundell, Dr, 'Observations on the transfusion of blood. With a description of his Gravitator', in *The Lancet*, 13 June 1829, 321–324

Brittingham, T.E. & H. Chaplin, 'The antigenicity of normal and leukemic human leukocytes', in *Blood*, 17, 1961, 139–165

Davies, H.W., J.B.S. Haldane & E.L. Kennaway, 'Experiments on the regulation of the blood's alkalinity I', in *Journal of Physiology*, 54, 1920, 32–45

Franklin, J. & J. Sutherland, *If I Die in the Service of Science*, Morrow, New York, 1984

Goldstein, J., G. Siviglia, R. Hurst, L. Lenny & L. Reich, 'Group B erythrocytes enzymatically converted to Group O, survive normally in A, B and O individuals', in *Science*, 215, 1982, 168–170

Grant, S.B. & A. Goldman, 'A study of forced respiration: experimental production of tetany', in *American Journal of Physiology*, 52, 1920, 209–232

Haldane, J.B.S., 'Experiments on the regulation of the blood's alkalinity II', in *Journal of Physiology*, 55, 1921, 265–275

Haldane, J.B.S., 'On being one's own rabbit', in *Possible Worlds*, Chatto & Windus, London, 3rd edition, 1945, 107–119

Harrington, W. J., V. Minnich, J.W. Hollingsworth & C.V. Moore, 'Demonstration of a thrombocytopenic factor in the blood of patients with thrombocytopenic purpura', in *Journal of Laboratory & Clinical Medicine*, 38, 1953, 1–10

Harrington, W. J., C.C. Sprague, V. Minnich, C.V. Moore, R.C. Aulvin & R. Dubach, 'Immunologic mechanisms in idiopathic and neonatal thrombocytopenic purpura', in *Annals of Internal Medicine*, 38, 1953, 433–469

Hollingham, R., *Blood and Guts. A History of Surgery*, BBC Books, London, 2008

Le Sage, A.R. 'The Adventures of Gil Blas of Santillane', 1715–1735, extract in L. Clendening, *Source Book of Medical History*, Dover Publications Inc., New York, 1942, 287–296

Nowak, R., 'Blood doesn't always save lives', in *New Scientist*, 26 April 2008, 8–9

Pepys, S., *The Diary of Samuel Pepys 1660–1669*, G. Bell & Sons Ltd, London, 1922

Porter, R., *The Greatest Benefit to Mankind. A Medical History of Humanity from Antiquity to the Present*, Fontana Press, London, 1999

Smith, A., *The Body*, Penguin Books, Harmondsworth, revised edition 1985

Sprague, C.C., W. J. Harrington, R.D. Lange & J.B. Shapleigh, 'Platelet transfusions and the pathogenesis of idiopathic thrombocytopenic purpura', in *Journal of the American Medical Association*, 150, 1952, 1193–1198

Thiersch, J.B., 'Attempted transmission of human leucemia [sic] in man', in *Journal of Laboratory and Clinical Medicine*, 30, 1945, 866–874

Webster, C., 'The origin of blood transfusion. A reassessment', in *Medical History*, 1971, 387–392

十一　转变心意

Altman, L. K., *Who Goes First?* University of California Press, Berkeley, 1998

Bono, E. de, ed., *Eureka! How and When the Greatest Inventions were Made*, Thames & Hudson, London, 1974

Boyadjian, N., *The Heart and its History, its Symbolism, its Iconography and its Diseases*, Esco Books, Antwerp, 1980

Forssmann, W., 'Sondierung des rechten Herzens', in *Klinische Wochenschrift* 8, 1929, 2085–2087

Forssmann, W., 'Über Kontrastdarstellung der Hohlen des lebenden rechten Herzens und der Lungenschlagader', in *Muenchener Medizinische Wochenschrift*, 78, 1931, 489–492

Forssmann, W., *Experiments on Myself*, St Martin's Press, New York & London, 1974

Grüntzig, A., 'Transluminal dilatation of coronary artery stenosis', in *The Lancet*, 4 February 1978, p. 263

Hollingham, R., *Blood and Guts. A History of Surgery*, BBC Books, London, 2008

Laënnec, R.T.H., *Traité de l'Auscultation Médiate*, 2 vols., J.A. Brosson & J.S. Chaude, Paris, 2nd edition, 1826

Nissen, R., 'Historical development of pulmonary surgery,' in *American Journal of Surgery*, 89, 1955, 9–15.

Pappworth, M.H., *Human Guinea Pigs. Experimentation on Man*, Pelican Books, Harmondsworth, 1967

Porter, R., *The Greatest Benefit to Mankind. A Medical History of Humanity from Antiquity to the Present*, Fontana Press, London, 1999

Simmons, J.G., 'René Laënnec. The physician's new gaze', in *Doctors and Discoveries*, Houghton Mifflin Co., Boston & New York, 2002, 62–66

Smith, A., *The Body*, Penguin Books, Harmondsworth, revised edition 1985

十二　隐秘战线

Adie, K., *Into Danger*, Hodder & Stoughton, London, 2008

Altman, L.K., *Who Goes First?* University of California Press, Berkeley, 1998

Bebb, A.H., 'Direct and reflected explosion waves in deep and shallow water', in *Royal Naval Personnel Research Committee Report,* March 1955, 1–7

Bebb, A.H., H.N.V. Temperley & J.S.P. Rawlins, 'Underwater blast: Experiments and researches by British investigators', in *Admiralty Marine Technology Establishment Report* A M T E (E) R81 401, 1981, 1–69

Bebb, A.H. & H.C. Wright, 'The effect of an underwater explosion on a subject floating on the surface in a submarine escape immersion suit', in *Royal Naval Personnel Research Committee Report,* July 1952, 1–3

Bebb, A.H. & H.C. Wright, 'Underwater explosion blast data from the R. N. Physiological Laboratory 1950–55', in *Royal Naval Personnel Research Committee Report,* April 1955, 1–7.

Birchall, P., *The Longest Walk. The World of Bomb Disposal*, Arms & Armour Press, London, 1997

Brickhill, P. *The Dam Busters*, Evans Brothers Ltd., London, 1951

Calder, R., *The People's War*, Jonathan Cape, London, 1969

Churchill, W.S., *The Second World War*, Vol. 2 *Their Finest Hour*, Cassell, London, 1949

Elliott, D. H., 'A short history of submarine escape: The development of an extreme air dive', in *South Pacific Underwater Medical Sciences*, 29(2), 1999, 81–87

Fox, B., 'Carry On, Spooks', in *New Scientist*, 24/31 December 2005, 70–71

Hald, J. & E. Jacobsen, 'A drug sensitizing the organism to ethyl alcohol', in *The Lancet*, 1948, 1001–1004

Hunter, C., *Eight Lives Down*, Bantam Press, London, 2007

Kemp, D.J., S.F. Walton, P. Harumal & B.J. Currie, 'The scourge of scabies', in *Biologist*, 49 (1), 2002, 19–24

Mellanby, K., 'The development of symptoms, parasitic infection and immunity in human scabies', in *Parasitology*, 35, 1944, 197–206

Mellanby, K, *Human Guinea Pigs*, Merlin Press, London, 1973

Miller, F.T., *History of World War II*, John C. Winston Co. Ltd., Toronto, 1945

Norton, T. 'Boom! Horace Cameron Wright', in *Stars Beneath the Sea*, Arrow Books, London, 2000, 144–158

Norton, T., 'Living Proof', in *Times Educational Supplement*. Curriculum special, 2001, 6–7

十三　受苦受难

Baker, N., 'Decade of decompression, 1897–1908', summary by R. Vallintine in *Historical Diving Times*, 26, 200, 10–11

Behnke, A.R., 'Physiologic investigations in diving and inhalation of gases', in K. R. Dronamraju, ed., *Haldane and Modern Biology*, Johns Hopkins Press, Baltimore, 1968, 267–275.

Boycott, A.E., G.C.C. Damant & J.S. Haldane, 'The prevention of compressed-air sickness' in *Journal of Hygiene*, 8, 1908, 342–441.

Case, E.M. & J.B.S. Haldane, 'Human physiology under high pressure I. Effects of nitrogen, carbon dioxide and cold', in *Journal of Hygiene*, 41, 1941, 225–232

Clarke, R., *J. B. S. The Life and Work of J. B. S. Haldane*. Hodder & Stoughton, London, 1968

Douglas, C.G., 'John Scott Haldane', *Obituary notices, The Royal Society of London*, 1936

Goodman, M., *Suffer and Survive. The Extreme Life of Dr J. S. Haldane*, Simon & Schuster, London & New York, 2007

Haldane, J.B.S., 'On being one's own rabbit', in *Possible Worlds*, Chatto & Windus, London, 1927, 107–119

Haldane, J.B.S., 'Mathematics of air raid protection', in *Nature*, London 142, 1938, 791–792

Haldane, J.B.S., *A. R. P.*, Victor Gollancz, London, 1938

Haldane, J.B.S., *Keeping Cool*, Chatto & Windus, London, 1940

Haldane, J.B.S., 'Human life and death at increased pressure', in *Nature*, London, 148, 1941, 458–462

Haldane, J.B.S., 'Life at high pressure', in *Penguin Science News*, 4, 1947, 9–29

Haldane, J.B.S., 'The scientific work of J. S. Haldane', in *Penguin Science Survey*, 1961, 11–33

Haldane, J.B.S., 'A scientist looks into his own grave', in *The Observer Weekend Review*, 10 January 1965

Haldane, J.B.S., 'An autobiography in brief', in *Perspectives in Biology and Medicine*, 9, 1966, 476–481

Haldane, J.S., 'Notes on an enquiry into the nature and physiological action of Black-damp met with in Podmore Colliery, Shropshire', in *Proceedings of the Royal Society of London*, 57, 1895, 249–257

Haldane, J.S., 'Report of a committee appointed by the Lords Commissioners of the Admiralty to consider and report upon the conditions of deep-water diving', in *Parliamentary Paper*, 1549, 1907

Haldane, J.S., 'Memorandum on asphyxiating gases and vapours used by the German troops and on means of protection against them', in NAWO, 142/153 CL/315, 3 May 1915

Haldane, J.S. & J.G. Priestley, *Respiration*. New edition. Clarendon Press, Oxford, 1935

Mitchison, N., *All Change Here: Girlhood and Marriage*, The Bodley Head, London, 1975

Mitchison, N., *You May Well Ask: A Memoir 1920–1940*, Gollancz, London, 1979

Norton, T., 'A history of British diving science', in *Underwater Technology,* 20 (2), 1994, 3–15

Norton, T., 'The absent-minded professor: John Scott Haldane' and 'The cuddly cactus in the chamber of horrors. John Burdon Sanderson Haldane', in *Stars Beneath the Sea,* Arrow Books, London, 2000, 100–118 & 120–143

Norton, T., 'Watch out guinea pigs, here I come', in *Biologist,* 48 (2), 2001, 87–90

Passmore, R. 'The debt of physiologists and miners to J. S. Haldane', in *The Advancement of Science,* 8 (32), 1952, p.418

Pirie, N.W., 'John Burdon Sanderson Haldane' in *Biographical Memoirs of Fellows of the Royal Society,* 12, 1966, 219–249

Sheridan, D., ed., *Among You Taking Notes ... The Wartime Diaries of Naomi Mitchison,* Gollancz, London, 1985

Warren, C. E. T. & Benson, J., *The Admiralty Regrets ...,* The Popular Book Club, London, 1958

White, M.J.D., 'J. B. S. Haldane' in *Genetics,* 52, 1965, 1–7

十四　漂泊与孤独

Anon., *Review of the work of the Subcommittee on Protective Clothing of the Associate Committee on Aviation Medical Research 1942–1945,* National Research Council of Canada, Ottawa, June 1946, I–VII + 155 pp.

Ashcroft, F., 'Life in the cold', in *Life at the Extremes,* HarperCollins, London, 2000, 147–183

Bombard, A., *The Bombard Story*, Readers' Union, André Deutsch, London, 1955

Department of Trade, 'Drinking of sea water by castaways', in *Merchant Shipping Notice M-729*, August 1975

Heyerdahl, T., *The Kon-Tiki Expedition*, George Allen & Unwin Ltd, London, 1950

Keating, W.R., *Survival in Cold Water*, Blackwells, London, 1969

Kitching, J.A. & E. Pagé, 'Report to Associate Committee on Aviation Medical Research', in *Subcommittee on Protective Clothing Report* No. 197, 28 July 1945, 1–7

Norton, T., 'Running on treacle. John Alwyne Kitching', in *Stars Beneath the Sea*, Arrow Books, London, 2000, 80–95

Norton, T., *Reflections on a Summer Sea*, Arrow Books, London, 2002

Norton, T., 'Jack of all trades', in *Biologist*, 50 (5), 2003, 236–238

Pain, S., 'Inactive service', in *New Scientist*, 14 December 2002, 52–53

Robin, B., *Survival at Sea*, Stanley Paul & Co Ltd, 1981

Smith, A., *The Body*, Penguin Books, Harmondsworth, revised edition 1985

Stark, B., *Last Breath. Cautionary Tales from the Limits of Human Endurance*, Pan Books, London, 2003

十五 食肉动物来也

Allen, T.B., *The Shark Almanac*, The Lyons Press, New York, 1999

British Broadcasting Corporation, *Natural world, Great white shark*, BBC2 TV January 2009

Cappuzzo, M., *Close to Shore*, Review, 2002

Clark, E., 'Sharks: Magnificent and misunderstood', in *National Geographic*, February 1981, 138–186

Eibl-Eibesfeldt, I., *Land of a Thousand Atolls*, MacGibbon & Kee, London, 1965

Ferreira, C.A. & T.P. Ferreira, 'Population dynamics of the white shark in South Africa', in A.P. Klimley & D.G. Ainley, eds, *Great White Shark: the Biology of Carcharodon carcharias*, Academic Press, London, 1998, 381–391

Gilbert, P.W., 'The behavior of sharks', in *Scientific American*, July 1962, 2–10

Gilbert, P.W. & S. Springer, 'Testing shark repellents', in Gilbert, P.W., ed., *Sharks and Survival*, Heath & Co., Boston, 1963, 477–494

Gilbert, P.W. & C. Gilbert, 'Sharks and shark repellents', in *Underwater Journal*, 5, April 1973, 69–80

Hass, H. *Diving to Adventure*, Jarrolds, London, 1952

Hass, H. *Under the Red Sea*, Jarrolds, London, 1952

Kenny, N.T., 'Sharks: The wolves of the sea', in *National Geographic*, February 1968, 222–259

Lech, R.B., *The Tragic Fate of the U.S.S. Indianapolis*, Cooper Square Press, New York, 2001

Maniguet, X., *The Jaws of Death*, HarperCollins, London, 1992

Nelson, D.R., R.R. Johnson, J.N. Mckibben & C.G. Pittenger,

'Agonistic attacks on divers and submersibles by gray reef sharks, *Carcharhinus amblyrhynchos*: antipredatory or competitive?' in *Bulletin of Marine Science*, 38, 1986, 68–88

Nelson, D.R. & W.R. Strong, 'Chemical repellent tests on white sharks with comments on repellent delivery', in A.P. Klimley & D.G. Ainley, eds, *Great White Shark: the Biology of Carcharodon carcharias*, Academic Press, London, 1998

Norton, T., 'Diving to adventure. Hans Heinrich Romulus Hass', in *Stars Beneath the Sea*, Arrow Books, London, 2000, 198–216

Taylor, P.L., 'It's all fun and games until someone gets munched', in *Science at the Extreme*, McGraw-Hill, New York, 2001, 204–229

Tricas, T.C. & J.E. McCosker, 'Predatory behavior of the white shark (*Carcharodon carcharias*) with notes on its biology', in *Proceedings of the California Academy of Sciences*, 43, 1984, 221–238

Tuve, R. L., 'Development of the US Navy "Shark Chaser" chemical repellent', in Gilbert, P.W., ed., *Sharks and Survival*, Heath & Co., Boston, 1963, 455–463

Webster, D.K., *Myth and Maneater*, Dell Publishing Co. Ltd., 1975

十六 到深渊去

Anon, 'Rekord und tod', in *Stern*, December, 1963, 5 pp.

Barak, A., 'The great Scandinavian adventure', in *Historical Diving Times*, 35, 2005, 58–63

Barton, O., *Adventure on Land and Under the Sea*, Longmans, Green & Co., London, 1954

Beebe, W., *Half Mile Down*, The Bodley Head, London, 1935

Bühlmann, A.A., P. Frei & H. Keller, 'Saturation and desaturation with N2 and He at 4 atm.', in *Journal of Applied Physiology*, 23 (4), 1967, 458–462

Craig, J.D., B.K. Hastings, M.C. Degn, H. Bischel & L. Thompson, 'US findings on the fatal dive', in *Triton*, March–April 1963, 25–26

Dugan, J., *Man Explores the Sea*, Pelican Books, Harmondsworth, 1960

Eaton, B., 'Peter Small', in *Triton*, 1974, 258–259

Eaton, B., 'Neptune, Triton, Diver', in *Diver*, July 1993, 36–37

Editorial, 'The man who lived and died – for diving', in *Topic*, 15 December 1962, p. 27

Franzen, A., 'Ghost from the depths: the warship *Vasa*', in *National Geographic*, January 1962, 42–57

Gustafsson, L., 'Zetterström's hydrox experiment', lecture at *Annual Conference of the Historical Diving Society*, Bristol, October 2005

Gustafsson, L., 'Zetterström's hydrox experiment', summary by R. Vallintine in *Historical Diving Times*, 38, 2006, 42–43

Hass, H., *Conquest of the Underwater World*, David & Charles, Newton Abbot, 1975

Honour, A., *Ten Miles High Two Miles Deep*, Brockhampton Press, Leicester, 1959

Keller, H., 'The mistakes at Catalina', in *Triton*, March–April 1963, p. 28

Keller, H., 'Use of multiple inert gas mixtures in deep diving', in C.J. Lambertson, ed., *Underwater Physiology*, Williams & Wilkins, Baltimore, 1967, 267–274

Keller, H. & A.A. Bühlmann, 'Deep diving and short decompression by breathing mixed gases', in *Journal of Applied Physiology*, 20(6), 1965, 1267–1270

Leach, D.L., 'Down to the *Thresher* by bathyscaphe', in *National Geographic*, June 1964, 764–777

Norton, T., 'The delights of dangling. Charles William Beebe', in *Stars Beneath the Sea*, Arrow Books, London, 2000, 54–98

Norton, T., *Reflections on a Summer Sea*, Arrow Books, London, 2002

Piccard, A., *In Balloon and Bathyscaphe*, Cassell & Co. Ltd, London, 1956

Piccard, J. & R.S. Dietz, *Seven Miles Down*, Longmans, Green & Co., London, 1962

Swann, C., 'The development of commercial helium diving', lecture at *Annual Conference of the Historical Diving Society*, Liverpool, October 2008

Throckmorton, P., *The Lost Ships*, Jonathan Cape, London, 1965

Vann, R.D., 'Decompression theory and applications', in P.B. Bennett & D.H. Elliott, *The Physiology and Medicine of Diving*, 3rd edition, Best Publishing Co., San Pedro, 1982, 352–282

Wendling, J., P. Nussberger & B. Schenk, 'Milestones of the

Deep-Diving Research Laboratory, Zurich', in *South Pacific Underwater Medical Sciences*, 29(2), 1999, 91–98

Zetterström, A., 'Djupdykning med syntetiska gasblandningar', in *Teknisk Tidskrift*, 7, 1945, 173–177

十七 又高，又快，又危险

Altman, L. K., *Who Goes First?*, University of California Press, Berkeley, 1998

Ashcroft, F., 'Life at the top', in *Life at the Extremes*, HarperCollins, London, 2000, 5–40

British Broadcasting Corporation, *Rain*, BBC2 TV, 29 April 2009

Collins, P., 'Over Niagara Falls in a barrel of spikes', in *New Scientist*, 12 February 2009, 44–45

DiGiovanni, C. & R.M. Chambers, 'Physiologic and psychologic aspects of the gravity spectrum', in *New England Journal of Medicine*, 270, 1964, 34–41, 88–94, 134–138

Faith, N, *Crash. The Limits of Car Safety*, Boxtree, London, 1997

Franklin, J. & J. Sutherland, *If I Die in the Service of Science*, Morrow, New York, 1984

Green, N.D.C., 'Effects of long-duration acceleration', in Rainford, D.J. & D.P. Gradwell, eds, *Ernstings's Aviation Medicine*, 4th edition, Hodder Arnold, London, 2006, 137–158

Haldane, J.S. & J.G. Priestley, *Respiration*. New edition. Clarendon Press, Oxford, 1935

Hepper, A.E., 'Restraint systems and escape from aircraft', in Rainford, D.J. & D.P. Gradwell, eds, *Ernstings's Aviation Medicine*, 4th edition, Hodder Arnold, London, 2006, 373–384

Honour, A., *Ten Miles High Two Miles Deep*, Brockhampton Press, Leicester, 1959

Howard, P., 'The dangerous deserts of space', in A. Berry, *Harrap's Book of Science Anecdotes*, Harrap, London, 1989, 38–42

Jarret, P., *Pioneer Aircraft*, Putnam, London, 2002

Lewis, M.E., 'Short-duration acceleration', in Rainford, D.J. & D.P. Gradwell, eds, *Ernstings's Aviation Medicine*, 4th edition, Hodder Arnold, London, 2006, 169–177

Lovelace, W.R., 'Physiologic effects of reduced barometric pressure on man', in *Collected Papers of the Mayo Clinic*, 1941, 1–34

Middleton, D., *Test pilots. The Story of British Test Flying 1903–1984*, Guild Publishing, London, 1985

O'Sullivan, D. & D. Zhou, 'Aircrew and cosmic radiation', in Rainford, D.J. & D.P. Gradwell, eds, *Ernstings's Aviation Medicine*, 4th edition, Hodder Arnold, London, 2006, 417–431

Pain, S., 'Higher and higher', in *New Scientist*, 3 July 1999, 52–53

Pain, S., 'The accidental astronaut', in *New Scientist*, 12 September 2007, 54–55

Piccard, A., *In Balloon and Bathyscaphe*, Cassell & Co. Ltd, London, 1956

Stapp, J.P., 'Human tolerance to deceleration', in *American Journal of Surgery*, 93, 1957, 734–740

Stapp, J.P. & W.C. Blout, 'Effects of mechanical force on living tissues II: supersonic deceleration and wind blast', in *Journal of Aviation Medicine*, 27, 1956, 407–416

Whittingham, H.E., 'Medical problems in aviation', in *Chambers Encyclopaedia*, Vol. 2, 1955, 5–8

Yeager, C. & L. Janos, *Yeager. An Autobiography*, Bantam books, New York, 1985

十八 风险重重

Altman, L. K., *Who Goes First?*, University of California Press, Berkeley, 1998

Baggini, J., 'Born to be wild', in *Secret Pioneers, The Observer*, 2008, 39–41

Barnet, A., 'Patients used as drug guinea pigs', in *The Observer*, 9 February 2003, 10–11

Barnet, A., 'UK drug firms used orphans for HIV trials', in *The Observer*, 4 April 2004

Baxby, D., 'The end of smallpox', in *History Today*, March 1999, 14–16

Coleman, V., *Why Animal Experiments Must Stop*, European Medical Journal, Barnstable, 1994

Collins, P., 'Sweet elixir of death', in *New Scientist*, 28 August, 2004, 48–49

Forssmann, W., *Experiments on Myself*, St Martin's Press, New York & London, 1974

George, A., 'Hard to swallow', an interview with Barry

Marshall, in *New Scientist*, 9 December 2006, p. 53

Haldane, J.B.S., 'On being one's own rabbit', in *Possible Worlds*, Chatto & Windus, London, 1927, 107–119

Haldane, J.B.S., *Keeping Cool*, Chatto & Windus, London, 1940

Halpern, S.A., *Lesser Harms. The Morality of Risk in Medical Research*, University of Chicago Press, 2004

Leake, D.C., 'Technical triumphs and moral muddles', in *Annals of Internal Medicine*, 67 (suppl. 7), 1967, 43–56

Lederer, S., *Subjected to Science. Human Experimentation in America before the Second World War*, Johns Hopkins University Press, Baltimore, 1995

Norton, T., 'Living Proof', in *Times Educational Supplement. Curriculum Special*, 2001, 6–7

Osler, W., 'The evolution of the idea of experiment in medicine', in *Transactions of the Congress of Physicians and Surgeons*, 7, 1907, 1–8

Pappworth, M.H., *Human Guinea Pigs. Experimentation on Man*, Pelican Books, Harmondsworth, 1967

Piccard, A., *In Balloon and Bathyscaphe*, Cassell & Co. Ltd, London, 1956

Weyers, W., *The Abuse of Man*, Ardor Scribendi Ltd, New York, 2003

译 后 记

从第一次看到这本《冒烟的耳朵和尖叫的牙齿》英文版,到眼下中文版成书付印,已然一年过去。一年中,本人的主业是在实验室里拿小鼠的大脑做实验,业余则跟随作者特雷弗·诺顿看书中的"人肉小白鼠"们拿自己的身体做实验,开膛破肚、胡吃海喝、吞菌饮毒、漂洋过海、上天入地……

虽然书中描述的诸多奇闻堪称"重口味",作者的文字却颇为雅致,甚至可以说有一点"文艺范儿",也不乏英国人冷冷的幽默感,不同于通常平实的科普文章。这种特点也给翻译工作增添了一点难度,希望本人的译作不至于太折损原书的趣味。

翻译过程中,参考了科学松鼠会几位作者介绍相关领域来龙去脉的科普文章,受益良多,在此表示感谢;也借此机会向读罢此书对有些内容尚觉不过瘾的读者做个推荐。这些文章在网络上都可以查到:李清晨医生有关心脏手术的《外科之花的艰难绽放》,BOBO医生关于麻醉学历史的《麻醉往事》。

承蒙李清晨医生百忙之中帮忙审阅了医学相关内容,十分感谢。

译友红猪为本书的翻译提供了诸多建议和帮助,在此也一并表示谢意。

非常感谢本书的编辑贾明月,她的耐心、细致、挑拣错译漏译(甚至是作者笔误)的"火眼金睛",是本书得以最终呈现的一大保证;而在译校过程中与她的探讨、对书中各类"八卦"的交流也让翻译工作变得十分有趣。

受专业所限,本人对书中谈及的诸如爆炸、潜水、航空等领域过去了解甚少,尽管也在翻译过程中补作了一些查阅资料的工作,纰漏想必在所难免。敬请读者诸君批评指正。

朱 机
2011 年秋于上海